# 诺贝尔奖得主的成功之路

于凤川　著

内蒙古出版集团
内蒙古人民出版社

**图书在版编目（CIP）数据**

诺贝尔奖得主的成功之路/于凤川著. —呼和浩特：内蒙古人民出版社，2015. 11

ISBN 978-7-204-13685-8

Ⅰ. ①诺… Ⅱ. ①于… Ⅲ. ①诺贝尔奖-名人-生平事迹-世界 Ⅳ. ①K811

中国版本图书馆 CIP 数据核字（2015）第 271522 号

## 诺贝尔奖得主的成功之路

作　　者　于凤川
责任编辑　王继雄
出版发行　内蒙古人民出版社
地　　址　呼和浩特市新城区中山东路 8 号波士名人国际 B 座
印　　刷　河北鹏盛贤印刷有限公司
开　　本　710×1000　1/16
印　　张　17. 75
字　　数　230 千
版　　次　2016 年 3 月第 1 版
印　　次　2016 年 3 月第 1 次印刷
印　　数　1-5000 册
标准书号　ISBN 978-7-204-13685-8/G·2894
定　　价　38. 00 元

如出现印装质量问题，请与我社联系。
联系电话：（0471）3946230 3946120
网址：http：//www. nmgrmcbs. com

# 序一：　诺贝尔及诺贝尔奖的来历

阿尔弗雷德·诺贝尔是瑞典化学家、发明家、工业家和慈善家。他逝世时留下355项发明专利及设立一项大奖的设想。按照诺贝尔的遗嘱，在他去世5周年后的1901年12月10日，颁发了第一届诺贝尔奖。今天，诺贝尔奖已成为世界上最重要的奖项之一，可并不是人人都对创立这一奖项的诺贝尔有足够的了解。

## 诺贝尔是一个什么样的人物

诺贝尔是一个什么样的人物呢？1896年12月10日，诺贝尔在意大利北部的港口城市圣里莫家中，因突发脑溢血躺在楼上卧室的床上，一群仆人围着他，但是，他的亲人和朋友没有一个在场。处在半昏迷状态的诺贝尔，即使精通五种语言，可在弥留之际，却只说自己的母语——瑞典语，他有时自言自语，有时大声疾呼，但围绕着他的仆人们却面面相觑，没有一个人懂得主人的意思。然而，仆人们虽然不知道诺贝尔临终时想说什么，但是却知道他走过的道路并非一帆风顺。

诺贝尔出生在一个贫寒之家。他的父亲虽然学问不多，但是很爱动脑筋，年轻时当过船员，后来定居在瑞典首都斯德哥尔摩，开了个小建筑公司，成了机械师。他对化学很感兴趣，一有空就研究炸药。可就在1833年诺贝尔出世的那一年，父亲因试验炸药引起爆炸，遭到周围人的反对。后来俄国得知他会造“水雷”，就请他去了俄国。诺贝尔的母亲留在自己的祖国瑞典，却不得不带着三个幼小的孩子挣扎着度日。

诺贝尔自幼就是个体弱多病的孩子，家里又没有钱给他治病和供他上学，他在贫病交加下熬到8岁才有机会迈进学校的门槛。可是，由于家贫如洗，诺贝尔只读了一年书就被迫退学了。这也是他一生中唯一正式进校读书的一年。那么，诺贝尔的学问是从哪里得来的呢？

说来话长，诺贝尔的父亲在俄国奔波几年之后，在诺贝尔9岁那年，他想方设法把他们全家搬到了俄国的彼德堡。来到人生地不熟的异国他乡，语言不通，诺贝尔的爸爸只好请来一位俄国家庭教师来教诺贝尔三兄弟读书识字。这种家庭教育一直延续到诺贝尔16岁那年，因家庭生活困难，只好被迫中断了。这时的诺贝尔虽然还很年轻，但由于天生聪明，智力过人，在父亲的影响下，对试制炸药很感兴趣，这使他后来成为了一个名副其实的大化学家。他去美国和英国考察后，又在工作中精通了俄、英、法、德四种外文，还能用英文写诗。

后来，俄国人不再让诺贝尔的父亲替他们制造“水雷”，诺贝尔全家又回到自己的祖国。回国后，诺贝尔的父亲开始试验工业上用的炸药，即硝化甘油炸药。诺贝尔帮助父亲进行这种极其危险的炸药试验时，爆炸不断发生。

住在工厂旁边的诺贝尔一家人仿佛坐在火山口上，时刻都有生命危险。不幸的危险事件最终还是发生了：一天，诺贝尔的弟弟埃密·诺贝尔不懂炸药的性能却进行试验，结果发生了大爆炸，埃密和几个工人当场被炸死。诺贝尔的父亲看到儿子和工人的惨死，受到极大的打击，使他一病不起，病魔不久就夺去了他的生命。

## 诺贝尔设立诺贝尔奖的初衷

这起悲惨的大爆炸事件，给予了诺贝尔极大的震动。他立下誓言：一定要把易爆的炸药研制成一种安全的爆炸产品。他说做就做，立即开始新试验。经过多年的苦心研究，他终于在1867年发明了“炸药”，他也因此被称为“炸药大王”，也成了一位富翁。此时年届40岁的诺贝尔，从外表来看是位年富力强、脚踏实地的科学家和企业家，经常去欧美照管他的工业王国。但他的内心深处并不喜欢社交，他更多渴望在树丛和鲜花间寻觅安宁和孤独。

诺贝尔43岁那年，仍然单身的他想找个合适的女秘书。于是他就在维也纳的报纸上登出这则广告："一个居住在巴黎的富有的、有教养的老绅士，欲聘请一位年纪成熟，精通多种语言的女士为秘书兼管家。"在应聘者当中，有一位气质高贵的33岁的奥国伯爵小姐，她叫苏特娜，因家道中落，正在一个伯爵家里当家庭教师。她与比她小7岁的伯爵之子阿图尔相爱，但是老伯爵不同意这门亲事。正想变换一下环境的苏特娜于是便应诺贝尔之聘来到诺贝尔家里。诺贝尔对她十分满意。

但是，苏特娜仅在诺贝尔家里待了一个月，就接到阿图尔的来信，和他一道离家出走了。然而，尽管在诺贝尔家里的时间很短，苏特娜自此却和诺贝尔成了莫逆之交。她经常劝诺贝尔放弃军火生产，把钱用在有利于人类和平的事业上。诺贝尔听了她的劝告，不再生产军火，转而投资石油开发。热爱和平事业的诺贝尔正想着如何把钱用在人类和平事业上，一日，他突然在法国报纸上读到一则关于"诺贝尔逝世"的"讣告"，感到非常意外。但更使他感到不安的是，他在"讣告"里发现自己在世人心目中的形象很糟糕，说他这位甘油炸药大王是个靠制造毁灭性武器发横财的企业家。

其实，这则"讣告"中所说的逝世者是诺贝尔的大哥罗伯特·诺贝尔，那位写消息的粗心记者误认为是诺贝尔。但此事却使他意识到：炸药不仅给他带来巨额财富，也使他的人格形象被丑化了。他研制的炸药虽然被用在开山辟道上，更在开通巴拿马运河等造福人类的事业中发挥了巨大的作用，但也不可避免地被用于战争，这使诺贝尔大为震惊。经过一番思考，诺贝尔决心以财富换取身后清名，并让它促进科学、文化与人类和平事业的发展。于是，他在1895年11月27日签署的最后遗嘱里，提出把要设立的诺贝尔奖"发给那些在过去一年中使人类受惠最大之人士"。

## 诺贝尔奖的伟大意义何在?

以伟大科学家诺贝尔的名字命名的诺贝尔奖，自1901年设立以来，有不少科学精英、文学泰斗与和平人士及组织获得过这项全球最重要的大奖。在这些留下芳名的诺贝尔奖得主中，有许许多多生动感人的故事，尤其是他们

怎样获得诺贝尔奖的经过与细节，是很多人都想知道的，本书将回答这些问题。

诺贝尔说过："科学是个人智慧的特殊表现。"瑞典皇家科学院认为：诺贝尔在科学上提供的科学奖金远远超过了金钱的范围，是对科学智慧的鼓励和奖赏。这里明确地说明了科学与个人的辩证关系及诺贝尔奖的伟大意义，也就是说，个人的智慧在特殊地表现出来时才是科学。而诺贝尔奖并不是用金钱可以衡量的，它远远地超出了金钱的范围。这正是诺贝尔设立诺贝尔奖项的初衷。因为作为世界上最大的富翁之一的诺贝尔最不喜欢的就是金钱，他说过最憎恨的便是钱。科学事业最需要这种具有高尚品质的人。居里和居里夫人就是具有这种高尚品质的科学家的代表。他们发现的镭本来可以卖很多钱，可是，他们宁愿挨饿也不拿镭换钱，这是多么高贵的品质。

诺贝尔奖颁发的目的是奖励在前一年中为人类作出杰出贡献的人。即奖给在物理界有最重大发现或发明的人，奖给在化学上有最重大的发现或改进的人，奖给在医学或生理学界有重大发现的人，奖给在文学界创作出具有理想倾向的最佳作品的人，奖给为促进民族团结友好、取消或裁减常备军队以及为和平会议的组织和宣传尽到最大努力或作出最大贡献的人。1968 年，瑞典国家银行为纪念诺贝尔而增加了经济学奖。诺贝尔在他唯一有效的遗嘱里决定设立的奖项，是奖励在世界范围内贡献"最大的人"，因此，诺贝尔奖的影响也是最大的。

根据诺贝尔的遗嘱，1900 年 6 月瑞典政府批准设置了诺贝尔基金会，并于次年、诺贝尔逝世 5 周年纪念日，即 1901 年 12 月 10 日首次颁发诺贝尔奖。自此以后，除因战时中断外，每年的这一天都分别在瑞典首都斯德哥尔摩和挪威首都奥斯陆举行隆重授奖仪式，瑞典国王和王后出席并授奖。每年出席的人数限于 1500 人至 1800 人之间，其中男士要穿燕尾服或民族服装，女士要穿严肃的晚礼服，仪式中所用的白花和黄花，必须从圣莫雷空运过来，这意味着对知识的尊重。

诺贝尔奖在评选的过程中，获奖的唯一标准是成就的大小，因此，获奖人不受任何国籍、民族、意识形态和宗教的影响。遵照诺贝尔遗嘱，物理学奖和化学奖由瑞典皇家科学院评定，生理学或医学奖由瑞典皇家卡罗林医学院评定，文学奖由瑞典文学院评定，和平奖由挪威议会选出，经济学奖委托瑞典皇家科学院评定。每个授奖单位设有一个由 5 人组成的委员会负责评选工作，这个委员会三年一届。

其评选过程如下：

每年 9 月至次年 1 月 31 日，接受各项诺贝尔奖推荐候选人。通常每年推荐的候选人 1000 ~ 2000 人。具有推荐候选人资格的有：以前的诺贝尔奖获得者、诺贝尔奖评委会委员、特别指定的大学教授、诺贝尔奖评委会特邀教授、作家协会主席（文学奖）、国际性会议和组织（和平奖），但不得毛遂自荐。瑞典政府和挪威政府都无权干涉诺贝尔奖的评选工作，不能表示支持或反对被推荐的候选人。从 2 月 1 日起，各项诺贝尔奖评委会对于推荐的候选人进行筛选、审定，工作情况严加保密。从 10 月中旬起，公布各项诺贝尔奖获得者的名单，12 月 10 日举行颁奖仪式。

作　者

2015 年 12 月于北京

# 序二：中国人离诺贝尔奖还差多远？

## ——访诺贝尔奖评委访华团团长佛勒斯特罗姆

新华社驻瑞典斯德哥尔摩记者　马世骏

“中国人离诺贝尔奖到底有多远?”“中国人的诺贝尔梦想何时能实现?”这种萦绕几代中国人的诺贝尔奖情结至今挥之不去。应中国教育部的邀请，诺贝尔奖评委代表团于2006年3月22日第一次到中国访问。在代表团离开瑞典之前，记者走访了代表团团长、瑞典皇家工学院院长安德斯·佛勒斯特罗姆教授。

## 让诺贝尔奖走近中国人

在人们的心目中，诺贝尔科学奖的获奖者均是站在科学顶峰的人物，而那些一年一度在全世界媒体关注下宣读那句充满魔力的“诺贝尔奖评委会将本年度诺贝尔奖授给……”的幕后教授们，往往给人一种神秘莫测的感觉。

据佛勒斯特罗姆教授介绍，此次访华的评委代表团成员包括诺贝尔化学奖评委斯文·林丁、物理学奖评委伯耶·约翰松、生理及医学奖评委贝蒂尔·弗雷德霍尔姆。三位瑞典科学家都是本专业顶尖的人物。在诺贝尔奖百余年的历史上，这是诺贝尔奖评选委员会首次组织诺贝尔奖中的三项科学奖的评委一起出访中国。

代表团这次访华活动得到中国有关部门的高度重视。代表团的正式活动在北京举行，时间安排在3月22日至24日。之后，代表团成员将分别前往大连和杭州开展各自的学术活动。教授们的日程安排得紧凑有序，他们以举办学术报告，与国内教授、院士代表座谈，参观国家级实验室，与新闻媒体见面等不同形式，就诺贝尔奖评奖机制及科技创新等议题与中国教育科技界同行及社会各界人士进行深入交流。中国人将有机会聆听诺贝尔奖评委的亲口陈述；而面对中国的学子和媒体，教授们免不了要就萦绕几代中国人的诺贝尔梦给一个直接正面的解说，把诺贝尔奖的真实面貌亲自带给世界上人口最多的国家。双方的期待都是巨大的，无论是诺贝尔奖评委们，还是等待他们的中国主人。

"中国人对得奖情有独钟，不是吗？从奥运会金牌，到奥斯卡奖，把诺贝尔奖与体育竞赛和好莱坞并驾齐驱，这可能是那个叫诺贝尔的老头都想不到的。"在皇家工学院的院长办公室里，健谈的佛勒斯特罗姆院长笑着说。他曾多次访问过中国，对中国十分了解。他特别希望这次瑞典诺贝尔奖评委对中国的访问能让诺贝尔奖走近中国人，也让中国人更准确地了解诺贝尔奖。

## 诺贝尔奖也需要发展

对于诺贝尔奖，一般中国人心目中总有一种说不清、道不明的情绪：为什么100多年来，获奖的几乎都是西方的科学家或学者？中国作为有着几千年历史的国家，尤其是在经济发展如此辉煌的今天，难道中国教育出来的人就没有一个能够获得诺贝尔科学奖？

"诺贝尔在当年的遗嘱中讲过，对于获奖候选人的国籍不作任何考虑，也就是说，不管他或她是斯堪的纳维亚人，还是任何国家的人，谁符合条件谁就应该获奖。直到今天，在诺贝尔奖的评选过程中，所有奖项的评委遵循的仍然是当年诺贝尔的白纸黑字。语言或地域不是影响诺贝尔奖评选的因素。"佛勒斯特罗姆院长这样说。

其实，诺贝尔奖今天能够成为国际上最有影响力的科学奖项，并不是一帆风顺的。在诺贝尔遗嘱公布之初，瑞典社会舆论的批评和谴责之声不绝于耳。舆论公开鼓励诺贝尔的亲属上诉，反对的理由主要是指责诺贝尔"不爱国"。有报纸说："一个瑞典人不注重瑞典的利益，既不把这笔巨额遗产捐赠给瑞典，也没有给瑞典人或斯堪的纳维亚人提供获奖的优先权，还要瑞典承担这些额外工作，既没有给瑞典人带来任何利益，还给他们带来了不必要的麻烦。”而诺贝尔奖能够成立还应该感谢那些目光远大而又具有包容心的瑞典人，正是在他们的不懈努力下，1898年5月21日，瑞典国王宣布诺贝尔遗嘱生效。

“如果诺贝尔活到今天，他可能会把他的奖项颁发给在通讯技术、生命科学、能源技术、环保技术、甚至宇航技术方面作出贡献的人。从这个角度看，诺贝尔科学奖似乎是一个已经过时的奖。诺贝尔主张奖励的是在物理学、化学、医学和生理学领域为人类作出重大贡献的发明和发现，这些是我们今天所有科技发展的基础科学。科学在发展，诺贝尔奖也需要发展。今天获奖的科学家大多是因为他们从事的研究，而不是诺贝尔当年所指的具体的发明。但这些研究应用在工业发展中时，才能真正起到造福人类的作用。因此，基础科学的研究仍然是最重要的。”佛勒斯特罗姆院长如是说。

## 不应过分看重诺贝尔奖

“从基础科学发展的步伐看，中国距离诺贝尔奖也许还需要一代人的努力。”佛勒斯特罗姆教授期待那些目前在大学攻读博士的学子们把中国科学研究的水平提高到世界等级。“中国政府正在采取的科学兴国战略，以及鼓励自主创新的措施等是很有吸引力的，中国政府在科学发展上的投资和努力是惊人的，中国人开始参与国际科学领域的竞争，这是以前没有的。”他鼓励不仅要 Made in China（中国制造），而且要有 Designed in China（中国设计）。

院长还谈到了皇家工学院同大连理工大学的合作：“在我们这边的研究所里，这个项目有两名学者一天工作10个小时，而在我们合作伙伴大连的实验室里，有20名学者一天恨不得20个小时在忙碌。中国人的干劲令人钦佩。另一方面，中国人不应当过分把注意力集中在诺贝尔奖上，基础科学研究应该有着广泛的范围，而基础科学研究也必须和人们的需求挂钩，在科研和工业发展这一点上找到好的平衡，这是今天的科学家不得不考虑的因素。”说到科研和实际的结合，佛勒斯特罗姆院长还告诫当今中国的年轻科学家们应该更注重科学领域中实用技术的研究，努力将这种科研转化成对人类直接有益的成就。

## 五到十年可能出现中国获奖者

从20年前开始和中国大学合作，佛勒斯特罗姆院长也曾经在中国的大学中带过博士生。对于中国的教育制度能不能培养出未来的诺贝尔奖得主，他也有自己的看法。“如果说瑞典学校中教师和学生之间的关系有些过于平等的话，中国学校则走向了另一个极端，对于教师尊严的过分维护不利于鼓励学生培养批评性思维。我在中国大学做博士生导师一个月后，我的中国领导让我休假，因为他们觉得我和学生过于打成一片，有失导师的尊严。在瑞典，我们把大学生当做成年人看，而在中国，教师同时也是家长，学生也是孩子。另一方面，中国大学给学生过分的人文关怀在瑞典大学也是看不到的。”

如果一定要佛勒斯特罗姆院长对中国何时能获得诺贝尔奖从时间上做个推测，院长表示，如果在今后五到十年中出现中国的诺贝尔获奖者，应该不是太出乎意料的事情。他猜测中国人获诺贝尔奖的第一个领域应该在医学和生理学学科。“中国的临床科学发展迅速，今天越来越多的中国人的生活质量在提高，发明和发现都是在需求的压力下创造出来的，目前中国经济的发展，人民生活水平的飞速提高就是对科学发明的压力。”

雪后初晴，午后的阳光照耀着宽敞洁净的院长办公室。记者请院长在结束谈话之前为中国学子说一句话，院长凝视着窗外仍然被冰雪覆盖的斯德哥尔摩的街景，略加思索后说；“中国的学生很幸运，生活在目前世界上最有动感的地方，你们有责任为这个社会的蓬勃发展贡献你们的创造力。”

# 目　录

# 第一辑

## 莫言
## ——中国本土首位诺贝尔文学奖获得者

# 莫　言

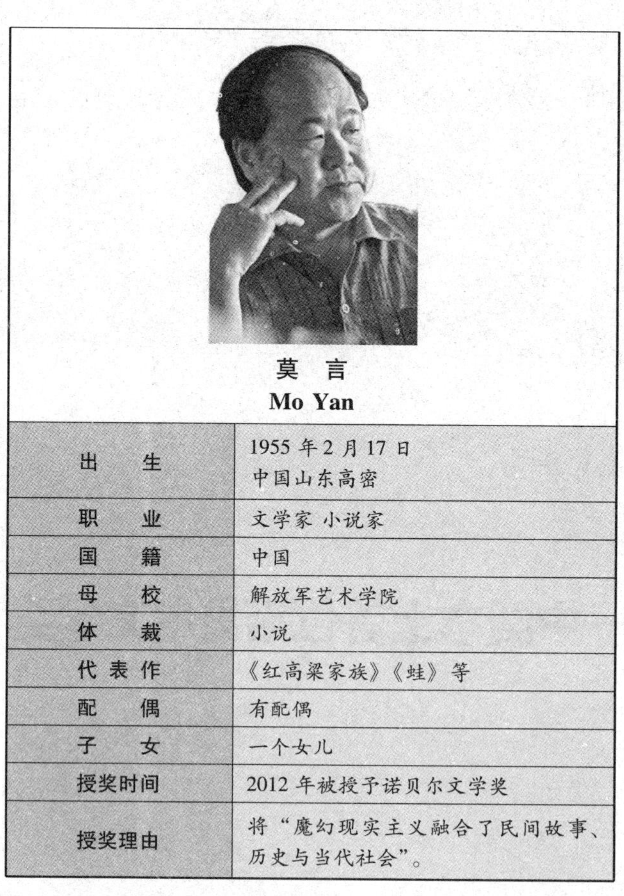

莫　言
Mo Yan

| | |
|---|---|
| 出　　生 | 1955 年 2 月 17 日<br>中国山东高密 |
| 职　　业 | 文学家 小说家 |
| 国　　籍 | 中国 |
| 母　　校 | 解放军艺术学院 |
| 体　　裁 | 小说 |
| 代 表 作 | 《红高粱家族》《蛙》等 |
| 配　　偶 | 有配偶 |
| 子　　女 | 一个女儿 |
| 授奖时间 | 2012 年被授予诺贝尔文学奖 |
| 授奖理由 | 将“魔幻现实主义融合了民间故事、历史与当代社会”。 |

莫言是中国本土首位诺贝尔文学奖获得者。他的获奖恰逢中华人民共和国成立 63 年之际，让中国人多年来诺贝尔情结之花绽放了。所以，人们都感到欣慰与喜悦，这是人之常情。于是，在他获奖后，中国的媒体追踪争相报道，中国官方以不同的方式表示祝贺与欢迎；普通人奔走相告，尤其是在莫言的家乡——山东高密，人们更是欢喜若狂，莫言的家人也倍感鼓舞……

# 莫言获奖是中国文学魅力的体现

莫言获奖之后，李长春在致信中国作家协会的信中说："随着我国改革开放和现代化建设的迅猛发展，中国文学迸发出巨大的创造活力，广大中国作家植根于人民生活和民族传统的深厚土壤，创作出一大批具有中国特色、中国风格、中国气派的优秀作品。莫言就是其中的杰出代表。莫言获得诺贝尔文学奖，既是中国文学繁荣进步的体现，也是我国综合国力和国际影响力不断提升的体现。"

我国外交部发言人洪磊主持例行记者会时，就莫言获得2012年诺贝尔文学奖对记者说："我们对莫言先生获得2012年度诺贝尔文学奖表示祝贺。莫言先生是最近一届茅盾文学奖得主，他的文学造诣有目共睹。中华民族拥有悠久的历史和灿烂的文化，这是全人类的共同财富。我们欢迎世界各国朋友更多地了解中国文化，感受优秀中国文学的魅力。"

莫言是中国作家协会副主席，作家协会对于莫言获奖表示热烈祝贺，贺辞赞扬他在几十年文学创作道路上，对祖国怀有真挚情感，与人民大众保持紧密联系，潜心于艺术创新，取得了卓越成就。

作家协会的贺辞说："自上世纪八十年代以来，莫言一直身处中国文学探索和创造的前沿，作品深深扎根于乡土，从生活中汲取艺术灵感，从中华民族百年来的命运和奋斗中汲取思想力量，以奔放独特的民族风格，有力地拓展了中国文学的想象空间、思想深度和艺术境界。莫言的作品深受国内外广大读者喜爱，在中国当代文学史上占有重要地位。"

我们可以说，莫言作为中国当代著名作家，中国作家协会副主席，获得诺贝尔文学奖当之无愧，他从1981年就开始小说创作。他的长篇小说《红高粱家族》《红树林》《蛙》等一大批作品，多次获得国内和国际大奖，许多作品被翻译为英文、法文、德文、意大利文、日文、西班牙文等，在世界文学界具有较大的影响。

莫言的获奖，使我们更怀有信心与希望，希望我国广大作家坚持以人民为中心的创作导向，贴近实际、贴近生活、贴近群众，创作出更多无愧于历

史、无愧于时代、无愧于人民的优秀作品，为中华文化繁荣发展，为人类文明进步做出新的贡献。

## 莫言获奖后的海外回声

以书写山东高密乡村形成鲜明文学风格的莫言获得诺贝尔文学奖，是一次标志中国当代文学进入世界主流社会视野的重大文化事件，也为推动中国当代文学融入世界留下了许多启示和思索

根据新华社记者的报道，在世界最大图书博览会德国法兰克福书展上，“莫言获奖了!”消息如旋风般刮过，与他相关的人和物迅即成为关注和打听的对象。莫言虽然没去书展，但他的作品《檀香刑》的德语版译者、德国人白嘉琳，却意外地成了当天的“明星”。可以说，书展上刮起一阵“莫言”旋风!

法国媒体从各个侧面介绍莫言的生平，探讨他的写作风格与成功奥秘。法新社称赞莫言以现实主义风格刻画了中国包括日本侵华、文革等重大历史变迁，表现了对生养他的中国东部乡土的眷恋，并引述颁奖词说，莫言的创作融合了民间传说、历史和当代的魔幻现实主义风格，又可在中国传统文学和口头文学中找到出发点。

日本各大媒体和民众对日本著名作家村上春树的惜败，难掩惋惜之情。但是，许多日本网民认为莫言获奖实至名归，并纷纷发帖，对此表示祝贺。

西班牙埃菲社 10 月 13 日从西班牙托罗报道说，2010 年诺贝尔文学奖得主、秘鲁作家巴尔加斯·略萨这样说，他虽然还没有阅读过莫言的作品，但是，当他那次有机会在中国认识莫言时，感到吃惊的是，莫言对于泛美文学，特别是对于哥伦比亚的加西亚·马尔克斯感兴趣。

法新社记者从山东高密发出的长篇报道说，莫言维护他的诺贝尔奖和毛泽东。莫言在回答记者的问题时说：“有些人说，如果没有我与共产党的密切关系，我就不会得这个奖。我想，（这种根据）一点都不合适。”他还说：“我认为，我的很多批评者，多数都没有读过我的书，如果他们读过这些书，他们就会领会到，这些书是在很大压力下完成的，并使我冒了很大的危险。”而诺贝尔奖的颁发，代表着“一种文学的胜利，而不是政治的胜利。”

法新社记者还接着这样说，莫言是共产党员，他维护党的信仰，他认为政权的创始人毛泽东的某些观点是“合理的”，毛泽东说过，文艺创作必须为党服务。莫言说：“毛泽东关于艺术的某些论述是合理的，例如艺术与生活之间关系的观点。”此外，在莫言的作品中经常流露出对地方官员的批评。

## 莫言为何能获得诺贝尔文学奖？

莫言获得诺贝尔文学奖，这个奖项是我国作家在本土首次获得的。他的获奖，中国人都感到高兴，这是必然的。当2012年10月12日晚上7点刚过，山东省高密的大街上便响起了鞭炮，一条消息在鞭炮声中口口相传：高密走出去的山东作家莫言荣获2012年度诺贝尔文学奖。而早在几天前，莫言成为诺贝尔文学奖大热门的消息不胫而走，来自国内外20余家媒体的记者奔向高密，莫言的二哥管谟欣已经说不清接待了几拨客人。莫言的家乡从来没有这样热闹过！

在斯德哥尔摩当地时间10月11日13时，瑞典文学院宣布：将2012年诺贝尔文学奖授予中国作家莫言。但是，这个时候却不见莫言的踪影。事后他对记者说，那时，他正躲在一个地方逗着小外孙玩耍，还舒舒服服吃了顿晚饭。对于获奖，莫言表示：“可能是我的作品的文学素质打动了评委，中国文学是世界文学的一部分，表现中国独特的文化和民族风情，站在人的角度上，立足写人，超越了地区、种族的界限。”莫言是这样评论他的得奖消息的。

莫言为何能获得诺贝尔文学奖？还是听听瑞典人是怎么说的吧：瑞典文学院常任秘书彼得·恩隆德说，由于中国作家莫言的“魔幻现实主义融合了民间故事、历史与当代社会”，所以才把诺贝尔文学奖授给他。诺贝尔文学奖评委之一、瑞典汉学家马悦然在接受新华社记者专访时说，莫言是一位很好的作家，他的作品十分有想象力和幽默感，他很善于讲故事。莫言获奖将会进一步把中国文学介绍给世界。

莫言为什么会很善于讲故事？莫言说，他的家乡高密有泥塑、剪纸、扑灰年画、茂腔等民间艺术。民间艺术与民间文化伴随着他成长，他从小耳濡目染这些文化元素，当他拿起笔来进行文学创作的时候，这些民间文化元素就不可避免地进入了他的小说，也影响甚至决定了他的作品的艺术风格。

莫言认为，获奖对于他来说有作用，但不能高估。他说“我是一个中国作家，我的文学是中国文学的一个组成部分，我个人得诺贝尔文学奖，当然我觉得我没有权利代表中国文学，但是人们总是要把它跟中国当代文学联系起来，这是一个客观的存在。既然这样的话，我们也必须承认，我获得这个诺贝尔奖会在一段时间内让世界的目光更多地关注中国当代文学，应该会发挥一些比较积极的作用。但这个作用也不可高估，因为文学在世界范围之内也是一个相对落寞的这么一个领域，不可能像电影像其他的媒体，能够吸引那么多的观众。”

莫言还对《中国青年报》记者说过：“最重要的是我作品的文学的素质。因为这是一个文学奖，它授给我的理由就是文学。我的作品是中国文学，也是世界文学的一部分。我的文学表现了中国人民的生活，表现了中国的独特的文化和民族的风情，同时我的小说也描写了广泛意义上的人。我一直是站在人的角度上，立足于写人。我想，这样的作品就超越了地区和族群的局限。”

## 不离故土的诺贝尔文学奖得主

莫言出生于1955年2月17日，原名管谟业，山东高密人。小学即辍学，曾务农多年，也做过临时工。1976年2月离开故土，尝试写作。1981年开始发表作品，一系列乡土作品充满“怀乡”“怨乡”的复杂情感，被称为“寻根文学”作家。他的主要作品包括《红高粱家族》《丰乳肥臀》《檀香刑》《蛙》等。长篇小说《蛙》获第八届茅盾文学奖。

莫言是位多产作家，没有必要去介绍他的作品。但是值得一提的是，他获得最近一届茅盾文学奖的小说《蛙》。莫言在《蛙》里很深刻地剖析了中国家庭喜欢男孩胜过女孩的原因，这种偏好源于男孩能够养家和传递香火。如果确认怀的是女儿时，一些家庭会选择流产或者是将女婴抛弃，如今这种情况在中国一些农村地区依然存在。

莫言生在农村，他是个地道的农民的儿子，他至今还与他那90岁的老父亲等亲人生活在一起。他出生在高密夏庄镇平安庄村，在这个村的西北角还可以看到莫言的旧居：土打的院墙，灰白的瓦片，老式的窗棂，留下莫言童年的印记，因为莫言在这里生活了20多年。无论莫言获得的奖项有多大，他那文学创作灵感的发源地始终离不开这片生他养他的故土——高密“东北乡”。“东北乡”的父老乡亲给他提供了文学素养，他作品中的那些民间故事都是听来的，对他的作品产生了很大影响。

莫言6岁开始上学，小学五年级时遭遇“文革”，此后辍学在家务农十年之久，种高粱、种棉花、割草放羊、做各种农活。莫言曾这样描绘那段岁月：“每天在山里，我与牛羊讲话、与鸟儿对歌、仔细观察植物生长，可以说，以后我小说中大量的天、地、植物、动物如神的描写，都是我童年记忆的沉淀。”

莫言对采访他的新华社记者说，他自小对书就很痴迷。他说：“我们家实际上都爱看书，我二哥也是个书迷。我们家原来有一条门槛，当时农村没有电，只有一盏小煤油灯。每天晚上这个煤油灯的火苗真是像一粒黄豆一样那么小，我母亲在锅灶上做饭，我们就利用这点机会，一脚踏在门槛上看书。踏了几年之后，那个门槛竟然被我们弟兄两个给踏得明显地凹下去一块。”

莫言至今仍然居住在家乡，与家人和乡亲朝夕相处，喝着家乡水，吃着家乡饭，呼吸着家乡的空气，根深深扎在家乡的土壤的作家，他如今得到了诺贝尔文学奖，着实可喜可贺！

## 莫言文学道路上的领路者

莫言在文学道路上的成功离不开领路者。老师的指点对于一个人的成长格外重要，这对于莫言来说也不例外。莫言的小学老师张作圣从三年级时开始教他，莫言在四年级时写过一篇关于劳动节开运动会的作文，受到张作圣老师的夸奖。后来他写了很多作文，都被作为范文在课堂上念，有一篇还被拿到附近中学当范文学习，这使莫言备受鼓舞。四年级下半年，张作圣老师把莫言编入五人作文兴趣小组里，使他在班级找到了自信。可以说，张作圣老师是莫言文学路上的第一位领路者。

莫言的祖父既是农村的百事通，又是个善于讲故事的能人。他还懂得天文地理，并对改朝换代之事及神鬼故事知之甚多。当莫言五年级辍学在家的时候，他经常给莫言讲些故事，这对莫言的思路自然是种莫大的启发，可以

说祖父的教诲与所讲的那些故事，使他受益匪浅。这也许就像加西亚·马尔克斯听外祖父与祖母讲故事一样，使他后来小说中人物的语言都好像他祖父母讲故事一样精练。莫言的祖父是他的启蒙老师，也是他的一位领路人。

莫言在家务农时，遇到从山东师范大学中文系毕业后，留在济南工作，1957 年被打成右派回到高密的单姓的“右派”大叔，是个讲故事的里手。他对莫言讲一些作家的事，比如他说济南有个作家，因为写作有钱，经常吃猪肉大白菜饺子，吃得满嘴流油。莫言听后十分羡慕。他对莫言说，只要能写出一本书，一辈子就可以富得流油。莫言心想，自己要是写出一本书，那就富了，可以吃饺子，再也不用放牛了！

莫言 1976 年参军，到 1979 年秋还没有提干，他有点儿闷闷不乐，于是，就提笔写起小说来。他把所写的小说寄给保定市文联办的文学双月刊《莲池》。当时的编辑叫毛兆晃，在毛兆晃的指导下，他的第一篇小说《春夜雨霏霏》几经修改终于发表了。正是这家保定的刊物一连发表了他的 5 篇小说，给予他莫大的鼓舞；他既不会忘记给他的写作提供机遇的刊物《莲池》，也不会忘记 50 来岁的毛兆晃编辑对他写作上的指导。

1984 年秋天，解放军艺术学院创建了文学系，系主任是著名作家徐怀中将军。莫言当时是北京一个军校的副连级教员，他报名参加了解放军艺术学院文学系的招生考试，也获得了通过。但是，不知何故，没有按规定的时间去解放军艺术学院报到。他错过了报名日期，报名已经截止了很久他才去报到。按照常规，他没有上学的希望了。但是，徐怀中将军看到他的小说后，惜才心切，就接受了莫言，果断地把他招收进了文学系去。

以上都是我们国内对莫言的文学发展起过作用的人物。而外国对他的文学创作产生过较大影响的作家，莫过于诺贝尔文学得主、哥伦比亚作家加西亚·马尔克斯。他被誉为世界最伟大的作家之一，又是拉丁美洲魔幻现实主义文学的主要代表人物之一，他的经典之作《百年孤独》《霍乱时期的爱情》等，早在上世纪 80 年代已经被译介到中国。据悉包括莫言在内的一批中国作家，尤其是莫言从加西亚·马尔克斯的作品中受益匪浅。从瑞典文学院对莫言获得诺贝尔文学奖的颁奖辞不难看出，莫言受拉丁美洲魔幻现实主义影响很深。颁奖辞说，莫言将“魔幻现实主义融合了民间故事、历史与当代社会”。

# 第二辑

## 获得诺贝尔科学奖项的华裔科学家

# 杨振宁

## ——获诺贝尔物理学奖的中国人

杨振宁
Zhen－Ning Yang

| | |
|---|---|
| 出　生 | 1922年9月22日<br>中国安徽省合肥市 |
| 职　业 | 理论物理学家 |
| 国　籍 | 美国 |
| 母　校 | 昆明西南联合大学<br>美国芝加哥大学 |
| 体　裁 | 理论物理学论文 |
| 代表作 | 《对弱相互作用中宇称守恒的质疑规范场理论》、《曙光集》和《邓稼先》 |
| 配　偶 | 杜致礼（已故）<br>翁　帆 |
| 子　女 | 1951年长子杨光诺出生，现为电脑工程师；1958年次子杨光宇出生，现为化学家；1961年女儿杨又礼出生，为医生，2003年10月因病过世。2000年，三个子女全部定居美国 |
| 授奖时间 | 1957年被授予诺贝尔物理学奖 |
| 授奖理由 | 由于发现了弱相互作用中宇称不守恒而同李政道同获1957年诺贝尔物理学奖 |

1957 年 10 月，华裔物理学家杨振宁、李政道获得诺贝尔物理学奖，杨振宁与李政道也成为历史上首次获得诺贝尔奖的华裔科学家。他们都是国际物理学大师，成就辉煌，光彩照人，让炎黄子孙引以为荣。早在 1951 年，两位教授合作，于 1956 年共同提出“弱相互作用中宇称不守恒”定律。因此共同获得 1957 年度诺贝尔物理学奖。杨振宁教授还在 1954 年同米尔斯博士创立了“杨－米尔斯规范场论”，即研究凝聚原子核力的著名理论。1986 年获美国“国家科学技术奖章”，同年获得纽约市长颁赠的“自由奖章”。1994 年获得了美国费城富兰克林研究所颁发的鲍威尔科学成就奖。并于 1992 年当选英国皇家学会的外籍会员。1994 年 6 月，被选为中国科学院首批外籍院士。杨教授还是美国国家科学院、巴西科学院、委内瑞拉科学院和西班牙皇家科学院院士。

## 鼓励青年学科学

对于杨振宁教授来说，我们并不陌生，因为他经常出现在我们的视野里。比如经常在公共场所露面，或在某重要会议上发表演说，或为某大学学生授课，或陪同他的新婚妻子参观某个展览等等。我本人就在北京一个知名医院礼堂里听过他发表精彩的讲话，当时还将撰写的一篇有关他的文章送上，请他提出宝贵的意见，同时还在电话上与他交换意见。虽然我不是他的传记作家，对他的了解还不够多，但是，他的学问，他的精神，他的机敏，以及他的睿智风度，总是鼓舞人，让人不能忘怀。

早在杨振宁与李政道于 1957 年获诺贝尔物理学奖时，他们还持有中国国籍。他们虽然身居海外，都是世界著名的物理学家，但他们始终没有忘记自己的根。杨振宁在诺贝尔颁奖典礼的演说里还为此“引以为豪”。当他们得知周恩来总理希望他们回国工作时，他们表示很感谢国内的关心。他们说，我们还年轻，再争取在国外工作一段时间，到一定时候再回去。

但是，由于中国国内当时正在进行反右运动，杨振宁说：“听说国内各方面规矩很多，我们回去不知道能不能习惯。”李政道说：“该改的就改！”后来，他们得知，他们的很多熟人都被打成了右派，怕自己会被打成右派，就决定暂不回国。

杨振宁对于他当时的决定一直心里不安。他后来曾经这样说："决定申请入美国国籍并不容易，一方面，传统的中国文化使他根本就没有长期离开中国移居他国的观念。迁居别国曾一度被认为是彻底的背叛。另一方面，中国有过辉煌灿烂的文化。"在谈到他父亲对他的这一决定看法时说："他游历甚广，但我知道，直到临终前，对于我的放弃故国，他在心底里的一角始终没有宽恕过我。"

如今，杨振宁终于回到了祖国，住在清华园里，为国家贡献余热。

2005年10月23日上午，杨振宁教授携妻翁帆来到上海交大闵行校区箐箐堂内，对1800名师生演讲《我的一生》。48年前，他同李政道一起荣膺诺贝尔物理学奖；48年后，83岁的杨振宁与79岁的李政道又不约而同地在同一周里来到上海，目的都一样：勉励师生们努力学习科学。

## 学业有专攻

杨振宁已取得如此惊人的成就，是少数享誉国际的华裔学者之一。但是，他走过的道路却并非是平坦的。人们常说，千里之行，始于足下，对杨教授来说也是如此。正如他自己所说，他是在中国出生、成长，念完了中学、大学，还拿到一个硕士学位之后才到美国去的，博士学位是在美国拿的，然后做研究、教书，到现在已经50多年。

杨振宁教授于1999年5月21日正式退休前，是美国纽约州立大学石溪分校艾伯特·爱因斯坦讲座教授兼理论物理研究所所长。1999年被该校授予一等荣誉博士学位，同时石溪分校将理论物理研究所命名为"杨振宁理论物理研究所"。

杨振宁于1922年9月22日出生在安徽省合肥县。6岁那年，父亲从美国芝加哥大学获博士学位回国，先在厦门大学执教，后来受聘清华大学任数学教授，因此，杨振宁的成长期是在清华大学度过的。杨振宁的母亲虽然受的教育不多，但通过自学使自己成为有文化，有教养，有气质的女性。杨振宁说，他受父母的影响很大。

1937 年抗日战争爆发后，杨振宁同家人几经转折，迁入内地昆明。1938 年，他从高中二年级升入西南联大，得到许多良师的启发，开始对物理学发生了兴趣，并在名师吴大猷的指导下完成了分子光谱的学士论文。1945 年，靠奖学金赴美，进入父亲的母校芝加哥大学深造。但是，迄今他仍然念念不忘他在祖国求学的情景。

杨振宁教授 2000 年 4 月在南京回答一个小学生的问题时，曾以自己的亲身经历，谈到一个学生应该如何学习，以及怎样才能找准自己奋斗的方向。他是这样说的：我在小学时的成绩还不是特别好。我记得那时候我的老师和我父母再三对我说，你太粗心。怎样表现出来的呢？譬如用墨水写字，常常把一大块墨滴在纸上。假如我当时的字写得好些，没有乱七八糟眷改的话，我的成绩会好些。到了中学的时候，我成绩渐渐变得好起来。在初中一年级的时候，全班 30 个人，我是第五第六名的样子。可到了中二、中三、中四的时候，就进入了第一第二的阶层。我今年已经 77 岁了，我不免要反省一下我的经历。我发现我在很多方面是很幸运的。首先，我的父亲是大学教授，我在学术气氛很浓厚的清华园长大；另一方面，我很小就发现数学对我很容易，所以我上大学进了物理系是很自然的，没有犹豫。但没学完 3 年物理，觉得不好，就改学化学；又过了两年改学工程。从头至尾我一直朝这个方向走。

杨振宁教授学有专攻，目标明确。有消息说，他本来对数学特别感兴趣，但他的大方向是要得到诺贝尔奖，而诺贝尔没有设立诺贝尔数学奖，因此他就改学物理学，终于获得了诺贝尔物理学奖。

## 名师出高徒

杨振宁 1945 年赴美，进入他父亲的母校芝加哥大学，经过 3 年的不懈努力，获得物理博士学位。在芝加哥大学他接触到许多世界第一流的物理学家，包括他的论文导师泰勒和一代大师费米。

“名师出高徒”，这是中国的一句名言。善于求师的杨振宁早在离开西南联合大学以前，就立志追求意大利著名物理学家费米教授。1945 年年底，他在吴大猷教授的推荐下，考取清华留美奖学金，获得了赴美深造的机会。他不远万里来到美国，但求师并不顺利。他一到美国就立即去哥伦比亚大学寻找费米教授，可无人能告知费米教授的去向。后来才得知费米教授正在参加绝密的曼哈顿计划研究原子弹。但他并不灰心，当他在普林斯顿打听到费米教授在芝加哥大学主持一家新的研究所时，他就立即去那里注册进修，终于得到聆听费米教授讲课的机会。

杨振宁教授曾多次寻找机会与费米教授会面，恳请指点，但由于工作关系，无奈之下费米教授只好把他推荐给物理学家泰勒。泰勒指导杨振宁从事理论物理方面的研究，听了泰勒的劝告，杨振宁改变了原来的研究方向。在被称为"氢弹之父"的泰勒博士的指导下，杨振宁于1948年完成了博士论文。

芝加哥大学给他留下的印象是如此深刻，一直到最近他还能回忆起当初入校学习时的情景。他说：记得我刚到芝加哥大学研究院，两三天后就看见很多同学都非常的聪明，随便讲什么题目好像都知道，当时我觉得美国的同学很厉害。可是过了两个月之后，我发现不是那么回事，因为他们对名词知道得很多，但如果你连问他3个问题，他就回答不上来了。所以到了考试的时候，我的分数远比他们好得多。

毕业后，杨振宁留在芝加哥大学任物理讲师，并成为费米的助手。费米深入浅出的讲课给杨振宁留下了难忘的印象，师生二人情投意合，经常在一起探讨新理论。1949年，他们俩提出了基本粒子的结构模型，被称为费米－杨模型。费米最欣赏杨振宁那种不怕难，在解决问题时那种坚定持重和沉静的态度。他表扬他说："这乃是从事科学研究的青年人应该学习的。"大物理学家爱因斯坦也曾称赞杨振宁，他对他的学生说："他的想法有时要比你我还要高明得多。"

1949年，杨振宁来到新泽西州普林斯顿高级研究院工作，深受被称为"原子弹之父"的所长欧本海默的器重，并于1955年成为这里的物理学教授。这里距哥伦比亚大学很近，杨振宁和从1951年来哥伦比亚大学工作的李政道经常一起交流学业，甚至在下饭馆吃饭时，还在探讨理论物理学方面的新课题。他们的密切合作，最终得以发现弱相互作用中宇称不守恒原理，打破了物理学界当时关于宇称守恒的传统观念，从而促进了基本粒子理论的发展。

1957 年两人共同荣获诺贝尔物理学奖。

## 祖国心相印

当杨振宁登上诺贝尔奖领奖台时，他想的乃是自己的祖国，他用中国普通话说："我虽然是献身于现代科学，我对我所承受的中国传统和背景，引以为豪。"

而当周恩来总理获悉杨振宁获奖的消息，在北京立即派人与原国民党高级将领杜聿明先生联系，至此才知道杨振宁是自己女婿的杜聿明（此前不知道女儿杜致礼已于 1949 年在美国与杨振宁结婚）给杨振宁去了一封深情的短信："亲爱的宁婿：我祝贺你获得诺贝尔奖，这是民族的，希望你注意政治。"杨振宁回信说对岳父的关怀十分感动。与此同时，蒋介石在台北接见了杜聿明的夫人曹秀清女士。

1971 年作为美籍华人学者的杨振宁首次回祖国，他没有出现在台北而是北京，受到海内外同胞的高度赞扬。怀着一颗赤子之心的杨振宁回到阔别 26 年的祖国，受到毛主席和周总理的亲切接见，使他分外感动。

杨振宁探望了病中的父亲杨武之教授，首次见到了岳父杜聿明先生和岳母曹秀清女士。他访问了北京、上海一些工厂、学校。见到了自己敬重的老师吴有训、周培源和张文裕等。祖国翻天覆地的变化给他留下非常深刻的印象，尤其是周总理在北京的接见和宴请，给他的印象更深。在席间 3 小时的讨论和宴会后 2 小时的谈话中，周总理详细询问了美国的社会情况，杨振宁都一一谈了他的所见所闻和自己的观点。

以后杨振宁几乎每年都回国访问。每次回来都有新的感受，同时也把美国的情况带回来，建起了一座了解和友谊的桥梁。同时他还为中国培养了不少留学生，给他们提供力所能及的帮助，使他们尽快成为建设祖国的优秀人才。自从 1999 年退休之后，杨振宁教授回中国来的次数更多了，待的时间更长了。可以在电视和公共场所不时看到他不倦的身影，听到他爽朗的话语。

1998 年 6 月 14 日，清华大学授予杨振宁博士为清华大学名誉教授。1999 年 11 月，应邀来中国科学院参加学术活动时，朱镕基总理会见了他。2000 年

4 月 11 日，杨振宁接受云南省人民政府聘请，成为云南省经济社会发展咨询团顾问。2000 年 8 月 5 日，杨振宁与其他 5 位国际著名科学家一起来华参加中国科学院知识创新工程试点咨询座谈会，江泽民主席在北戴河会见了他们。2000 年 10 月 27 日，他被南京博物院聘为名誉院长。

2000 年 12 月 29 日，杨振宁教授欣然捐资在南京大学设立“杨振宁奖学金”。在谈到首次设立奖学金的初衷时，他回忆了早年就读西南联大的情景，“虽然我父亲是大学教授，但因为通货膨胀，家里很穷，生活很艰苦，是奖学金帮我渡过了难关。近几年多次在祖国大陆访问，看到不少青年学生因家境困难而影响学业，感到很伤心，所以就有了这么个想法。”




## 诺奖有希望

对于中国何时能够获得诺贝尔奖是人们十分关心的问题。杨振宁教授在祖国大陆访问时经常遇到的一个问题就是：为什么还没有获奖的专业在中国人的土地上出现？他说这是一个值得讨论的问题，“我的看法是：这也是时间问题。基础科学前沿发展极快，要赶上去，而且要超越世界级的研究中心，不是容易的事。可是纵观 20 世纪近代科学在中国人的土地上发展的历史，就会认识到这个发展非常快速，以此速度赶超，在中国人的土地发展出可获得诺贝尔奖的专业，我想应该是 20 年之内的事。希望我能看到这一天。”

香港《大公报》1999 年 12 月 1 日登载了杨振宁教授写的一篇文章，题为《世纪之交的科学随想》。文章谈到在中国本土上的中国学者何时能拿到诺贝尔奖时说：“这个问题比较复杂。因为里面有一个很重要的问题是经费的限制，今天中国的科研经费比起 20 年以前已经有大大的增长，比起 50 年前更是天文数字的增长，可是比起先进国家还是差很远。这是第一个困难原因。第二个困难是，学术需要有传统，这个传统不是一两天、一两年甚至十几二十年可以建立起来的。因为这些困难，所以到今天为止还没有一个在中国本土上的学者得到诺贝尔的科学奖。但我跟那个新闻记者说，我相信 20 年到四五十年内，这件事一定会发生。”

2000 年 4 月 6 日，杨振宁教授在南京江苏省会议中心作了题为《中国文化与科学》的演讲，并用 1 个小时回答听众提问。其中的一个问题是：中国为什么没有人获得诺贝尔奖？是不是教育制度上有什么缺陷？杨教授回答：我认为不是教育制度上有什么缺陷。诺贝尔奖是一个非常复杂的事情。对诺贝尔文学奖委员会评选的方法和成绩，我不认为是正确的。关于物理、化学和医学这些方面，中国大陆到现在还没有人获诺贝尔奖，这个问题非常简单：第一是没有足够的经费。今天，不论是做生物、物理或化学研究，设备是非常贵的。中国现在渐渐追上来了，可是与先进国家最好的设备相比还差一截。第二个原因是学术要有传统。学术传统最重要的一点是，可以使年轻人知道哪个问题值得去做，哪个问题容易有发展前途。中国科学的传统一时还发展不上来，我认为这是最主要的。

据 2011 年 9 月 16 日的《北京日报》报道，89 岁的杨振宁于 15 日现身《杨振宁传》（作者杨建邺）首发式。他那波澜不惊的言谈令在场者无不吃惊，他说，“多半科普文章不忍卒读”。他预言，虽然中国科学还远远落后于西方，但随着中国国力的增强，人们可以期待未来 5 年、10 年或者 20 年，在新闻中听到中国土地上的一流科学成果得到国际认可的消息。他还劝年轻人，不应该整天认为诺贝尔奖太重要。

## 分合李政道

“分合李政道”是 2011 年 8 月 10 日《中华读书报》第 16 版一篇文章的标题。而本文是摘自《规范与对称之美——杨振宁传》，作者是江才健。文中介绍了他们二人合与分的情况。文章说，杨振宁与李政道是 1946 年秋天在芝加哥初次见面的。进而发展出亲密的友谊和密切的合作，从 1955 年开始到 1962 年两人一共合写了 32 篇论文。特别是 1956 年，两人合作写了一篇论文，对于物理学家一向深信不疑的宇称守恒定律，质疑其在弱作用中的有效性。这篇文章造成了科学概念上的一次革命，也使他们成为头两个得到诺贝尔奖的中国人，那一年杨振宁 35 岁，李政道 31 岁。

但是，这两位如此要好的朋友为什么后来分开了呢？这里引用物理学家的说法与想法来说明。比如与杨、李都很熟悉的物理学家佩斯听说两人闹翻以后认为，他们两人都是强人，两个这么强的人有这么亲密的关系，决裂几乎是不可避免的。也有人认为他们两人决裂的原因来自两人不同的个性和家世背景。杨振宁来自一个知识分子家庭，李政道的出身和成长经历相对来说要复杂得多。即两人相当不同的先天气质和人格特质使得两人关系发展到如此地步是不可避免的，当然也是令人惋惜。

最近杨振宁在清华大学回答媒体提问时说：我跟李政道的关系是很长久、很复杂的一个关系，这里头有学术的关系，也有感情的关系。不过大体上是怎么回事，这两本书（指三联书店出版的《杨振宁传》和《规范与对称之美：杨振宁传》）里面都已经有了。这是一个很不幸的事情，不过我不觉得我做了任何真正错误的事。

# 李政道

## ——首位最年轻的获诺贝尔物理学奖的中国人

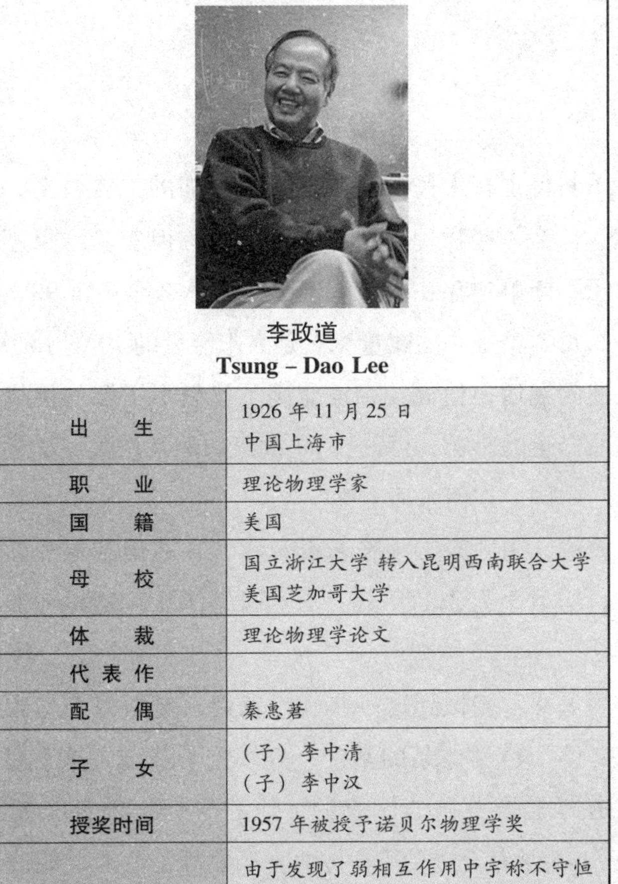

李政道
Tsung – Dao Lee

| | |
|---|---|
| 出　　生 | 1926 年 11 月 25 日<br>中国上海市 |
| 职　　业 | 理论物理学家 |
| 国　　籍 | 美国 |
| 母　　校 | 国立浙江大学 转入昆明西南联合大学<br>美国芝加哥大学 |
| 体　　裁 | 理论物理学论文 |
| 代 表 作 | |
| 配　　偶 | 秦惠莙 |
| 子　　女 | （子）李中清<br>（子）李中汉 |
| 授奖时间 | 1957 年被授予诺贝尔物理学奖 |
| 授奖理由 | 由于发现了弱相互作用中宇称不守恒而同杨振宁同获 1957 年诺贝尔物理学奖 |

李政道和杨振宁因发现在弱相互作用下宇称不守恒定律，于 1957 年共同获得诺贝尔物理学奖。李政道获奖时才刚刚 31 岁，比 1915 年 25 岁的物理学得主劳伦斯·布拉格稍大，成为诺贝尔奖自设立以来第二位最年轻的获奖者。

纵观他的经历，作为学生，他聪明好学，披荆斩棘，终攀高峰；作为老师，他先当学生，后当先生；作为科学家，他想象力丰富，善于思考，获得诺贝尔奖；他胸怀祖国，放眼未来，为中国培养人才。他于 2001 年金秋 10 月 7 日，在北京人民大会堂做了题为“21 世纪科学的挑战”的大型学术报告，为新世纪中国科技的发展勾画出一幅壮美的蓝图；让人感受到其论断的精辟和他那深深的中国情……1957 年 10 月，瑞典皇家科学院把物理学奖授予李政道和杨振宁。之后李政道与杨振宁的分裂成了华人物理学界一段著名的公案。





## 一

这位诺贝尔奖得主在人民大会堂近万人参加的报告会上，提出当代科学四大问题，即为什么一些物理现象在理论上对称但实验结果不对称；为什么一半的基本粒子不能单独存在而且看不见；为什么全宇宙 90% 以上的物质是暗物质；为什么每个类星体的能量竟然是太阳能量的 10 的 15 次方。

在提出上述问题后，他说，宇宙充满了我们不了解的挑战性的现象，这些问题的突破所产生的影响，可能比 20 世纪初的几次大突破还要大。对于新世纪的新挑战，中国应如何来面对呢？

李政道教授说，中国人必须在新世纪实实在在地掌握几项别人还无法掌握的高新技术，用敢于人先的勇气，勇立科学潮头，这样才能立于科学大国的地位。

那么，中国怎样才能做到这一步呢？就必须努力完善基础研究和基础教育。基础研究是整个科学体系的基础，打好这个基础，是个艰苦的过程，着急不得。李政道博士是做科学研究的，他的研究处处都充满了哲理。他说“研究就是生活，生活就是研究”。科学家只要静下心来，始终聚焦于自然科学领域中最核心的问题，就一定能作出对人类都有重要意义的新贡献。

他认为，学科研究的目的是为了全人类，而不是为奖项。他以当今世界最高的科学奖项——诺贝尔奖为例解释说，诺贝尔奖是对科学贡献的褒奖，而科学家本人并不能因为追求诺贝尔奖去做学问。

他在谈到教育问题时说，做基础研究的导师和学生之间要形成良好的沟通关系，一对一或一对二，导师要言传，更要身教，学生要做学问，更要做人。活学活用是学习的根本。这就是说，人格加学问方能立于世界之林。我们虽然已迎来新北京，新奥运，但要真正成为世界科技发展的“龙头”之一，确立科技大国的地位，中国要争创更多的第一。

## 二

李政道博士是美国哥伦比亚大学物理系教授、美国国家科学院院士。中国高等技术中心主任、中国科学院外籍院士。他还应聘担任北京市的首席科学与艺术顾问。

李政道祖籍苏州，1926 年 11 月 25 日生于上海。父亲李骏康是金陵大学农化系第一届毕业生，后来在上海做化肥生意；母亲张明璋毕业于上海启明女子中学，是当时中国少有的受教育的女子。李政道兄妹 6 人，他排行第三。在这样一个对子女教育很重视的知识分子家庭里，李政道的童年是在上海温暖幸福的环境中度过的。在父母的呵护下，李政道从 4 岁便开始识字，同时对算术特别感兴趣，心算又是他的拿手好戏；每当他完成一道心算题时，心里仿佛乐开了花。

李政道从小学到中学，他的数学和物理的成绩一直很好，在班级里总是名列前茅，受到老师和同学们的称赞。他本人又很虚心，常常拿着自己的作业请老师批改。有位格外喜欢他的数学老师，每次批阅完他的作业，总是抬起头来，对他会心地笑一笑，这对李政道来说无疑是个鼓励。

但是，天有不测风云，日本侵略者对华发动侵略战争，使李政道无法继续在上海学习与生活。上海，这个偌大的东方城市，给李政道的童年与少年时代留下的印象太深刻了！当他在 13 岁那一年，因乘车时不小心碰了一下外国人，竟然遭到一顿毒打！当时他常常想：为什么在中国的土地上，外国人横行霸道？更令人不能容忍的是，由于国民党执行不抵抗政策，1940 年，日本侵略军占领了上海。使人们陷于水深火热之中，李政道和无数的学生失去了求学机会。而李政道的父母又格外重视他们三兄弟的学业，这该怎么办？

## 三

李政道的父亲认为，能够给予孩子的最好的东西就是让他们好好学习。于是就让李政道兄弟三人到外地求学。他们冒着日本侵略军的炮火，经过千辛万苦，饥餐露宿地来到浙江嘉兴，在一个临时搭起来的窝棚里开始上课。如此艰苦的学习生活磨炼了李政道的意志，让他不得不认真地去思考：人活着的意义是什么，自己的一生应该怎样度过？他反复思考的结论是：探索物质的定理，弄清自然界的规律才是真正的知识。自此他更加奋发学习，把一切艰难困苦都置之度外。妄图灭亡中国的日本侵略军，不久又侵占了李政道的窝棚学校。李政道和他的两个哥哥不得不离开那里，逃到江西联合中学读书。在这里，他一直读到高中三年级。但是，有一天，学校的训导主任突然把他叫走了，他的哥哥感到害怕，以为弟弟出事了呢！他们焦急地等李政道回来后，方才松了一口气。原来是因为战争，学校师资奇缺，请李政道当“小先生”，代上数学和物理两门课。他勇敢地接受了教课任务后，就认真备课，有不懂的地方就向二哥请教。由于他深入浅出的教课，同学们都感到满意。后来他总结自己当“小先生”的经验是：要当先生，就要先当好学生。

1943 年秋，李政道从江西联合中学毕业，考取迁到贵州的联合浙江大学。当时学校的条件极差，校舍就在当地的两个会馆里。然而，李政道那顽强的学习劲头是任何困难也阻挠不住的。但是，大学二年级刚开学不久，日军侵占了贵州，浙江大学不得不停办，李政道便转入昆明西南联合大学继续深造。

在西南联大虽然环境稍好，可是在战时，哪里会有求学的最佳环境呢？这里电力不足，晚上无法看书。同学们只好轮流去茶馆占座位，因为那里点的是气灯，可以在晚上读书。但座位有限，不占就没有位置，同时一壶茶付一次钱后，可以喝上一整天。这里的校舍，烂泥做墙，毛草为顶，风雨飘摇，臭虫肆疟。

为了消灭臭虫，在当时条件极差的情况下，每次只能烫一块床板，要杀死臭虫很不容易。然而，西南联大已是当时全国读书的最好环境。李政道在那里仅用一年有余，就念完了大学三四年级的全部课程，深得吴大猷教授的器重和提携，称赞他是年轻物理学家。

## 四

1946 年，大学尚未毕业的李政道，经吴大猷教授的推荐，获得一等奖学金出国留学。当时吴大猷教授也到美国做研究工作，带着朱光亚和他两个学生一同赴美国，当年他还不满 20 岁。

1946 年秋天，他们一起离开了中国来到大洋彼岸的美国。但是，由于李政道大学没有毕业，入学成了问题。当李政道兴致勃勃地来到他向往的芝加哥大学研究生院，渴望拜美籍意大利杰出的物理学家费杰为导师时，按照校规，念研究生必须首先取得大学毕业的资格，而李政道不符合学校的规定，就只好先旁听。虽然吴大猷教授曾给一位美国教授写信说：李政道只在中国的大学读了两年书，但他是一个聪明有为的青年，思想有条理，头脑精密，勤奋好学，他的学业并不逊色于大学毕业生。我相信他如果得到适当的指导，一定会成为一位优秀的物理学家。

正如吴大猷教授所说，李政道的的确确一点都不逊色于大学毕业的学生，他仅仅听了几次课，物理系的教授们便非常欣赏他的能力，就跟招生处商榷，改变校规，招收李政道为正式生，进入研究院。这可是该校有史以来第一次，此外为了鼓励他，还给了他当时很难获得的芝加哥大学的奖学金。费米教授收李政道为博士论文研究生，对学生一向严格要求的费米教授很少接收研究生，李政道成了他的第一个中国籍的博士论文研究生，他在美国住了 17 年后才加入美国籍。

在 1938 年诺贝尔物理学奖获得者、1945 年成功试验了第一枚原子弹而被称为“原子弹之父”的费米的指导下，李政道进行研究工作。在导师的言传身教感染下，他以惊人的毅力勤奋攻读，从 1946 年到 1949 年这 3 年里，写出多篇很有分量的论文。他在费米教授指导下写的博士论文《白矮星的氢含量》，解决了天体物理方面的一个基本问题。1949 年冬，他结束了研究生的生活，1950 年获芝加哥大学物理学博士学位。

在芝加哥大学读研究生期间，爱神飘然而至，来到这位年轻英俊的中国留学生的身边。一个偶然的机会，他在那个难忘的溜冰晚会上，与中国籍姑娘秦惠（竹字头下加君）不期而遇，两人一见钟情。没过多久，他们便在芝加哥市政厅结为百年之好。

李政道于1950年在芝加哥大学毕业后，曾在该校短期担任天文学副研究员。此后到1951年，他在加利福尼亚大学任物理学讲师和副研究员。1951年至1953年，在普林斯顿高级研究所任研究员。1953年至1960年，他先后在哥伦比亚大学担任物理学助教、副教授和教授。1960年至1963年，担任普林斯顿大学物理学教授。从1963年起又任哥伦比亚大学教授，1964年担任恩里科·费米讲座教授。他除任教以外，还从事天文物理和量子力学的研究。

## 五

李政道大学毕业后的十余年间是攀登科学顶峰，创造辉煌业绩的十余年。这里最值得称道的是，他自1951年起与杨振宁教授合作，于1956年共同提出弱相互作用中宇称不守恒原理，因此共同获得1957年度诺贝尔物理学奖。

李政道与杨振宁荣获诺贝尔物理学奖时，他们俩还都持有中国国籍，也就是说是中国人获得了1957年度诺贝尔物理学奖。而风华正茂的李政道年仅31岁，杨振宁不过34岁。这对炎黄子孙来说，无疑是个巨大的鼓舞，也使西方人大为吃惊。难怪美国人当时竟感叹道：美国人的财富在犹太人的口袋里，美国人的智慧在中国人的脑袋里！

当获奖的喜讯传到中国时，人们一片欢腾。中国许多著名物理学家都对李政道和杨振宁获诺贝尔奖感到欢欣鼓舞，中国政府也特别关注这一特大喜讯。李政道和杨振宁十分谦虚地说：“我们的工作是由于在物理学上有一个‘疑惑不解’的地方而引起的，我们想起一个概念能够予以解释，于是就设法从理论上说明了这种概念。”李政道教授还用一个有趣的比喻，向人们说明他们研究的起因，他说：可以打这样一个比喻，就是说原有的定律以前看来像是开在墙上的一扇门，现在结果发现根本不是一个出口，而只是画在墙上的一扇门。

他们所说的物理学上的“疑惑不解”就是：在强相互作用中宇称守恒定律成立，但在弱相互作用中它可能要受到破坏。这个疑惑，经美籍物理学家吴健雄女士的实验，找到了答案。因此这个发现是一种伟大创举，在现代科学史上具有划时代的伟大意义。瑞典皇家科学院的克莱恩博士在授奖仪式上高度评价这一发现时说：“两位物理学家由于对所谓宇称守恒定律作了精湛的研究，从而导致次原子粒子方面的重大发现，因而共同获得诺贝尔奖金……这两位获奖者所进行的研究，实际上推翻了30多年来被普遍认为是自然基本定律的所谓宇称守恒定律。”

1971年，李政道当选为美国科学院院士。在统计力学方面作出了开创性的重大贡献。鉴于他对核物理学有相当广泛领域的巨大贡献，因此他被授予爱因斯坦科学奖，并被誉为“自爱因斯坦之后，最具想象力的科学家”；他还被授予意大利共和国最高骑士勋章；当选为美国艺术科学学会成员、意大利林契国家科学院院士等。

## 六

由于杨振宁1971年回国探亲，让李政道也更加思念离别26年的祖国、亲人和家乡！1972年9月，他从美国回到阔别的中国，感触颇多：祖国起了翻天覆地的变化。当李政道和夫人回到自己的出生地——上海时，家乡的人民热烈地迎接他们，这怎么不让游子欢喜若狂呢？是年10月15日，周恩来总理在北京接见并宴请了李政道夫妇，对他所取得的成就给予高度评价，并称李政道“李精于学”，鼓励他多为中美之间的交流作贡献。

1974年5月，李政道和家人一道再次回国。此次毛泽东主席在中南海的寓所里接见了他，并同他就“对称”与教育等问题交换了看法。毛主席接受了李政道提出的“中国的教育必须加强”的建议，他对李政道说：“你的建议很好，很值得考虑。”

李政道自1972年以来多次到中国探亲、访问和讲学，为中国的教育事业和科学技术的发展作出了极大的贡献。在他的建议和安排下，自1979年以来，有几十位中国学者到国外学习和培训，后来他们都成为建立北京正负电子对撞机、北京谱仪和进行高能物理实验的骨干。他还倡议并创立了中美联合招考物理研究生项目（CUSPEA），在1979至1989年的10年间，共派出了915位研究生，并得到美方资助。李政道为中国培养人才的热忱是局外人难以想象的，只有他的夫人知道，她说："为了中国的事情他都搞得发疯了！"

在李政道1984年访华期间，受聘为清华大学名誉教授。他于1985年倡导成立了博士后流动站，并担任全国博士后管委会顾问主任。1992年，复旦大学设立"李政道物理学奖金"。自1994年起，他担任中国黄河文化经济发展研究会名誉会长，是年6月被选为首批中国科学院外籍院士。并获1995年度中国国际科技合作奖。

李政道和夫人秦惠莙女士，为了资助中国优秀大学生利用假期和课余时间到科研院所观摩见习，让青年学生，尤其是学非自然科学的学生开阔眼界，了解科学，认识科学，关心科学，热爱科学，树立科学的精神，科学的态度，科学的思维方法，拿出他们的全部私人积蓄捐赠设立了"秦惠莙－李政道基金"。这项基金首先在复旦大学、北京大学、兰州大学和苏州大学4所大学试行。

时刻也没有忘记过祖国的李政道教授，当中国在1998年遭受百年不遇的洪水时，为了支援中国的抗洪斗争，他在当年的8月20日捐赠了一万美元。是年的11月17日，他来华参加中美高能物理合作联委会第19次会议时，朱镕基总理会见了他。2000年8月5日，李政道与其他5位国际著名科学家一起来华，参加中国科学院知识创新工程试点工作咨询会谈，江泽民主席在北戴河会见了他们。

# 丁肇中

## ——探索宇宙奥秘获诺贝尔物理学奖的中国人

丁肇中
Samuel Chao Chung Ting

| | |
|---|---|
| 出　生 | 1936 年 1 月 27 日<br>美国密歇根州安娜堡 |
| 职　业 | 理论物理学家 |
| 国　籍 | 美国 |
| 母　校 | 密歇根大学 |
| 体　裁 | 理论物理学论文 |
| 代表作 | J/ψ 介子的发现 |
| 配　偶 | 路易丝·库恩尼（1960 年结婚）第二任妻子苏珊·卡洛 |
| 子　女 | 丁明美　丁明明<br>克里斯托弗·丁（Christopher Ting，中文名丁明童） |
| 授奖时间 | 1976 年被授予诺贝尔物理学奖 |
| 授奖理由 | 1976 年，因发现一类新的基本粒子而获得诺贝尔物理学奖 |

丁肇中是当今世界最有名的物理学家之一，是 1976 年度诺贝尔物理学奖获得者、美国国家科学院院士和艺术科学学会会员。自 1975 年以来，他多次应邀来中国访问并进行学术交流，曾受到邓小平、江泽民和胡锦涛的接见。

近年来，他一直在从事探索宇宙奥秘的研究，进行这项大型研究工程的目的旨在解开宇宙之谜。也就是说，他正在“寻找宇宙最初的基本东西是什么?”而这项研究该是多么艰巨！只有丁肇中与参加这项研究的人员知道。

## 二

迄今为止，科学研究已经相信，宇宙起源于大爆炸。丁肇中教授正在领导着包括中国在内的一批科学家进行名为L-3的实验，目的是模拟宇宙大爆炸的最初形态。他希望这一实验有助于寻找宇宙大爆炸最初时刻质量的来源。从而有助于解开宇宙之谜。

对于这次科学实验能否取得重要成果，丁教授认为，解开宇宙奥秘不是短时期能办到的，他相信在21世纪的前二三十年里，人类在探索宇宙奥秘方面一定会有重要的突破。他们正在进行的研究，无疑是为这种突破做准备。

据悉，L-3实验模拟宇宙的形成，也就是大爆炸，要创造这种条件，模拟宇宙开始的情形。因此，丁教授正在带领十几个国家的数百位物理学家，在日内瓦的欧洲核子研究中心夜以继日地工作着，全世界的物理学家都在期待着他们。人们坚信，不久的将来会从这里传出震惊世界科坛的喜讯。

到目前为止，丁肇中教授领导的这次实验无疑是世界上最大型的独一无二的实验。已在日内瓦欧洲核子研究中心建成全世界最大的正负电子对撞机，这台简称为LEP的巨型粒子加速器，周长27公里，跨越瑞士和法国，能量高达1300亿电子伏特，它用相当于一个城市所使用的电力，让正负电子在1亿分之一秒的时间里碰撞。美国、俄罗斯、瑞士、德国、保加利亚、法国等国，都派出物理学家和工程技术人员参加这项实验。

值得一提的是，自1978年以来，先后有一百多名中国物理学家和研究生到丁肇中领导的实验组工作和学习。在他的领导和帮助下，中国科学家在L-3探测器的设计、制造和数据分析中都发挥了重要的作用，在高能物理实验中占有一席之地。他们之所以能够这样，是和丁肇中的指导与支持分不开的。丁教授时刻都把自己的祖国——中国的科学事业和经济发展放在心坎上，因为在他的血管里流的是炎黄子孙的血。

## 二

“心系祖国，放眼世界”一直是几代中国学子的豪言壮语，这用在美籍华裔学者丁肇中身上是恰如其分的。他虽然出生在美国，可他12岁以前的岁月是在中国大陆度过的，他忘不了这块养育过他的土地。

丁肇中的祖籍是中国山东省日照县，父亲丁观海，母亲王隽英，都是出身书香门第的高级知识分子。丁肇中在谈到自己不同一般的身世时说：“我在第二次世界大战时，出生在一个主要由教授和革命志士组成的家庭里，我的父母都希望我出生在中国，但在他们访问美国时，我提早出世，由于这个意外，我成为美国公民，这个突来的小插曲，却也影响了我的一生。”

事情的经过是这样的：丁肇中的父亲和母亲都是赴美留学生，父亲在密执安大学读土木工程和弹性力学，母亲在美国攻读教育心理学。两人分别取得硕士学位后，择个良辰吉日结了婚，婚后不久母亲就怀孕了。然而他们心向祖国，归心似箭，可王隽英临近分娩，经不起海上的颠簸，丁观海只好一人先期回国。离别时，他们两人商定，等孩子出生后，母子二人再回中国。当丁肇中刚满3个月时，他的母亲便登上回国的轮船，她怀里抱着幼子，忍受着波涛骇浪颠簸的苦楚，终于回到祖国的怀抱，来到丈夫的身边。当时，丁观海正在河南省焦作市的一个工学院里任教。

在那兵荒马乱的时期，哪能久留他乡。不久，他们一家三口回到自己的家乡日照。转眼日本侵略军把战火烧到了日照，他们只好开始往南方逃难，当他们来到安徽省芜湖市，丁肇中的弟弟丁肇华出生了。这时一家四口逃到南京，南京又朝不保夕。这对年轻的夫妇万般无奈，只好扮成农民，一个人背一个孩子，经过3个月的奔波，他们一家来到汉口；后来乘船到了重庆，丁观海教书，王隽英担任一个学院的女生指导。

苦难的童年使丁肇中永远难忘。当他记事的时候，侵华日军在中国大肆烧杀掠夺，战争后方的重庆也经常遭到轰炸，天无宁日，地无静土时，更谈不到儿童的欢乐。对丁肇中来说，唯有到嘉陵江里游泳，才是他童年锻炼和自由搏击的时候。而有一次他游泳时喝了几口水，却得了伤寒，差一点送了命。病愈后，他进了重庆瓷器口小学读书。

1948 年春天，12 岁的丁肇中随父母来到台湾省台中市。他先在丰园小学和大同小学读书，后又进建国中学读书。在中学求学期间，他已显示出对数理学科的兴趣和实力。由于成绩特别突出，高中毕业时被保送到成功大学学习。

## 三

在成功大学学习期间，一个偶然的机会改变了丁肇中的人生命运，即去美国深造。而赴美求学的他，不是一个身着锦缎，腰缠万贯，出国留洋的大户人家子弟，因此，在他的口袋里仅装着 100 美元！这就是他的全部留美费用。

100 美元在高消费的美国能顶何用？可这 100 美元还是父母省吃俭用，东拼西凑的，因为丁肇中的父母是靠自己的辛勤劳动挣得微薄薪水，养活一家 5 口就够勉强的，哪还会有多余呢？丁肇中懂得父母的不易，又从有关方面得知，美国的青年到 18 岁以后就靠自己挣钱养活自己，并打工为自己筹划学费上大学，自己也应该这样。所以他在赴美之前已经做好了一定的思想准备。

1956 年 9 月 6 日，飞机在美国底特律机场降落了，怀里揣着 100 美元的丁肇中走出机场。他本来可以去父母为他事先联系好的布朗教授家里留宿，因为布朗教授是丁观海几十年前赴美留学时认识的师长和挚友，时为密执安大学工业学院教授；正是他帮助丁肇中联系去美国求学，并答应可以住在他家里。但是，丁肇中为了锻炼自己独立生活的能力，毅然决定直奔密执安大学的单身宿舍。

丁肇中到美国后，使他最为头疼的就是经济拮据，为了改变这种影响学习和生活的问题，他必须加倍努力学习，获得优异成绩，争取早日拿到奖学金，以此来维持学习和生活上的费用；同时他还必须在短期内获得美国学位。只有如此，他才能在美国站住脚跟。由于他的刻苦努力和布朗教授的热情帮助，上述两个问题不久就解决了。

经过 3 年的奋斗，1959 年夏天，他从密执安大学毕业时获得了数学和物理学两个学位。并在一年一度的校长为全校优秀学生举办的舞会上，与该校建筑系的学生露易丝·库妮·凯相识，并决定留在密执安大学攻读博士学位。他们于1960年11月结婚。

## 四

大学毕业之后，丁肇中虽然在读博士学位，但他脑海里还在思考着这样一个问题：究竟是按部就班地攻读博士学位，还是独立地从事物理学研究？经过反复思考之后，他决定进入密执安大学研究所。在研究所里，他结识了著名的物理学家乌伦伯克教授。当他告诉这位教授他想研究理论物理学时，教授对他说，要是他的话，就会搞实验物理，因为理论物理很难取得成就，这么多年只出了一个爱因斯坦。

乌伦伯克教授的谈话仿佛在丁肇中心里点燃一盏灯，使他豁然开朗。自此，他在物理学的研究方面来了一个大转向，由理论物理学改学实验物理学。两年后获得物理学博士学位。一般来说，从念大学到获得博士学位再到做科学研究，需要10年的时间，可丁肇中由于智力过人，加上特别善于刻苦研究，仅用6年时间就完成了。迄今为止，这在密执安大学里也是为数不多的。

丁肇中取得物理学博士学位后，在美国本来有许多学校和科研部门以优厚的薪俸向他提供职位，但是，他执意要去瑞士日内瓦的欧洲核子研究中心，因为那里有一位他十分敬重的著名教授柯克尼，他是一位有着非凡能力的物理学家。一年后，刚满25岁的丁肇中满载而归，来到美国哥伦比亚大学物理系担任讲师。他在哥伦比亚大学刚担任一年讲师就升为助理教授。1966年他去联邦德国汉堡任德国电子同步加速器小组负责人，经过认真观察再实验，澄清了当时美国哈佛大学和康乃尔大学的学者认为量子电动力学有误的说法，捍卫了量子电动力学的著名实验，使他一举成为蜚声国际的青年物理学家。

1969年，他在美国马萨诸塞理工学院物理系任教时升为教授。1970年担任美国物理协会粒子和场研究项目顾问，并任《核物理通讯》副主编。1974年以他为首的一批物理学家，在美国纽约州长岛布鲁克海文实验室从事观察两个质子碰撞后产生的电子对的研究，其目的希望搞清某些基本粒子的电磁力性质。他们在实验中发现，当能量上升到31亿电子伏特时，测量到的电子对数成倍上升。这时他们开始意识到可能是发现了一种新的粒子。经过500次测量，发现这个新粒子的特点是：能量很大，较其他重粒子的能量高出约100倍，而它的质量为质子的3倍多一点。此外，它的寿命又十分长，大约为10～20秒等，这些特点构成了它具有当时已发现的300余种基本粒子的特殊性。

为了纪念丁肇中为首的电磁力探索的这一新发现，把这个新粒子命名为J粒子，这是因为英文大写字母J与汉字丁字在字形上相似，故称为“丁”粒子。1974年11月，丁肇中和美国加利福尼亚的芮契特教授碰头，得知他领导的小组与自己的小组所发现的是同一个粒子。两年后，二人凭这种新粒子的发现共同获1976年度诺贝尔物理学奖。”

## 五

1976年10月，瑞典皇家科学院在宣布物理学奖项的公告中这样说：“瑞典皇家科学院宣布，两位美国科学家，因在寻找地球上最小质点——J粒子的最伟大发现，今天共同获得1976年度诺贝尔物理学奖。获奖者是美国麻省理工学院40岁的（华裔）丁肇中教授和美国加利福尼亚州45岁的芮契特教授，他们在一个完全新的基本点上的各自独立发现，使他们获得这项荣誉。

J粒子发现后，各国纷纷发表评论，中国报纸也对这次重大发现表示由衷的盛赞，认为这个发现对人类认识微观世界具有重大意义。

1976年的那个冬天，对丁肇中来说是十分难忘的一个冬天，因为他再一次深刻体会到作为中国人是非常自豪的。当诺贝尔基金会要求每位获奖者在会上必须用本国语言演说时，身为美国籍的丁肇中一定要用汉语演说，这可难倒了基金会。后经再三协商，答应让丁肇中先用汉语演说，再用英文演说。这样做，开创了获奖者使用两种语言演说的先河。

丁肇中那慷慨激昂的演说给人留下深刻的印象。他说：“得到诺贝尔奖，是一个科学家最大的荣誉。我是在旧中国长大的，因此想借这个机会向在发展中国家的青年们强调实验工作的重要性……我希望由于我这次得奖，能够唤起在发展中国家的学生们的兴趣，而注意实验工作的重要性！”

丁肇中回到美国的实验室里，又立即投入到紧张的实验工作中。同时他还经常回中国讲学，参加有关科学活动等。

# 李远哲

## ——首位获诺贝尔化学奖的中国人

李远哲
Yuan Tseh Lee

| | |
|---|---|
| 出　生 | 1936 年 11 月 29 日<br>台湾省新竹市 |
| 职　业 | 科学家、化学科学家 |
| 国　籍 | 中国台湾 |
| 母　校 | 加州大学柏克莱分校 |
| 体　裁 | 化学论文 |
| 代表作 | |
| 配　偶 | 吴锦丽 |
| 子　女 | （子）李以群<br>（女）李以欣 |
| 授奖时间 | 1986 年获诺贝尔化学奖 |
| 授奖理由 | 以分子水平化学反应动力学的研究与赫希巴赫及波拉尼共获诺贝尔化学奖 |

李远哲教授是继杨振宁、李政道和丁肇中之后，荣获诺贝尔科学奖的第四位华裔科学家。他研究的反应动力学是一项新兴学科，研究的目的之一，是要了解化学物质相互反应的基本原理。他与美国哈佛大学的赫希巴赫教授、加拿大多伦多大学的波拉尼教授，共同创制的“分子束碰撞仪器”和“离子束和分子束交叉仪器”，能够分析各种化学反应的每个阶段的过程，使人们了

解它们的奥秘，为反应动力学开辟了新途径，因此，三人共同获得 1986 年度诺贝尔化学奖。李远哲在 2000－2001 年任两岸跨党派小组召集人。

## 获奖之后　所思所想

李远哲对推动海峡两岸的科研工作作出了很大贡献。他除担任台湾地区“中央研究院”院士之外，还协助台湾地区“中央研究院”原子分子研究所设计和安装了一部分子束碰撞仪器。据悉，多年以来，他一直与中国科技大学开展学术交流，帮助科大化学系开展起化学动力学的研究工作。中国科技大学和中国科学院化学研究所、上海复旦大学授予他荣誉教授头衔。他还指导大连生物研究所和北京化学研究所建立了三套分子束装置。

2005 年 10 月 14 日出版的台湾《联合报》的一则消息说，立委李敖指责李远哲 2000 年总统大选前发表《向上提升，不要向下沉沦》的挺扁文章，而陈水扁执政以来，民调满意度从 75% 跌到 25%，李远哲是否该为当初挺扁道歉？这个问题是李敖对李远哲在立法院科资委员会报告中研院业务时向他提出的。

据《联合报》报道，李远哲说，2000 年他发表那篇文章时，已提出院长辞呈，不是为了想当官，而是为了改变社会贡献心力，5 年来台湾的自由、民主进步不少，但民进党没有做得更好，他的确感到有点失望。不满的有两项：“政策精准性太粗糙”、“有些人操守可以更好”。同时，立委赖士葆称赞李远哲勇于批评民进党。李远哲还说，他下乡听到民众抱怨，为何政府的钱最后都没有用在建设上？很多政务官员都很努力，但也可能有人“学坏了”。

此外，台湾《中国时报》同时也指出：当年李远哲以“支持向上提升，不要向下沉沦”向社会喊话，如今我们看到的是一个向下沉沦的台湾民主，因为两个想改革对方的政党，长得越来越像了。

## 解释成果　深入浅出

李远哲教授自 1978 年以来，曾多次来大陆访问讲学，并受聘任中国科学院化学研究所、中国科技大学和上海复旦大学名誉教授。李远哲于1979年当选为美国科学院院士、1980年当选台湾地区"中央研究院"数理组院士。1982年获美国劳伦斯奖金。1986年3月获美国时任总统里根授予的国家科技奖章，同年4月获美国化学会最高荣誉奖——德拜纪念奖。他于1993年被台湾行政主管部门聘为科技顾问，1994年放弃美国国籍及教职，返台任台湾地区"中央研究院"院长，同年9月起任台湾"杰出人才发展基金会"董事长等。




据说，身负重任又是世界著名科学家的李远哲，并不居功自傲，而是谦虚谨慎，虚心对待自己的科学成果。他是这样解释他所发现的分子束的。他说：分子束相当简单，因为肉眼看不到原子和分子的运动，所以在实验室装上仪器，设计两道分子束相撞，然后测量发生反应物的角度、速度分布等，就可以知道原子和分子活动的来龙去脉。

但分子仪器非常昂贵，需要高度技术，是尖端的研究，早前物理学家用来做碰撞研究。而李远哲开拓了新领域，将这种仪器发扬光大，一方面进行改造，一方面来研究化学作用，包括分解、化学反应、反应结构和反应动力学等。李远哲教授的重要贡献是：他所设计的"分子束仪器"和"离子束和分子束交叉仪器"能分析化学反应的每一阶段的过程。

在李远哲教授进行分子束研究的同时，加拿大多伦多大学的波拉尼教授研究出了红外线化学发光方法，可以测定和分析从一个新形成的分子发生的极弱的红外光。他们的研究对反应化学的发展具有特殊意义，使人们可以详细了解化学反应是怎样发生的。而美国科学家赫希巴赫发现、合成大环聚醚化合物"冠醚"及对"冠醚"的理论研究，因此他们三人在1986年同获当年诺贝尔化学奖。

## 思维独特　创意教育

李远哲于1936年出生在台湾新竹。纵观他的学习生活，他本身就是创意教育的例子。他从小就喜欢在学校提"怪问题"，而喜爱娱乐的他，学校生活最值得一提的就是玩垒球和打乒乓。

李远哲善于独立思考，反对循规蹈矩。他认为是对的，就会坚定不移，勇往直前。这种思维方式是他从小学起开始养成的，所以多年以来，他都特别强调学生的独立思考和质疑能力。他在新加坡的一次演说中这样说过：新加坡要建立世界级大学，当然需要一流的学者，提供一流的设备，不过重要的是，要有“懂得发问的学生”。他提到原苏联和东欧的学生在国际数理比赛中频频得奖，美国学生大为逊色，但他们好奇好问，国家学术风气鼎盛，到头来得诺贝尔奖的是美国人居多，这就说明了两种教育思维得出的不同结果。

李远哲教授还拿以色列和亚洲的学生家长对学生的发问来看他们如何关心学生，证明两种不同的教育思维。以色列的学生回家后，父母就问：“今天你在学校里问了些什么问题?”但在亚洲家长关心的却不外是：“考试得了多少分?”如果答说97分，父母就追问：“那3分哪里去了?”再加问一句：“班上有没有人分数比你高?”

李远哲教授这里说的是事实，其出发点要说明应对症下药。亚洲的学生有不擅长质疑的缺点，但学习比较深入；而爱发问的美国和以色列学生，他们爱发问，但学习不够深入。因此双方应取长补短，相互学习。至于得诺贝尔奖的多寡，那是由各种因素决定的。

李远哲上小学的时候不但爱发问，而且有反潮流的精神。比如在小学六年级的时候，有一次在桌球比赛的前夕，学校校长让他们去寺里拜佛，希望借助神灵，使他们班在比赛中取胜。李远哲先是坚持不去，后来被迫去了。但他拿起香来说：“希望明天打败!”他的话正被站在背后的校长听到，他当时就挨了批评。但在第二天比赛中，他们班得了冠军。于是他对校长说：“我说希望打败，结果不是打赢了吗？是我们技术好，不是靠神保佑。”

## 启发家教　受益匪浅

1986年10月16日，在台湾新竹市一条不显眼的小巷内，响起了鞭炮声，一幢质朴的老式砖房里，挤满了前来道喜的左邻右舍，因为李泽藩夫妇俩的儿子——李远哲获得了诺贝尔化学奖。这是李远哲在新竹市的老家，他在这里生活了18个春秋，在他生命初期，所有的风风雨雨都在“家”的掩护下转化为一股决定性的力量。

李远哲教授的父母李泽藩和李蔡配老人居住在这里。虽然朴实无华，却充满着艺术气息。客厅的四壁，挂着画坛老人李泽藩先生的画作。或是山野风光，或是农家小院，在他的笔下，都有一种温暖写意的感觉。这些画作给室内平添不少生机。李远哲受父亲的影响，也会绘画。而李远哲的兄弟姊妹又都对音乐特别感兴趣，他们常在李远哲的指挥下，组织小型家庭音乐演唱会。这些对他的个性发展和后来的科学研究都大有益处。

李远哲的母亲是台中梧栖人，从彰化女高毕业后，就在台中日南国小任教。也是因教书的关系，他认识了李泽藩在师专的一位同学，经这位同学介绍，李泽藩认识了娟秀的蔡配；在她 21 岁那年，嫁给了比她大 3 岁的李泽藩，并根据当地习惯，在姓名前面加上夫姓，为李蔡配。婚后，她一连生了几个孩子，为了家计，她找到一份为一些幼儿园加工围兜的工作。

辛劳不负有心人，在李泽藩先生和李蔡配女士的培育下，李远哲 8 个兄弟姐妹个个都出类拔萃。8 个孩子中有 4 个是博士生，如果加上媳妇和女婿，总共有 7 个博士生之多。

很多人都感到惊讶，便询问李蔡配女士的教育之道。她温和地一笑说："都是让他们自由发展的啦!"她还说，在她的那个年代，一般人总认为医生赚钱最多，要孩子往医学院挤，当时她丈夫也希望李远哲学医，可他自己想学化学，我们也就不坚持让他学医了。

她认为，对子女教育的态度，应该采取开放的方式，家长强逼子女学什么，是自私的表现。但是她也从不纵容孩子。她和先生管教孩子的原则是：合理的严格，赏罚分明。难怪李远哲一再强调，父母的"家教"是促成他有今日的关键。

李远哲获得诺贝尔化学奖后曾说过，他的父母从小刻苦工作，从不怨天尤人，这种坚忍不拔的精神对他有深远的影响。

## 内助贤惠　后顾无忧

人们常说："每一个成功男人的背后，都有一个伟大的女人。"李远哲获得诺贝尔化学奖后说：“我所做的每一件事，都是我们夫妻两个人的。她在家相夫教子，对我的帮助实在太大，使我一辈子做科学工作而无后顾之忧。”“诺贝尔奖金完全都是她的……”

李远哲的妻子吴锦丽，的确是他获得诺贝尔奖的大功臣。正是她全力以赴地支持他全身心地投入科研，他才有了现在的成功。因为科研有时需要24小时连续不断的工作，如果李远哲有家庭负担，他怎么也做不到全力投入。他的妻子吴锦丽的努力恰好为他的科研提供了莫大的支持。

回顾往事，他们俩真是巧合的一对。在读小学的时候，吴锦丽和李远哲是同学，上六年级时还同一个班。她的学习成绩总是名列第一，有“状元”之称，李远哲再努力，也只能屈居第二，落个“榜眼”称号。难怪李远哲总是说吴锦丽比他聪明，这是事实。

初中联考后，李远哲上了新竹中学，吴锦丽上了新竹女中。三年后，他们双方都升上了各自学校的高中部。因为学校管得严，规定不可以交男女朋友，虽然他们放学时会见面，但没有通过信，高中就在拼命用功中度过了。

大专联考后，他们俩都进入了台湾大学，吴锦丽在外语系，李远哲在化工系。后来，他们借着“竹友会”的活动，渐渐的彼此相互了解，进而感情逐渐密切，并肯定了对方正是自己值得追寻的终身伴侣。

当李远哲申请赴美国柏克莱加州大学深造时，吴锦丽也在申请旧金山大学，准备攻读教育。入学许可证拿到后，两人相偕至美，不久后在美国成亲。婚后，大儿子以群出生，吴锦丽认为“相夫教子”才是自己的最大目标，于是就辍学在家，专心照管孩子。他们的长子以群是学新闻的，次子以欣学习生理，女孩从事医务。

吴锦丽眼中的李远哲是一个好丈夫，他最大的特点就是工作非常认真，这也是他最让她敬佩的地方。对于他得奖，她万分高兴，她的一切牺牲都得到了回报。她说：“结婚之后，他曾说，他愿意为‘我们两人’创一番事业，我想他做到了。”

## 科学思维　敢于突破

李远哲教授的主要贡献在于，他是全世界利用“分子束仪器”研究化学反应基本现象的学者中做得最好的一个。但是，他的成功不是偶然的。早在中学读书时，他就看了各种与科学有关的书籍，引起他对科学的兴趣，养成了科学思维的习惯，树立了敢于突破，勇攀高峰的精神。

他曾经熟读《居里夫人传》，非常崇拜这位两次获得诺贝尔奖、肯为人类作出无私贡献的伟大女性。居里夫人和丈夫本来可以用价值连城的镭卖钱，但居里夫妇宁愿过着清贫的日子也不愿这样做。这种无私奉献的精神一直鼓励着李远哲进行刻苦的科学研究。他有一句名言："科学的生命在于忘我创造。"居里夫人的事业就是时刻都在进行创造，李远哲在仿效她。

李远哲的最大爱好是文学，他从古今中外的文学作品中汲取了营养。而对他影响最大的除《居里夫人传》外，就是傅雷先生翻译的罗曼·罗兰著的《约翰·克里斯多夫》。他认为这部书不止是一部小说，而是人类的一部伟大史诗。通过这部充满哲理的书，他认识到，在人生崎岖不平的道路上，不在于人是否会遇到逆境，而在于只要目标是地平线，便风雨兼程，勇往直前，总会柳暗花明的。

# 朱棣文

## ——第 5 位获诺贝尔奖的华裔科学家

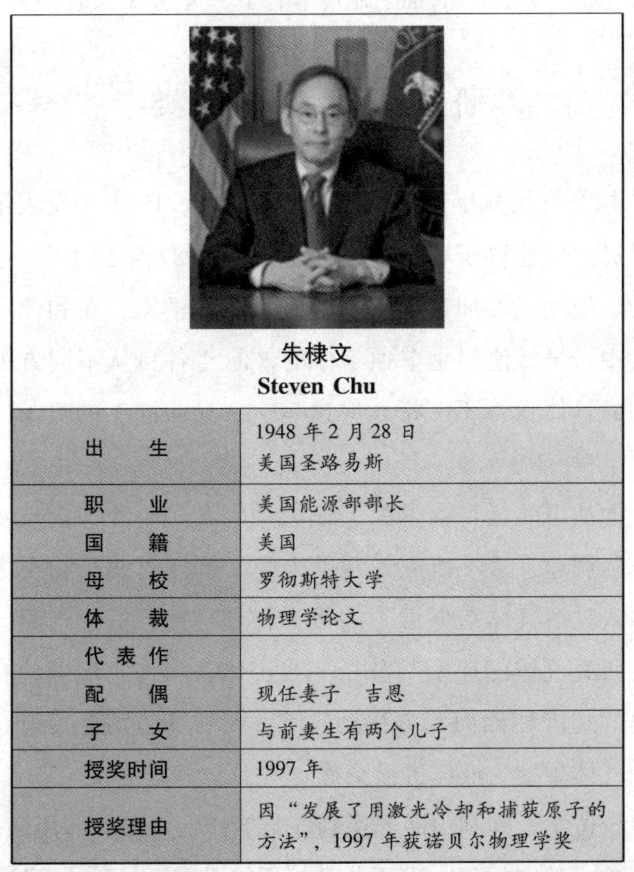

朱棣文
**Steven Chu**

| | |
|---|---|
| 出　　生 | 1948 年 2 月 28 日<br>美国圣路易斯 |
| 职　　业 | 美国能源部部长 |
| 国　　籍 | 美国 |
| 母　　校 | 罗彻斯特大学 |
| 体　　裁 | 物理学论文 |
| 代 表 作 | |
| 配　　偶 | 现任妻子　吉恩 |
| 子　　女 | 与前妻生有两个儿子 |
| 授奖时间 | 1997 年 |
| 授奖理由 | 因“发展了用激光冷却和捕获原子的方法”，1997 年获诺贝尔物理学奖 |

1997 年 10 月 15 日，瑞典皇家科学院宣布，将 1997 年度诺贝尔物理学奖授予美国斯坦福大学华裔教授朱棣文和另外两位美、法科学家，以表彰他们发明用激光冷却和捕捉原子的方法。朱棣文是继杨振宁、李政道、丁肇中和李远哲之后，第 5 位获诺贝尔奖的华裔学者。这也是华人第 4 次获得诺贝尔物理奖。

曾为美国能源部部长的朱棣文，1948 年 2 月 28 日出生在美国圣路易斯，祖籍中国江苏省太仓县。他学习的是应用物理。曾任职于美国加州劳伦斯柏克莱国家实验室（简称：LBNL）主任。

他 1970 年毕业于罗彻斯特大学，获数学学士和物理学学士。1976 年获加州大学伯克利分校物理学博士。他的研究经历和意向是：原子物理中的宇称不守恒性；固体中的能量转换和激发动力学；毫微秒光谱学；正负电子和对介子－电子对光谱学；原子的镭射制冷和俘获；单分子聚合体和生物物理。



## 研究原子　造福人类

1983 年朱棣文开始从事原子冷却技术的研究，1985 年发表第一篇学术论文。他荣获诺贝尔奖的科研项目的主要工作是 1987 年到 1992 年期间在斯坦福大学完成的。他说，参加这项研究的有很多科学家，在和他一起获诺贝尔物理奖的人之中，虽然他们是单独工作的，但“各自从不同方面做成了这件事。尽管我们的具体目标不一样，但这是一个异曲同工的贡献，我们的工作将造福人类。”

据介绍，他从事的是目前世界上最尖端的激光制冷捕捉技术研究，有着非常广泛的实际用途，这项研究为帮助人类了解放射线与物质之间的相互作用，特别是深入理解气体在低温下的量子物理特性开辟了道路。在原子与分子物理学中，研究气体的原子与分子相当困难，因为它们即使在室温下，也会以上百公里的速度朝四面八方移动，唯一可行的方法是冷却，然而，一般冷却方法会让气体凝结为液体进而结冻。

朱棣文等 3 位学者则利用激光达到冷却气体的效果，即用激光束（molassos）达到万分之一绝对温度，等于非常接近绝对零度（零下 273 摄氏度）。原子一旦陷入其中，速度将变得非常缓慢，而变得容易俘获。该技术可以用来做精确测量，特别是做“重力测量”；人们还可以利用此技术做成重力分析图，由此解开地球上的许多谜团：例如观察油田的内层、勘探海底或地层内的矿物质，在生物科技上可以解读去氧核糖核酸（DNA）的密码；科学家还可以借此研究“原子激光”，制造精密的电子元件；也可以测量万有引力，进一步发展太空宇航系统，进行准确的地面卫星定位。科学家们普遍认为，这的确是一个了不起的研究成果。

杨振宁认为，包括朱棣文的镭射冷却技术成就在内的工作，是近15年来原子分子物理学中非常杰出的实验成就。尽管朱棣文等人没有直接做出奇特的凝聚现象，但却为以后创造出“玻色—爱因斯坦凝聚”现象的工作铺了路。

## 对于诺奖　泰然处之

1997年10月15日凌晨，睡梦中的朱棣文被一阵急促的电话铃声惊醒，他的研究生率先向他报告了获诺贝尔奖的消息；起初朱棣文还以为是学生在跟他开玩笑，随后，一个接一个的探询和祝贺电话不断打进来，他这才确信地说：“我是真的得奖了”。他在兴奋之余坦言：事先已有一些预感，觉得自己的研究“非常的疯狂”，所以得奖是“应该有一点机会的”。事实上，朱棣文从事该项研究已有14年了，并且取得一定的成就——1993年该项研究曾获费萨尔国王国际科学奖。

朱棣文对于这次获奖表示：“得奖对我没太大影响，我还是昨天的我。”并谦虚地说：“我今天还是照常上班。”在获知得奖的当天，他仍平静如常地去上课。他说：“当我想到还有更多的优秀科学家，特别是比我强的科学家还没有获奖时，我自然就不应该把这项奖看得有多么重，我只是运气比较好。”

在谈到所获诺贝尔奖金时，他以幽默的口吻说，目前还没有考虑到如何处理这笔奖金，但他又说：“大概得先给山姆大叔扣去40%的税吧，所剩就不多了，不过至少可以付一部分未还清的贷款”。

朱棣文因为离异，当时有两个分别为16岁和12岁的儿子，他是个典型的美国“单亲家庭”维持者之一。两个儿子轮流去父母家，他很珍惜与儿子团聚的机会，很喜欢自己的儿子。同时，可以看出他的家庭负担是够重的，他不惜贷款抚养儿子，供他们上学，让他们尽量过一种无忧无虑的单亲家庭生活，健康成长。

朱棣文1993年5月就当选为美国科学院院士，但平时很少提及自己的研究成就，甚至在父母面前从不提起。他的母亲说：“以前他每次得奖从不告诉我们，都是我的朋友看到报道后，剪下来寄给我的。像 1996 年获得左根汉研究奖；1993 年获第一个国际大奖；1987 年获美国物理学会艺术奖等，他都没有表示出特别的兴奋。这次获得诺贝尔奖，他也是低调处理的。”但是，他的父亲朱汝谨因患老年痴呆症长期住在医院里，听说儿子得奖的消息后，破例来到朱棣文的办公室里，与其他家人一道有说有笑，向儿子表示祝贺。父亲称赞他很能干、人缘好，总有一大堆朋友，而且很孝顺，老人家最爱品尝朱棣文做的烤鸭和他调制的香槟酒。

## 科技世家　影响颇大

朱棣文祖籍江苏太仓城厢镇。从小生长于美国的他，虽然不熟悉汉语，但故乡太仓一直令他魂萦梦牵；每每应邀到中国讲学，总是满心希望踏上回故乡之路，可常常因行程排太满而只能“梦里回乡”。他的心愿终于在 2000 年 8 月 24 日这一天实现了，趁着在上海交大讲学之暇，朱棣文博士抽出半天宝贵时间，回故乡省亲来了！

朱棣文 1948 年 2 月 28 日出生在美国密苏里州圣路易斯市一个学者之家。祖父朱祝年是江苏太仓城厢镇的一位读书人，十分重视培养后代。大姑妈朱汝昭早年曾留学日本；二姑妈朱汝华早年留学美国，后任芝加哥大学化学工程教授，是中国第一代化学家；三姑妈朱汝蓉，1943 年留学美国攻读化学，也是一名化学教授。

父亲朱汝瑾 1940 年毕业于清华大学化工系，1943 年留美就读于麻省理工学院，1946 年获该院化工博士，先后任美国圣路易、纽约及新泽西的 3 所大学教授。并历任美国和欧洲 60 多家石油 、化学、导弹、核子工程及太空公司的顾问；其母李静贞出生在天津一名门之家，1945 年清华大学经济系毕业后去美国麻省理工学院攻读工商管理。外祖父李书田是 20 世纪 20 年代清华大学毕业生，1923 年公费留美，回国后投身教育事业，曾任国民政府教育部长。据了解，在朱棣文父兄辈之中，至少有 12 位拥有博士学位或大学教授职位。因此，朱棣文说，出身学术世家对他今天取得的成就有相当的影响，关键的是，没有他们，就根本不会有我。

朱棣文有一兄一弟。哥哥朱筑文是斯坦福大学医学院教授，专长 DNA 研究；弟弟朱钦文是南加州比华丽山庄一家知名律师事务所的执业律师，都拥有博士学位。成长在一个传统的中国家庭里，朱棣文三兄弟从小就受到了东方文化的熏陶和培养。从父母身上他学会了刻苦、勤劳和谦逊，美国的开放式教育也造就了他的幽默、风趣和自信。

朱棣文高中毕业时，父亲本不赞成他选择物理学，认为善于绘画的儿子应该去学建筑，因为物理学界高手太多，不易出成就，而且做实验是枯燥无味的；然而朱棣文却对物理学情有独钟，学问做得津津有味。1970 年他获得了纽约州罗彻斯特大学数学和物理双学士；1976 年 28 岁时获得柏克莱大学物理学博士学位，并在该校从事两年的博士后研究；1978 年到美国贝尔实验室任电磁现象研究人员，因成绩显著并做得一手“漂亮实验”，于 1983 年升任该实验室电子学研究部主任；1987 年转任斯坦福大学物理学教授，1990 年任该校物理系主任。2004 年，朱棣文被任命为劳伦斯·伯克利国家实验室主任，这是亚裔学者首次掌管美国能源部的国家实验室，这个实验室拥有员工 4000 人，年科研预算 5.2 亿美元。

## 治学之道　培养兴趣

尽管教育在家庭中占有重要地位，但是朱棣文并没有完全集中在学业上。从幼儿园时，他就是一个兴趣多样的孩子。他清楚地记得：“在幼儿园毕业的那一个夏天，一个朋友介绍我参加建造塑料模型飞机和军舰的娱乐活动，从此我便爱上了这一活动。到小学四年级末，我已经达到了装配工的水平，并且花费了许多愉快的时间用于构造无明确用途的器具……我卧室的地毯上，经常散乱地放着数以百计的金属梁和小的螺母、螺杆，它们分布在半成品的周围。母亲很体贴人，她允许我连续几天进行我的工程，直到完工为止。在我稍大一些的时候，我的兴趣扩张到化学游戏，我和一个朋友用自制的火箭和火药做实验，实验的资金相当一部分来自父母给我的午餐费。一年的夏天，我们的爱好又转到了测量我们邻居的土壤酸度及其所缺少的营养物质上。”

如今，朱棣文教授带着八个博士生 、两个博士后和两个大学生；每年给


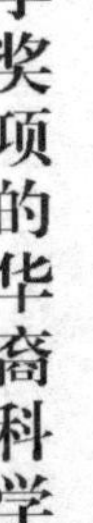

硕士研究生开两门课。在学生心目中，朱教授聪明非凡，谈吐风趣，是一个值得学习的楷模，他们认为朱教授口才非常好，能将一场学术性很强的演讲讲得十分生动，在学生讨论时听上两三句就能一针见血地指出问题的症结所在。朱棣文教授对学生要求极严，他会经常出其不意地跑到实验室看他的研究生们的实验进度如何，如果因不努力而进度落后了，他会毫不留情地批评。

朱棣文的工作十分繁忙，除带研究生及上课外，还要从事原子物理学研究。因此他很爱惜时间，即使在外出旅行等飞机时也会拿出一张纸来做计算。然而，在日常生活中，他却是一个兴趣广泛的人，爱好打网球、游泳、骑自行车，还喜欢烹饪。

朱棣文获得诺贝尔奖后，依然思念古老中国文明的悠久文化和卓有成效的家庭教育，曾经几次回祖国讲学和探亲。2004 年 7 月，作为北京大学名誉教授的朱棣文专程来北京大学参加理科论坛。他一向对名声看得很淡，离得也远。他说，他读书时从来不追求第一，不争做各科尖子，总是以好奇心探索新事物，特别是自己动手去做。就是在得知获得诺贝尔奖时，他也如常去斯坦福大学给学生上课，一点儿也不改变当日的科研工作程序。

在北大演讲后，朱棣文倒是接受了学子们的“采访”。他对北大学子们说：“关键是培养自己的兴趣。如果有了兴趣，就有了努力工作的动力和源泉。”“创新精神是最重要的。创新精神强而天资差一点的学生，往往能取得更大的成绩。”朱棣文此时仍称自己仅仅是实验物理学家。但是同行知道，正是因为朱棣文对与实验物理相关的光、机、电的基本实验方法十分熟练，许多人设计不了或做不出来的实验，他都做成功了，才使他最终能“捕获”到诺贝尔奖。

朱棣文表示，他在研究工作之余，最大的嗜好就是下厨做菜，与妻儿、亲友一起享用；他说，不论中西料理他都有研究，但以中国菜、墨西哥菜最拿手，“因为老婆很喜欢中国菜的色香味俱全，家里的两个小鬼偏好墨西哥菜的辣劲。”

# 崔　琦

## ——从中州大地走出来的诺贝尔奖得主

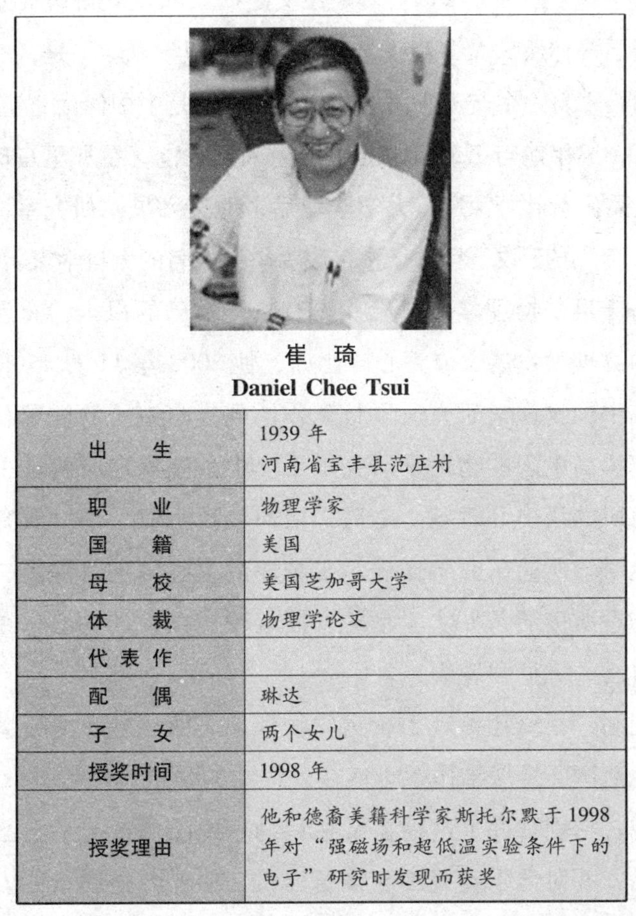

崔　琦
Daniel Chee Tsui

| | |
|---|---|
| 出　　生 | 1939 年<br>河南省宝丰县范庄村 |
| 职　　业 | 物理学家 |
| 国　　籍 | 美国 |
| 母　　校 | 美国芝加哥大学 |
| 体　　裁 | 物理学论文 |
| 代表作 | |
| 配　　偶 | 琳达 |
| 子　　女 | 两个女儿 |
| 授奖时间 | 1998 年 |
| 授奖理由 | 他和德裔美籍科学家斯托尔默于 1998 年对“强磁场和超低温实验条件下的电子”研究时发现而获奖 |

杨振宁说：“崔琦获得诺贝尔奖的消息，虽然不出乎物理学界的意料，仍然给我带来了极大的欢欣。我相信这是所有华裔人士的共同感受。”杨教授还说：“华裔科学家获生理医学诺贝尔奖应该是不久以后再度引起我们极大欢欣的新闻。”那么，“为什么还没有获奖的专业在中国人的土地上出现？我的看法是：这也只是时间的问题。基础科学前沿发展极快，要赶上去，而且要超

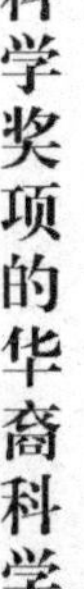

越世界级的研究中心，不是容易的事……在中国人的土地上发展出可获得诺贝尔奖的专业我想应该是20年之内的事。”

## 获奖不忘祖国　设立“崔琦讲座”

1998年10月13日，美籍华人物理学家崔琦荣膺诺贝尔物理学奖，成为继李政道、杨振宁、丁肇中、李远哲、朱棣文之后第六位获得诺贝尔奖殊荣的华人。崔琦是美国普林斯顿大学教授，世界著名物理学家。可是，他并不是出身书香门第，而是来自一个贫苦农民之家。他的祖籍是中国河南省宝丰县范庄村。由于家境贫寒，早年他与三个姐姐为了谋生来到香港，在那里崔琦靠助学金读完了中学，又靠公费赴美深造。大学毕业后，他进入贝尔研究室，以坚忍不拔的毅力孜孜以求，终于攻下科学堡垒，成为举世闻名的大科学家。

崔琦获得诺贝尔物理学奖之后并没有忘记自己的祖国，而是经常回国访问，对中国的物理学发展十分关心。比如，他2003年11月17日回国时，这一天，他亲临中国物理学研究所进行工作访问，与该所的领导和研究人员共同商榷，如何提高中国的物理学研究水平。中科院物理所所长王恩哥向崔琦教授介绍了该所的历史和现状。之后，崔琦教授听取了部分研究人员的工作进展报告，他对该所的研究工作表示出浓厚的兴趣，不时提出一些问题和建议。崔琦对物理所极端条件实验室的发展表现出极大的关心，在一些具体问题上发表了自己的意见和看法。

在访问期间，崔琦还参观了软物质物理、表面物理、国际量子结构中心等实验室。他对国际量子结构中心正在建设中的强磁场极低温双探针STM设备非常感兴趣。特别赞许了这种在有独特物理想法的情况下自己动手建立一流设备的做法，并对学生直接参与设备建设，培养独立动手能力方面加以赞赏。作为国际量子结构中心学术委员会成员，他对中心的国际合作模式和初步进展表示高兴。

访问期间，崔琦被正式授予“中国科学院物理研究所讲座教授”荣誉称号，并商定设立“崔琦讲座”，即每年请崔琦教授在世界范围内邀请一名诺贝尔奖获得者，或者世界一流的物理学家，在物理所进行短期访问和学术交流，同时对物理所的研究工作进行指导和评估。崔琦教授非常愉快地接受了这一荣誉，并表示今后会更加关心物理所的发展，为培养一批杰出的中国青年物理人才尽更大努力。

## 穷人之子志不穷　小小年纪露峥嵘

崔琦获得如此大奖，但他并未忘记他的祖国与家乡。1939 年的一天，他出生在中国河南省宝丰县范庄村。崔琦的父母都是农民。父亲名叫崔长生，母亲名叫王双贤。他们以土地为生，辛苦一年不得温饱，崔长生还不得不到邻近的郏景家洼煤矿靠背卖煤维持生计。

崔琦刚刚断奶就被送到舅舅家里，他和三个姐姐都是在舅舅家里长大的，并在舅舅家里读书。由于崔琦是家中最小的孩子，父母对他疼爱有加，希望他上学读书，将来有出息。他们有三个舅舅，大舅王志环曾追随孙中山参加辛亥革命，后来在河南郏县牺牲了。在舅舅们的资助和熏陶下，才得以完成学业。后来宝丰县被解放了，崔琦回到了自己家里。

崔琦在父母身边生活的几年间，不但帮助父母操持家务，而且还下田干活。拔草、收割、扬场，样样农活他都会干。然而，让乡亲们至今记忆犹新的是，12 岁崔琦就当了村小学校的代课教师。当时由于崔琦的个子矮，他上课时，只能在黑板的下半边写字。而那时，小学校里只有两个教师，所以崔琦只好各门功课都要教。崔琦又样样在行，语文、算术、常识、体育、美术、唱歌等课程都讲得井井有条，清清楚楚。

当时，除教学外，崔琦还经常带领学生搞宣传，不管演什么节目，崔琦总是粉墨登场：他字正腔圆，演什么角色像什么角色，人人都说他演得好。最让乡亲们赞叹不已的是，崔琦有惊人的计算能力和超常记忆力。土地改革时，村里丈量土地，别人都是量一下记一下，崔琦量几块地也不记录。量地的负责人问他："琦，你怎么不记?"崔琦说："你只管量吧。"崔琦用的是心记，等量了好几块后，他一下就说出了各块地的准确数。老会计拿外号"一杆旗"地块来考验崔琦，而崔琦计算的亩数一点不差，他不禁对崔琦的计算能力心服口服。

崔琦的母亲对儿子的教育特别严格，有一件小事，迄今村子里的乡亲还记忆犹新：那年夏天，有户种瓜人家的瓜丢了，说是崔琦偷的，崔母知道后，愣让崔琦在院子里跪了半天，不少人讲情都不行，直到崔琦说“以后再不偷了”，才让他站起来。其实崔琦并没偷瓜吃，是丢瓜的那一家认错人啦。这件事说明崔母教子是多么严格！

## 父母远见卓识　培正引以为荣

崔琦的父母虽然大字不识，但有远见卓识，他们坚持让自己10多岁的儿子远离家乡，外出求学。其时，崔琦的3个姐姐均在香港，崔琦远离父母投奔姐姐，姐弟四人无依无靠，在港辛勤谋生。崔琦于1952年就读香港培正中学中二，并于1957年中六毕业。上世纪50年代的培正中学还是一所私立中学，学费昂贵，令家境贫寒的崔琦无法自己承受。但刻苦聪明的崔琦每年都获得奖学金，使崔琦在自助人助的情况下读完了中学。

现为香港浸会大学助理教务长的蔡子平博士是崔琦的同学，他说，崔琦在中学读书时，不仅物理成绩特别突出，而且中英文和化学成绩亦很优异；同时他的歌声特别悦耳。

培正中学校长郑成业说，崔琦获得诺贝尔奖，是香港人的光荣，亦是母校培正中学的光荣。他还说，他代表培正中学向崔琦致送祝贺信，并向学生宣布这个好消息，希望学生能以崔琦作为学习的榜样。

崔琦从培正中学毕业后去美国深造，一步一个脚印地在科学的路上探索，终于取得了惊人的成绩。1958年，19岁的崔琦由香港赴美国伊利诺伊州奥斯塔学院深造；1967年，在美国芝加哥大学获物理学博士。因出色的学习成绩和科研能力，1968年他被世界著名的美国贝尔实验室录取从事研究工作。在那里取得一个又一个突出的成绩，其中包括因之荣获诺贝尔奖的成绩。1982年，他被爱因斯坦曾经担任过教授的普林斯顿大学录用，成了这所著名大学的一名年轻教授。据崔琦的学生介绍，崔琦为人随和，思想敏锐，对学生要求严格，在师生中威望很高。来自中国的学生李济群等人介绍，崔琦非常关心祖国，经常与中国学生谈论祖国的发展情况。

1996 年 4 月，崔琦获得了仅次于诺贝尔奖的富兰克林奖，因此很多同行都认为，他还会更上一层楼，因为历史上的大科学家，如居里夫人、爱因斯坦都是在获得富兰克林奖之后才得到诺贝尔物理学奖的。

1998 年 10 月 13 日，瑞典斯德哥尔摩皇家科学院发言人宣布，将这一年的诺贝尔物理学奖授予 3 位在美国工作的科学家，其中包括美籍华人科学家，现任普林斯顿大学教授的崔琦。得知消息后，崔琦本人却心情平静，照常按与医生的约定去医院做一项血液化验，根本没把获奖当成什么天大的喜讯。然而，崔琦的获奖对他的香港母校培正中学来说，却是件破天荒的大事，因为这是来自这所中学的第一位诺贝尔奖得主。如果崔琦的父母地下有知，也会在九泉之下为自己的儿子感到喜悦和骄傲！

## 把电子变成“液体”“对荣誉不必认真”

崔琦 1998 年获得诺贝尔物理学奖的主要成绩是：他和德裔美籍科学家斯托尔默于 1982 年对“强磁场和超低温实验条件下的电子”研究时发现，“电子可以形成一种新的量子流体”，这种量子流体“具有一些特异性质”。1983 年，斯坦福大学的劳克林教授对实验结果作出解释，因此，崔琦和斯氏、劳氏共同获得 1998 年度诺贝尔物理学奖。

这 3 位科学家中，崔琦生于中国河南省，1982 年至今任美国普林斯顿大学教授；劳克林 1950 年生于美国，现任斯坦福大学教授；斯托尔默 1949 年生于法兰克福，现为美国哥伦比亚大学教授。

普林斯顿大学介绍说，崔琦的研究工作源于 1978 年一位名叫埃德温·霍尔的学生的发现展开的。霍尔发现当把一个金片放进一个磁场并使其同磁场的表面成一定的角度，这时电流的流动就会呈某种特殊形式。这种现象称为霍尔效应。

1982 年，当时在贝尔实验室工作的崔琦和斯托尔默利用半导体砷化镓和砷铝化镓进行霍尔效应实验。他们在强磁场和低温条件下，把两块不同的半导体晶片叠在一起，一面是砷化镓，另一面是砷铝化镓。于是便发现电子就在这两个半导体之间的界面上聚集起来，而且非常密集。接着他们使这一界面的温度降低到仅比绝对温度高十分之一（约零下273摄氏度），然后加以相当于地球磁场强度100万倍的超强磁场。这时他们发现，在这种条件下，大量相互作用的电子可以形成一种新的量子流体，这种量子流体具有一些特异性质，比如阻力消失、出现几分之一电子电荷的奇特现象等。一年之后，劳克林教授对他们的实验结果做出了解释。在这一发现的基础上，科学家又做出一些重大发现。

他们的研究可能会使微电子学技术进一步发展。瑞典皇家科学院说，这3位科学家发现的这种新的“量子流”，即像液氦那样具有某些共同特性——例如超流动性——的流体。对于研究人员来说，这些流体的意义在于，它们能够揭示关于物质的内部结构以及动力学原理的更多信息。并可能会致使在这种改变了的状态下对电子进行操纵的技术，从而改变计算机存储器的性能，因此这对科学发展是一种巨大贡献。

这3位科学家并没有为自己的成就沾沾自喜，相反，他们更加谦逊。当获奖的消息传到崔琦所在的学校后，大家都向他表示祝贺，他像平常一样微微一笑说“谢谢”，他还说“对荣誉不必认真”。

崔琦是以平静的心情看待这一全球最高学术成就的，得奖之后，不会改变他的日常生活。他在学校同事、友人及学生眼中都是治学严谨、教学认真、生活简朴，为人谦逊的学者。

崔琦有个幸福的家庭，他的美国妻子名叫琳达，他们相识于奥古斯塔学院，当时崔琦是学校里唯一的华裔学生，琳达是挪威裔。但是，他们在奥古斯塔学院并没有产生爱情，他们的爱情开始于他们后来在芝加哥大学的重逢。崔琦说这是“有缘千里来相会”。琳达说，他们的爱情反映了崔琦不因袭传统的个性，因为在那时，异国婚姻确实是件极不寻常的事情。崔琦夫妇有两个女儿，老大爱琳现在哈佛大学攻读美术史博士学位，老二已从医学院毕业。

与崔琦同时获奖的斯托尔默得到获奖的消息后“感觉迟钝”，他说：“今天将发生什么事情……这就是要发生的事情；我将忙得团团转，不过没关系。”

斯坦福大学的劳克林教授说：“我想把这里作为一个临时讲台，告诉人们大自然有多么神奇，也想让他们知道，只要敏锐地观察，就会发现世界到处是新鲜事物。”

总之，从一个贫穷乡间的普通孩子成长为诺贝尔物理学奖获得者，崔琦的成功是华人的骄傲，崔琦的成才经验和全面素质培养也是值得我们借鉴的。

# 钱永健

## ——获诺贝尔化学奖的华裔科学家

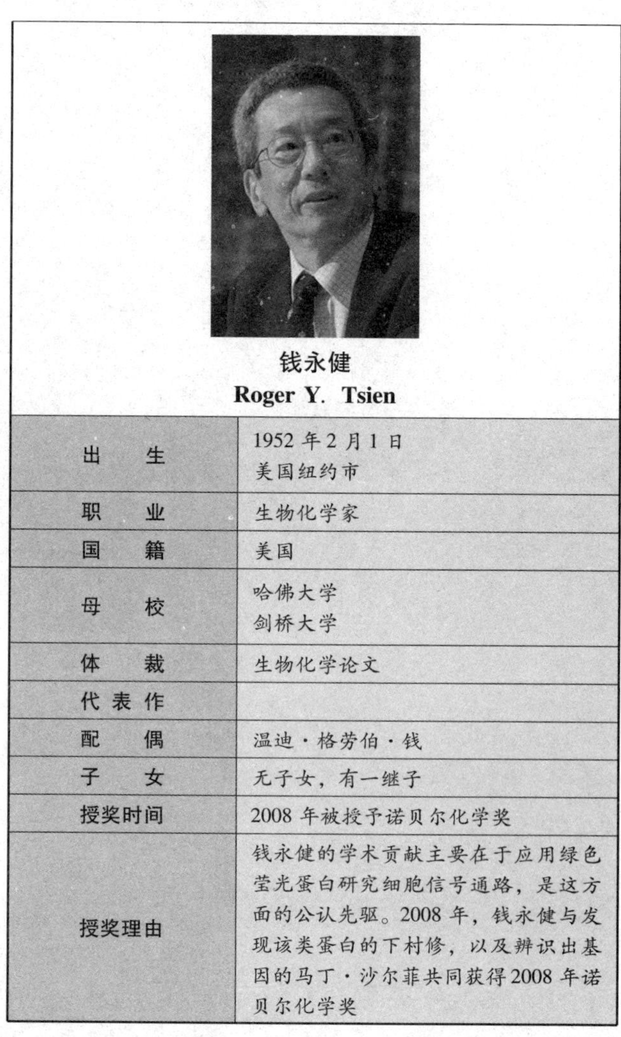

钱永健
Roger Y. Tsien

| | |
|---|---|
| 出　生 | 1952 年 2 月 1 日<br>美国纽约市 |
| 职　业 | 生物化学家 |
| 国　籍 | 美国 |
| 母　校 | 哈佛大学<br>剑桥大学 |
| 体　裁 | 生物化学论文 |
| 代表作 | |
| 配　偶 | 温迪·格劳伯·钱 |
| 子　女 | 无子女，有一继子 |
| 授奖时间 | 2008 年被授予诺贝尔化学奖 |
| 授奖理由 | 钱永健的学术贡献主要在于应用绿色莹光蛋白研究细胞信号通路，是这方面的公认先驱。2008 年，钱永健与发现该类蛋白的下村修，以及辨识出基因的马丁·沙尔菲共同获得2008 年诺贝尔化学奖 |

每年的诺贝尔奖得主宣布之日也是令国人激动之时，因为总想知道是否会有中国人的名字出现。这是很自然的事——诺贝尔奖毕竟是当今世界最为重要

的大奖项之一，况且，在中国大陆本土上尚无一人获科学奖殊荣。瑞典皇家科学院将2008年的诺贝尔化学奖颁给了日本科学家下村修、美国科学家马丁·沙尔菲和为理解绿色荧光蛋白怎么发光作出了贡献的美籍华裔科学家钱永健。

就他们的具体成果而言，下村修1962年在北美西海岸的水母中，首次发现了一种在紫外线下发出绿色荧光的蛋白质，即绿色荧光蛋白；马丁·沙尔菲在利用绿色荧光蛋白做生物示踪分子方面作出了贡献；钱永健让科学界更全面地理解绿色荧光蛋白的发光机理，还拓展了绿色以外的其他颜色荧光蛋白，为同时追踪多种生物细胞变化的研究奠定了基础。

钱永健获奖后在回答新华社记者提问时说，华裔科学家获得诺贝尔奖会令华人感到骄傲和自豪，也能激励更多中国年轻人投身于科研事业。并且还表示，他很高兴能够成为今年的获奖者，虽然之前也有传言，但这确实出乎意料。

钱永健聪明过人，又爱好读书。他以美国国家优等生奖学金进入哈佛大学学习，在他刚刚20岁的时候，就获得了化学物理学士学位，从哈佛毕业。然后前往英国剑桥大学进一步深造，在他25岁时，即1977年，又获得生理学博士学位。1981年，他来到加州大学伯克利分校，并在这里工作8年，成为大学教授。1989年，他将实验室搬到加州大学圣迭戈分校，他现在是该校的药理学教授及化学与生物化学教授。

钱永健1995年当选美国医学研究院院士，1998年当选美国国家科学院院士和美国艺术与科学院院士。于2004年获得沃尔夫奖医学奖。他的主要贡献在于利用水母发出绿光的化学物来追查实验室内进行的生物反应，他被认为是这方面的公认先驱。获得的其他重要奖项包括：1991年，帕萨诺基金青年科学家奖；1995年，比利时阿图瓦－巴耶－拉图尔健康奖；1995年，盖尔德纳基金国际奖；1995年，美国心脏学会基础研究奖；2002年，美国化学学会创新奖；2002年，荷兰皇家科学院海内生物化学与生物物理学奖；2004年，世界最高成就奖之一——以色列沃尔夫奖医学奖。

这就是一个华裔科学家——钱永健的成长之路！截止到目前，算上钱永健，已经获得诺贝尔奖的华裔和华人达双位数。他们都是长着中国人脸的黄种人。人们会问：为什么会有这么多华裔和华人获得此项大奖呢？而在中国大陆本土上何时会有诺贝尔得主奖出现？

# 高 锟

——第八位获得诺贝尔科学奖的华裔科学家

高 锟
**Charles Kuen Kao**

| | |
|---|---|
| 出 生 | 1933年11月4日<br>中国江苏省金山县 |
| 职 业 | 物理学家 |
| 国 籍 | 美国—英国 |
| 母 校 | 香港大学<br>英国伍尔维奇理工学院<br>伦敦大学学院 |
| 体 裁 | 物理学论文 |
| 代表作 | 《潮平岸阔——高锟自述》《光频率介质纤维表面波导》 |
| 配 偶 | 黄美芸 |
| 子 女 | 长子明漳、次女明淇 |
| 授奖时间 | 2009年被授予诺贝尔物理学奖 |
| 授奖理由 | 由于在“有关光在纤维中的传输以用于光学通信方面”取得了突破性成就，获得2009年物理学奖一半的奖金。 |
| 备 注 | |

瑞典皇家科学院2009年10月6日宣布，美国科学家威拉德·博伊尔和乔

治·史密斯因发明电荷耦合器件（CCD）图像传感器而与英国华裔科学家“光纤之父”高锟一同获得本年度诺贝尔物理学奖。华裔科学家高锟诺贝尔奖榜上有名，让华人再次扬眉吐气。至此，获得诺贝尔自然科学类奖项的华人已有8位。

瑞典皇家科学院特别指出：高锟在“有关光在纤维中的传输以用于光学通信方面”取得了突破性成就，他将获得本年诺贝尔物理学奖一半的奖金，共500万瑞典克朗（约合70万美元）；博伊尔和史密斯发明了半导体成像器件——电荷耦合器件（CCD）图像传感器，将分享本年度物理学奖的另一半奖金。

诺贝尔物理学奖评选委员会主席约瑟夫·努德格伦用一根光纤电缆形象地解释了高锟的重要成就：早在1966年，高锟就取得了光纤物理学上的突破性成果，他计算出如何使光在光导纤维中进行远距离传输，这项成果最终促使光纤通信系统问世，而正是光纤通信为当今互联网的发展铺平了道路。

另一位评委说，博伊尔和史密斯1969年共同发明了CCD图像传感器。这个传感器好似数码照相机的电子眼，通过用电子捕获光线来替代以往的胶片成像，摄影技术由此得到彻底革新。此外，这一发明也推动了医学和天文学的发展，在疾病诊断、人体透视及显微外科等领域都有着广泛用途。

## “光纤之父”的荣幸与不幸

“光纤之父”高锟是继李政道、杨振宁、丁肇中、李远哲、朱棣文、崔琪及钱永健之后，第八位获得诺贝尔科学奖的华裔科学家。这对于高锟来说，是人生当中的一件幸事，但是由于他于2004年患上老年痴呆症，当他2009年获得了诺贝尔物理学奖时，他自己却未能清醒地享受这一殊荣。

因此，2009年12月8日，高锟接受诺贝尔奖时的演说《古沙递捷音》由夫人和中大4名教授按照《潮平岸阔》内容代笔，夫人代为发表。12月10日，高锟在诺贝尔典礼上获特别安排，免除走到台上领奖、鞠躬三次的礼仪，瑞典国王卡尔十六世·古斯塔夫破例走到他面前颁奖。

据香港《明报》报道，获得诺贝尔物理学奖的“光纤之父”高锟，因患上老年痴呆症，已经忘了自己毕生研究、造福世人的光纤科技，其妻黄美芸也形容患病后的丈夫“不再是以前那个人”。不过，高锟并没有忘记同行半世纪的爱妻，也惦念着其他同病相怜的人，他和太太考虑将部分奖金捐给香港圣雅各布福群会老人中心和美国一个老年痴呆症研究协会。

如今，高锟与比他小 1 岁的太太定居美国加州旧金山附近的山景城，过着平淡和规律的生活。高锟得奖后，恭贺电话不绝，希望采访他的传媒多得数不胜数。他曾经在家中接受旧金山华语电视台访问，妻子黄美芸温柔地问他：“你是不是光纤之父？”高锟一脸茫然，只是重复道：“光纤……光纤之父。”他看来已忘了自己心爱的尖端科学。黄美芸不仅是高锟的贤内助，为他照顾两名子女，也是高锟研究路上的得力助手，是他的第一倾诉对象。如今到了晚年，高锟的老年痴呆症加重，黄美芸要 24 小时贴身照顾。

2004 年，高锟被一起搓麻将的朋友发现他反应变得迟缓，建议他到医院检查，才发现与他父亲一样患上老年痴呆症。黄美芸坦言，照顾高锟压力不小，“因为你知道这个人以前是怎样的，这个病将他改变了，以前那个人已经走了，不再在这里，哭也哭过一段日子，现在习惯了，知道这个人不再是以前那个人”。

向来不善辞令的高锟，近年因小脑萎缩，说话能力更受影响，“我现在不大好……我自己里面要讲出来，很难做”。在旁看着丈夫接受访问的高太太连忙替丈夫补充：“很难讲出来。”采访的记者问高锟，妻子尽心照顾他，是否好爱她？高锟说了两次：“是，她很好的。”回应言简意赅，尽显深情。高锟与夫人黄美芸在伦敦相识，当时他刚从香港赴英国读书，夫人是当地华裔。两人于 1959 年结婚，育有长子明漳、次女明淇，现在皆在美国硅谷生活和工作。

“光纤之父”忘了光纤、顶尖科学家变得像小孩子那样单纯，教许多人唏嘘不已。但是年近 80 岁的高锟步履稳健，精神不俗，能自己进膳和更衣，还不时协助妻子洗菜做饭。对于高锟的病情，他的中学同学李文彬认为，“精明还是痴呆已不重要。他的脑袋已达成造福世人的任务”。他觉得，是上天为高锟安排了一个快乐的晚年，要高锟不用烦恼。

## “光纤之父”的家教与成就

高锟 1933 年 11 月 4 日生于中国上海，人称“光纤之父”。祖籍中国江苏金山（今上海金山区），他曾任香港中文大学校长。拥有英国和美国国籍，并持有香港永久居民身份。他的祖父是明末清初时期南社著名文人高吹万，父亲高君湘是留美归国的执业律师，堂叔父高君平为近代著名天文学家，弟弟高锟为美国天主教大学的终身教授。

高锟幼年时受到良好的家教。当时他们一家人住在法国租界一栋三层高的房子。在他入学之前，父亲聘请老师回家，教导高锟和高锫诵读四书五经；高锟 10 岁时入读上海世界学校，在上海完成小学与初中一年级课程；除接受中文教育以外，同时也学习英文和法文，他的外文很好。

高锟在童年的时候就与众不同，他特别对化学感兴趣。家里房子的三楼就成了他的实验室。他曾经自制氯气，制造灭火筒、烟火、烟花和相纸；最危险的一次是混合红磷粉与氯酸钾，加上水并调成糊状，再掺入泥里，搓成泥炸弹。后来他又迷上了无线电，很小便成功地装了一部有五六个真空管的收音机。

1948 年举家移居台湾，高锟父亲后又携其家眷迁往香港，高锟中学就读于香港圣若瑟书院，高中毕业后虽已考上香港大学，但因立志攻读电机工程，由于当时港大还未有电机工程系，他只好远赴英国伦敦大学进修。他辗转就读了当时位于伦敦东部的伍利奇理工学院（现为格林威治大学），于 1957 年取得英国伦敦大学电子工程理学学士学位，1965 年在伦敦帝国理工学院获得英国伦敦大学的哲学博士学位。

据报道，高锟 1966 年发表了一篇题为《光频率介质纤维表面波导》的论文，开创性地提出光导纤维在通信上应用的基本原理，描述了长程及高信息量光通信所需绝缘性纤维的结构和材料特性。简单地说，只要解决好玻璃纯度和成分等问题，就能够利用玻璃制作光学纤维，从而高效传输信息。这一设想提出之后，有人称之为匪夷所思，也有人对此大加褒扬。但在争论中，高锟的设想逐步变成现实：利用石英玻璃制成的光纤应用越来越广泛，全世界掀起了一场光纤通信的革命。随着第一个光纤系统于 1981 年成功问世，高锟“光纤之父”的美誉传遍世界。

高锟还开发了实现光纤通信所需的辅助性子系统。他在单模纤维的构造、纤维的强度和耐久性、纤维连接器和耦合器以及扩散均衡特性等多个领域都作了大量的研究，而这些研究成果都是使信号在无放大的条件下，以每秒亿兆位元传送至距离以万米为单位的成功关键。

# “光纤之父”的职业与自传

据报道，高锟1957年进入国际电话电报公司（ITT），在旗下一英国子公司标准电话与电缆公司任工程师。1960年，他进入ITT设于英国的欧洲中央研究机构——标准通信实验室，在那里服务了10年，其职位从研究科学家升至研究经理。

高锟在国际电话电报公司时期，钻研利用玻璃纤维进行信号传送，并将实验成果发表多篇论文，其中在1966年发表的《光频率介质纤维表面波导》论文中指出：用石英基玻璃纤维进行长距离信息传递，将带来一场通信事业的革命，并提出当玻璃纤维衰减率（Attenuation）下降到每公里20分贝时，光纤通信即可成功。他的研究为人类进入光导新纪元打开了大门。为此，获得2009年诺贝尔物理学奖，以及爱迪生电信奖、马可尼国际奖、贝尔奖、巴伦坦奖章、利布曼奖和光电子学奖金等。

高锟于1970年应香港中文大学邀请筹办电子工程系，担任香港中文大学电子系教授及讲座教授，任职4年。1974年又返回国际电话电报公司（ITT），在位于美国弗吉尼亚州劳诺克的光电产品部担任主任科学家，后擢升为工程主任。1982年，因卓越的研究与管理才能而获任命为首位“ITT执行科学家”，在康尼迪克州的先进技术中心工作。1987年，出任香港中文大学第三任校长，并在1989年创立“讯息工程专业”，直至1996年正式退休。退休后居于香港，并担任香港特区政府科技创新委员会委员。中国科学院紫金山天文台于1996年宣布命名一颗新发现的小行星为“高锟星”（国际编号3463），以表扬他在科学上所做的杰出贡献。

高锟在2002年以前完成英文自传《潮平岸阔——高锟自述》于2005年出版。2004年初，高锟证实罹患早期老年痴呆症，接受治疗。但是到2009年，高锟得到诺贝尔物理学奖时才被报道他的病情。其夫人黄美芸接受香港《明报》采访时指出，高锟“老人家记性差”，时而忘记锁匙或书本放在哪里，不过病情轻微，认人、认路均没有问题。目前他们在香港和美国加州山景城两地居住。

第三辑

# 诺贝尔奖
# 得主成长的故事

# 玛拉拉·尤萨夫扎伊

## ——有史以来最年轻的诺贝尔奖得主

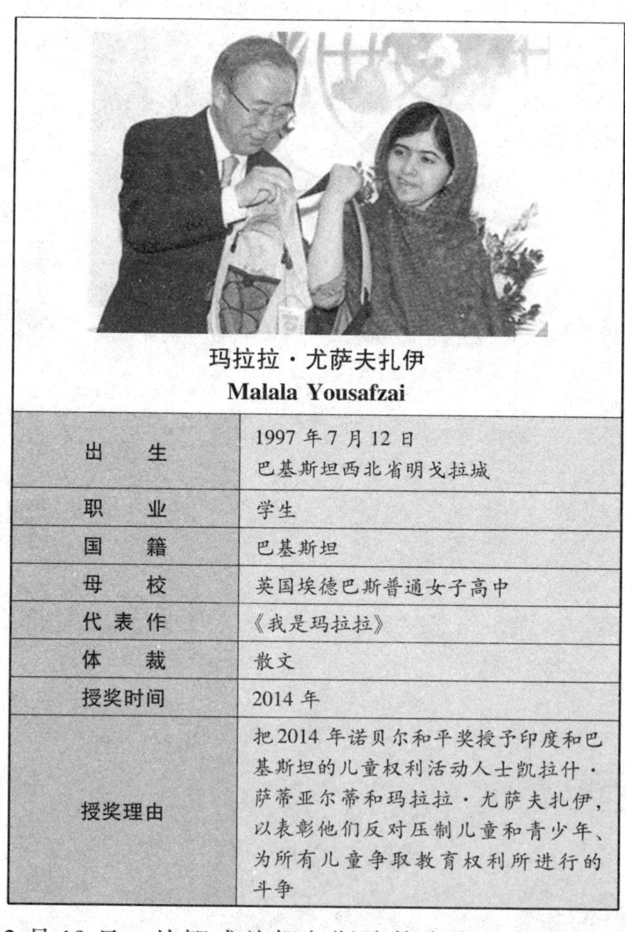

玛拉拉·尤萨夫扎伊
**Malala Yousafzai**

| | |
|---|---|
| 出　　生 | 1997 年 7 月 12 日<br>巴基斯坦西北省明戈拉城 |
| 职　　业 | 学生 |
| 国　　籍 | 巴基斯坦 |
| 母　　校 | 英国埃德巴斯普通女子高中 |
| 代 表 作 | 《我是玛拉拉》 |
| 体　　裁 | 散文 |
| 授奖时间 | 2014 年 |
| 授奖理由 | 把 2014 年诺贝尔和平奖授予印度和巴基斯坦的儿童权利活动人士凯拉什·萨蒂亚尔蒂和玛拉拉·尤萨夫扎伊，以表彰他们反对压制儿童和青少年、为所有儿童争取教育权利所进行的斗争 |

2014 年 12 月 10 日，从挪威首都奥斯陆传来诺贝尔和平奖颁奖的消息，年轻的巴基斯坦女孩与印度老人分享这一殊荣。他们两个人一个低，一个高，一个是少女，一个上了年纪。他们来自不同的国度：一个来自巴基斯坦，一个来自印度。这不能不使世人的注意力重新放在一个全世界最持久也最危险的僵局——印巴关系上。但是，从照片上看到他们俩微笑着同时站在领奖台

上，又让人感觉到他们给印巴和南亚次大陆带来了和平的新希望。

挪威诺贝尔委员会主席托尔比约恩·亚格兰在颁奖时这样介绍，他说："一个是巴基斯坦少女，另一个是上了年纪的印度男人；一个是穆斯林，另一个是印度教徒。他们俩是世界需要的象征，即加强团结。国家要团结友爱。"

亚格兰还说，巴基斯坦女孩玛拉拉虽然年纪轻轻，但她已在最危险的情况下为争取女童教育权利战斗多年，成为女童教育权的一个主要代言人。

现年60岁的萨蒂亚尔蒂，35年来致力于维护儿童权益，使数万儿童得到了解救。他所发起的"拯救儿童运动"组织，曾经从印度各地的工厂和车间解救了8万多"合约童工"。

## 玛拉拉——最年轻的诺贝尔奖获得者

玛拉拉·尤萨夫扎伊，17岁获得2014年诺贝尔和平奖，是有史以来最年轻的诺贝尔奖得主，当数第一。美联社所整理的最年轻的其他前九位诺贝尔奖得主是：劳伦斯·布拉格，获奖年龄25岁，英国人，1915年诺贝尔物理学奖。维尔纳·海森贝格，获奖年龄31岁，德国人，1932年诺贝尔物理学奖。李政道，获奖年龄31岁，美籍华人，1957年诺贝尔物理学奖。卡尔·安德森，获奖年龄31岁，美国人，1936年诺贝尔物理学奖。保罗·迪拉克，获奖年龄31岁，英国人，1933年诺贝尔物理学奖。弗雷德里克·斑廷，获奖年龄32岁，加拿大人，1923年诺贝尔医学奖。塔瓦库勒·卡曼，获奖年龄32岁，也门人，2011年诺贝尔和平奖。鲁道夫·莫斯鲍尔，获奖年龄32岁，德国人，1961年诺贝尔物理学奖。梅雷亚德·科里根，获奖年龄32岁，北爱尔兰人，1976年诺贝尔和平奖。

从上述资料来看，17岁的玛拉拉获得了诺贝尔奖，她不愧是自1901年诺贝尔奖颁发以来最年轻的诺贝尔奖得主。今年的诺贝尔和平奖奖金为800万瑞典克朗（约合110万美元），玛拉拉和萨蒂亚尔蒂将分享这笔奖金。

从法新社发自挪威奥斯陆有关报道这次颁奖消息的图片上看到：玛拉拉和萨蒂亚尔蒂拿着刚刚颁发的诺贝尔奖奖章和证书并列站在一起，这是一张给人美好印象的画面。他们正并肩为世界也为他们各自的国家而战，为救济童工而战，为维护儿童接受教育的权利而斗争。

在奥斯陆市政厅接受诺贝尔和平奖颁奖后，17 岁的巴基斯坦女孩玛拉拉发表感言说："我将继续战斗，直到我看到每个孩子都上学。"她还以反问的方式发声："为什么给枪容易给书难，为什么造坦克容易，建学校却那么难？"

玛拉拉不仅呼吁维护女性受教育的权利，她还呼吁世界要实现公正与和平。她说："所谓的成人世界或许明白，但我们孩子们不明白。为什么我们所谓的'强国'在制造战争方面那么强悍，而在带来和平方面却那么无力？"




## 玛拉拉名言——铅笔比枪支更有力量

不畏强暴，敢于斗争的玛拉拉，因曾在本国提倡妇女和儿童权益，引起外界关注。她主张女子有受教育的权利，却在 2012 年 9 月遭到塔利班枪击，命悬一线。当时她才 15 岁，一名塔利班人员袭击了乘坐在校车里的玛拉拉，击中了她的头部。导致她颅底骨折、左侧下颚骨关节受损、脑部受损……。玛拉拉因伤势严重，先被送往白沙瓦地区的军队医院，之后，玛拉拉又被送往英国伯明翰进行手术，最终幸免于难。玛拉拉康复之后，与家人一直住在伯明翰，继续上学。她眼下定居英国，继续投身于提倡妇女和儿童权益的活动。

如今 17 岁的女生玛拉拉·尤萨夫扎伊，在 12 月 10 日接受英国广播公司采访时说，她希望从政，不排除竞选巴基斯坦总理的可能性。玛拉拉在挪威奥斯陆领取诺贝尔和平奖前告诉记者："如果通过政治、以出任总理的方式能为国家服务，我肯定会这样做。"

玛拉拉争取女童受教育权的名言是：铅笔比枪支更有力量。她这样说："恐怖分子以为他们能阻止我们达成目标，能吓退我们的雄心壮志，但是我没有被吓怕。软弱、恐惧、失望逐渐消散，随之而来的是坚强、力量和勇气。"

12 月 16 日，当玛拉拉得知巴基斯坦西北部城市的一所军人子弟学校遭塔利班武装分子袭击，造成至少 137 多人丧生，245 人受伤，绝大多数为在校学生时，她当即在伦敦对德新社记者说："在白沙瓦，当前展现在我们面前的愚蠢且冷血的恐怖行为令我感到心碎。"两年前遭到塔利班分子枪击头部受伤的玛拉拉又说：“学校里的孩子是无辜的，他们不应该遭受这样的恐怖事件。此类行为十分残忍，是懦夫的表现，我予以谴责。”

目前，在巴基斯坦这个仍旧发生着针对女性的暴力、超过 500 万儿童不能接受教育的国度，玛拉拉获奖有着特别的反响。

## 玛拉拉的勇敢感动了全世界

玛拉拉的故事要从 2009 年说起。当时塔利班控制着玛拉拉的家乡斯瓦特地区，他们禁止民众从事娱乐活动，并严格限制女子接受教育。而当时只有 12 岁的玛拉拉却勇敢地为英国广播公司（BBC）乌尔都语网站撰写博客，记录塔利班统治下的生活状况。

玛拉拉曾在一篇博客中这样写道：“明天就要放寒假了，但校长没有说哪一天开学。女同学们对于放假也不是很兴奋，因为她们知道，如果塔利班颁布法律，她们就再也无法上学。当我离开学校时，满怀不舍，就好像我再也来不了这里一样。”

玛拉拉的父亲齐亚丁不但鼓励她写博客，他还开办了几所学校，并且自己担任校长，让女儿玛拉拉和其他儿童上学，这违反了塔利班的命令。父亲还给玛拉拉讲南非前总统纳尔逊·曼德拉和深受印度人爱戴的修女特蕾莎等人的故事，使玛拉拉学到了非暴力的抗争以及爱和宽恕的力量。

玛拉拉在 2011 年成为首位巴基斯坦“国家和平奖”得主。她的荣誉与影响力也成为挑战塔利班的利剑，刺到了塔利班的痛处。所以在 2012 年 10 月 9 日，一名塔利班人员开枪击伤了玛拉拉的头部。人们都谴责塔利班的罪行，时任巴基斯坦总统扎尔达里还到医院看望了玛拉拉，并称赞她是杰出的女孩，是巴基斯坦的骄傲。

玛拉拉的勇敢感动了全世界，也震撼了所有人的心灵。联合国为了宣扬玛拉拉的斗争精神和实际行动，于 2012 年 11 月 10 日，作出了一个重大的决定，将每年的 11 月 10 日定为“玛拉拉日”，以表彰这位巴基斯坦女学生不畏塔利班威胁、积极为巴基斯坦女童争取受教育权利作出的杰出贡献。

# 向玛拉拉致敬

在获得诺贝尔奖的人类精英中
玛拉拉·尤萨夫扎伊最为年轻——
获物理学奖的劳伦斯得奖时二十五岁
你获奖仅仅只有十七岁的妙龄
谁都知道你在十五岁的当儿
头部被塔利班的罪恶子弹击中
你支持女孩受教育的权利
可这在你的祖国巴基斯坦却行不通
时代已经到了飞速发展的今天
女孩子接受教育本是天经地义
你说接受二零一四年度诺贝尔和平奖
是代表那些“无声的儿童”
他们应当捍卫他们自己的权利
你把儿童受教育权利的运动推动
你为世界亿万儿童应有的权利呐喊
全世界还有一亿六千八百万童工
你的光辉事迹实在可歌可泣
但在巴基斯坦你做普通女孩都不行
塔利班对你亮出了明晃晃的刀尖
这是多么可恶的反人类的罪证
你的名言是：铅笔比枪支更有力量
最近你走进叙利亚边境地区一个难民营
全世界的青年和儿童要向你学习
正义的力量一定会把邪恶战胜
谢力夫总理也对你获奖表示祝贺
称你是巴基斯坦的骄傲和光荣

你和印度凯拉什·萨蒂亚尔蒂一道获奖
你们将点燃印巴和平新希望的火种
你们为所有儿童争取受教育的权利斗争
也会给多灾的南亚次大陆带来和平

# 拉尔夫·斯坦曼

## ——诺贝尔奖首次破例颁给的已故科学家

拉尔夫·斯坦曼
**Ralph Marvin Steinman**

| | |
|---|---|
| 出　生 | 1943 年 1 月 14 日<br>生于加拿大蒙特利尔 |
| 职　业 | 学者　生物学家 |
| 国　籍 | 美国 |
| 母　校 | 麦吉尔大学<br>美国哈佛医学院 |
| 体　裁 | 生理学论文 |
| 代表作 | 关于“树突细胞”论文 |
| 配　偶 | |
| 子　女 | 女儿亚历克西斯·斯坦曼<br>儿子亚当·斯坦曼 |
| 授奖时间 | 2011 年被授予诺贝尔生理学或医学奖 |
| 授奖理由 | 因在免疫学领域取得杰出成就与另外两位科学家分享了诺贝尔生理学或医学奖 |

据媒体 10 月 3 日从斯德哥尔摩发出的报道，2011 年诺贝尔生理学或医学奖于 10 月 3 日在瑞典斯德哥尔摩揭晓。今年的得主为三人，即美国科学家布鲁斯·博伊特勒、法国科学家朱尔斯·霍夫曼和加拿大科学家拉尔夫·斯坦

曼。他们因在免疫学领域取得杰出成就分享了这一奖项。

诺贝尔奖委员会发表书面声明称，三位获奖者“通过对免疫激活关键原理的发现，彻底改变对免疫系统的理解。巴特勒和霍夫曼发现受体蛋白可识别微生物并激活先天免疫，这是免疫反应的第一步。斯坦曼发现免疫树突细胞和其激活和控制适应性免疫的独特能力。”

评审委员会声明说，这 3 位获奖者的研究成果揭示免疫反应的激活机制，使人们对免疫系统的理解发生“革命性变化”，进而为免疫系统疾病研究提供了新的认识，并为传染病、癌症等疾病的防治开辟了新的道路。

## 悲欣交集

令人遗憾的是，拉尔夫·斯坦曼已于获得诺贝尔奖前 3 天去世，使人们悲欣交集。洛克菲勒大学校长马克·泰西耶－拉维涅说，诺贝尔基金会认可拉尔夫·斯坦曼在免疫反应领域的研究成果，让洛克菲勒大学欣慰。“不过，这是悲喜交加的消息。鉴于我们今天上午从拉尔夫家人那里获知，经历与癌症长期搏斗，他几天前离世。我们的心与拉尔夫的妻子、子女和家人在一起。”泰西耶－拉维涅又说：“拉尔夫在免疫学这一至关重要领域的研究为不少发现奠定基础，有助于提供治疗癌症、传染性疾病，以及免疫系统紊乱的革新性方法。”

洛克菲勒大学网站 3 日刊登一篇斯坦曼获得诺贝尔奖及离世的文章，配发一张照片，画面以实验室为背景，斯坦曼环抱双臂，表情放松，笑容灿烂。洛克菲勒大学昨日针对斯坦曼获奖一事发表声明称，“洛克菲勒大学为拉尔夫·斯坦曼因其在人体免疫反应领域的前瞻性发现而获得诺贝尔医学奖一事感到高兴。”“也正是他自己提出的一项基于免疫系统中的‘树突细胞’治疗方法，他的生命才能够延续至不久前。”刚刚获得诺贝尔医学奖的加拿大人拉尔夫·斯坦曼已于 3 天前，也就是 9 月 30 日（上周五）刚刚去世，享年 68 岁。

诺贝尔基金会发言人安妮卡·潘迪克斯则表示，虽然加拿大科学家拉尔夫·斯坦曼已于 9 月 30 日去世，但他获得的诺贝尔生物学或医学奖不会被改授，他获得的奖金 500 万瑞典克朗（约 73 万美元），将会转移为他的遗产，任由他的家人决定。诺贝尔奖评委会常务秘书格荣·汉森还说，他们全然不知斯坦曼已经去世的消息，“这是非常令人痛心的消息，我们只能哀悼他未能听到这一喜讯，以及亲自领奖。”

诺贝尔奖评委会表示，正在研究诺贝尔奖规则，之后决定处理办法。事实上，诺贝尔奖获得者死亡事件发生过。按诺贝尔奖规定，不允许把奖项颁给不在世的人，除非得奖者在“结果宣布之后，12 月 10 日正式颁奖仪式之前”不幸去世。这种情况此前发生过一次，1996 年诺贝尔经济学奖获得者威廉·维克瑞在诺贝尔奖结果宣布后几天去世，但他所获诺贝尔奖仍然有效。

诺贝尔评选委员会认为，拉尔夫·斯坦曼的情况是非常特殊的，颁奖给斯坦曼的决定不变。1974 年制定的章程禁止颁发给已故人士，除非获奖者在结果宣布后离世。诺贝尔评选委员会在声明中表示，虽然按规定不向已故人士授奖，但是章程特别指出，如果获奖者在颁奖前去世，该奖项仍然授予此人。声明说：“这个事件非常特殊，据我们所知，到目前为止在诺贝尔历史上从未发生过。”但是，他们是在向世界宣布获奖者消息两小时后获悉斯坦曼已经去世的。诺贝尔奖评选委员会的约兰·汉松说，当工作人员准备联系斯坦曼，告诉他获奖消息时，复杂的情况才开始浮出水面。在卡罗琳医学院宣布结果前，获奖者姓名一直是保守得极其严格的秘密。

## 与癌斗争

斯坦曼 1943 年生于加拿大蒙特利尔，在加拿大麦吉尔大学获得生物和化学学位。1968 年在美国哈佛医学院获得医学博士学位。1970 年，斯坦曼来到纽约洛克菲勒大学细胞生理学和免疫学实验室工作。他于 1973 年发现一种与免疫有关的新细胞，并将其命名为“树突细胞”。通过进一步研究，斯坦曼证实这种细胞具有激活并调节适应性免疫系统的本领。

自 1988 年起担任洛克菲勒大学免疫学教授的斯坦曼，同时主持免疫学和免疫疾病中心。4 年前，他被诊断出身患胰腺癌，此后一直和癌症作斗争。2003 年因其“免疫系统中的‘树突细胞’”研究获盖尔德纳国际奖（Gairdner Foundation International Award）。盖尔德纳国际年度奖主要奖给那些对医学研究有重要贡献的人。

斯坦曼生前在接受媒体采访时称，自己最大的成果是发现了能够激活并调节适应性免疫的树突细胞，帮助人们理解人类免疫系统激活的具体控制机制。在当今医药领域，许多基于免疫系统树突细胞的原则正运用到“抗原”和免疫系统控制疾病的药物研制上。他于1972年观察到能够激活并调节适应性免疫的树突细胞，1978年观察到这些细胞强大的免疫系统激活功能。

斯坦曼长期在美国生活和工作，他的女儿亚历克西斯·斯坦曼说：父亲几十年努力工作，获得诺贝尔奖认可，我们感动不已。他把一生献给工作和家人，将获得真正的尊重。父亲临终时不知道自己即将获得诺奖。

斯坦曼的儿子亚当·斯坦曼在纽约对路透社记者说，当我们失去父亲时，的确难以描述我们全家人的感受。但是，我们又为爸爸得到这样光辉的荣誉无比骄傲……我们知道，通过他的科学贡献，他将永生。

## 三人贡献

另一位得主博伊特勒说，获悉获得诺贝尔奖时感觉“非常好”，非常高兴与霍夫曼和斯坦曼分享该荣誉。“我认为他们获奖实至名归。”1957年生于美国芝加哥的博伊特勒获得硕士学位后，在美国纽约洛克菲勒大学和得克萨斯大学从事科学研究。1998年发现对脂多糖具有耐受性的老鼠体内含有一种特殊蛋白质，与霍夫曼在果蝇体内发现的蛋白质非常相似。这种蛋白质可以促使动物机体在受到外部致病性微生物攻击时产生免疫反应。他希望他的研究将能产生治疗炎性和自身免疫疾病的新方法。

霍夫曼1941年生于卢森堡，现为法国籍。他1969年在法国斯特拉斯堡大学获得博士学位，曾在德国马尔堡大学从事博士后研究。1974年至2009年，在斯特拉斯堡担任一所研究实验室负责人，眼下是斯特拉斯堡分子细胞生物学研究所主任。他于2007年至2008年曾担任法兰西科学院院长。1996年，曾与同事在研究果蝇抗感染机制时发现能够识别致病性微生物的蛋白质，对免疫系统激活机制研究起到重要推进作用。

三名科学家没有在一起共事，而以相关论文发表先后，斯坦曼最先


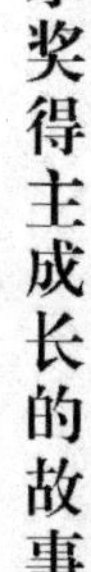

（1973年）；霍夫曼其次（1996年）；博伊特勒最后（1998年）。他们在人体免疫系统的研究成果为人类治疗和预防感染型疾病及癌症找到了更多新方向。据介绍，无论是研发针对传染病的“治疗性疫苗”，还是开发对抗癌症的新方法，他们的研究成果都有重要的意义。

传统意义上，疫苗的作用在于预防。以三人所获研究成果为基础，新型疫苗着眼于以新颖手段治疗癌症，或称“治疗性疫苗”，旨在调动人体免疫系统对肿瘤发起“攻击”。诺贝尔奖评委会称，一些医药公司正利用三位科学家的发现研制更好的免疫系统相关疫苗，只是还没有上市。“基于三人研究结果的肝炎治疗疫苗即将问世，现在正处于广泛临床试验阶段。”诺贝尔奖评委会常务秘书格荣·汉森指出，长期而言，三位科学家的发现将在癌症治疗方面大显身手。

免疫系统是人体和动物的健康“防线”，用以抵御细菌和其他微生物。博伊特勒和霍夫曼所作贡献，是认定免疫系统中的“受体蛋白”，可确认微生物侵袭并激活先天免疫功能，构成人体免疫反应的第一步。斯坦曼所作贡献，是发现免疫系统中的“枝状细胞”及其在适应性免疫反应、即以自身调控方式适应并清除体内微生物过程中的作用，构成免疫反应的后续步骤。依照评审委员会的解释，科学界所理解的人体免疫反应，分为先天和后天两类；而人体免疫系统中受体蛋白和枝状细胞的作用，分别对应于先天和后天，相当于两道“防线”。

博伊特勒对免疫系统相关的研究以实验鼠为对象。霍夫曼从事分子生物学研究他当初的研究，以果蝇为对象。斯坦曼的获奖研究涉及细胞类型。他们的成果成为后续研究的依据，应用前景集中在医学领域。

# 克里斯托弗·西姆斯　托马斯·萨金特

——对宏观经济研究作出了贡献

克里斯托弗·西姆斯
ChristopherA. Sims

| | |
|---|---|
| 出　生 | 美国<br>1942 年 10 月 21 日 |
| 职　业 | 学者　美国科学院院士 |
| 国　籍 | 美国 |
| 母　校 | 哈佛大学、克利大学 |
| 成　就 | 应用计量经济学代表人物之一 |
| 代表作 | |
| 配　偶 | |
| 子　女 | |
| 授奖时间 | 2011 年诺贝尔经济学奖 |
| 授奖理由 | 在解决有关经济政策与各种宏观经济变量诸如 GDP、通货膨胀、就业与投资等之间因果关系的问题上研究出了方法 |

诺贝尔奖评审委员会 10 月 10 日在瑞典首都斯德哥尔摩宣布，将 2011 年度诺贝尔经济学奖颁给两位美国经济学家：克里斯托弗·西姆斯和托马斯·萨金特，因为“今年的（经济学奖）得主在解决有关经济政策与各种宏观经济变量诸如 GDP、通货膨胀、就业与投资等之间因果关系的问题上研究出了

方法”。他们均以计量经济学见长，研究领域以宏观经济与政策为主。西姆斯发展出一套财政政策对价格水平影响的理论，萨金特则被广泛地认为是理性预期学派发展的主要奠基人之一。他们各自的研究成果及经济研究工具已在现实中得到广泛运用，在“宏观经济因果关系上的实验法研究”上作出了贡献，将平分共计1000万瑞典克朗（约合148万美元）奖金。

## 两位同窗好友同时获奖

西姆斯1942年生于美国首都华盛顿，现为普林斯顿大学经济与银行专业教授；萨金特1943生于美国加利福尼亚州帕萨迪纳，现在是纽约大学经济贸易专业教授。年龄相差不到一岁的两位经济学家有着相似的学术经历，1968年同时获得哈佛大学经济学博士。正是这一年，诺贝尔经济学奖正式设立。多年的同窗好友如今同时获奖，又在经济学研究领域继续并肩作战，可以说是一段美丽的佳话。萨金特教授这个秋季学期正好在普林斯顿大学做访问教授，因此，他们同时出现在普林斯顿大学为此举行的新闻发布会上。西姆斯说：“我很高兴能和萨金特分享这一奖项，但是现在我们仍然对一些观点和理论有很多争论。”

西姆斯接到诺贝尔评审委员会的电话时正在睡觉，他说自己从未期待能获奖。“事实上，我们的电话曾经呼叫了两次，我夫人未能找到通话按钮，于是我们接着睡觉。”但是觉得有点儿奇怪：“一大早我就被电话吵醒了，我对妻子说，难道这一次真的是诺贝尔奖打电话过来了，后来，我在电话里听到浓重的瑞典口音时才终于确定了。”萨金特则表示，获此殊荣令他吃惊，还没有想好如何庆祝这一喜讯。“我今日要给两个班去上课。我不知道这是否算是庆祝。”他认为，获得诺贝尔奖不会改变他的生活，“我一点不希望（改变），我要继续做我的工作，我喜欢我所从事的工作。”

西姆斯教授十多年前就曾是美国计量经济学学会主席，2012年将出任美国经济学协会主席。他说，他的研究并非专门针对全球经济危机或某种特定经济状况，但其研究成果对于找到解决全球经济危机的方法至关重要。对于当前的金融混乱，他的研究中没有捷径来解决它，“我并没有任何简单的解决办法，我所用的办法致力于找到困局的出路。”但是，他们都是计量经济学领域元老级人物，其很多研究均是收集大量的历史数据，然后代入复杂的经济模型，最终得出结论。萨金特教授在介绍研究成果时说：“我们基本上算是‘数据历史学家’都是和数据有关。”

## 为美国财政政策和欧元把脉

美联社说，在新闻发布会上，西姆斯和萨金特就美国财政政策各抒己见，同时表示欧元区问题的解决需要一个更集中的财政体系。西姆斯认为，关于美国经济复苏疲软和失业率居高不下，目前美联储主席伯南克敦促制定长期财政政策以减缓短期财政赤字对经济造成的负面影响的做法是正确的，美联储运用的“相机抉择的货币政策是个‘好主意’”。又说“我相信有80%的经济学界人士会同意美联储的这一做法。”不过，这是教科书上的做法，眼下问题的关键是如何让经济学经典理论在现实中能够奏效。萨金特则从理性预期理论角度出发，认为公众对于政策的预期将会影响政策制定，而现实政策反过来也会影响预期。他说，美国财政政策充满着不确定性，因为美国公共财政涉及方方面面，而公众形成的预期也纷繁复杂。他还说，“即将发生的事将部分取决于公众对于即将发生的事情的预期。”

对于欧元区债务问题，西姆斯的看法较为悲观。他认为，欧元如果想继续存在下去，欧元区就需要一个更为集中的财政体系。在目前情况下，需要欧元区各国寻找到共同承担欧元区债务，以及连接各国财政当局与作为最后贷款人的欧洲央行的办法。但目前看来，这样的办法并未明朗。萨金特则用实例来支持这一观点。他说，在美国建国初期宪法还未颁布之前，美国当时的13个州各自有自己的征税权和发行货币权，同时联邦财政体系十分薄弱，各个州财政赤字严重，最终联邦政府接管全部债务，并逐渐形成更为集中的联邦财政体系。

关于欧元危机问题，诺贝尔经济学奖得主、欧元之父蒙代尔曾对《经济参考报》记者说过：欧元危机给我们上了一堂传统课，那就是各国政府应该视其收入决定其支出。如果政府开支超过其纳税收入，赤字将产生并逐步积累形成政府高额债务。这种高额并非是绝对意义上的，而是相对于国家 GDP 而言的。意大利和希腊的公共债务相对 GDP 已超出 100%，其他许多国家也达到 GDP 的 80% 或 90%。我认为一个严重的问题就是，当希腊这些国家成功加入欧元区之后，其收入还处于较低的水平，与德国或者其他相对富裕的国家相差较大。但是希腊政府在只有消费啤酒的收入情况下，却迫不及待地打开了香槟，社会福利大大提高，政府开支迅速上升。他们要做的，应该是踏踏实实提高收入，之后再增加开支。

## 全球广泛采用他们的研究成果

尽管萨金特和西姆斯各自展开研究，但其成果形成互补。自上世纪 70 年代开始，他们的研究成果已在全球范围内被广泛采用，如今已成为宏观经济分析的必要工具。萨金特研究出如何利用“结构性宏观经济计量学”分析经济政策的持久影响，这种方法可应用于政府或企业随经济走势变化调整自身预期和政策。西姆斯则以“向量自回归”模型为依据，研究出分析经济状况如何受短期经济政策变化等因素影响的方法。例如，西姆斯等研究者运用这种方法检验中央银行加息所产生的影响。他们发现，加息后，通胀率通常需 1 年至 2 年才下降，但经济增长率会在较短时间内降低，并需大约 2 年才能恢复到先前增长水平。

诺贝尔经济学奖评选委员会主席佩尔·克鲁塞尔表示，两名获奖者的研究成果解答了许多有关经济政策与宏观经济变量之间的关系问题，例如提高利率或减税将对国内生产总值和通货膨胀如何有影响，中央银行调整通货膨胀目标将产生何种后果等。瑞典乌普萨拉大学经济学教授埃娃说过，世界上许多国家都在利用萨金特和西姆斯的研究成果来分析宏观经济并制定相应政策和发展预期。这种基础分析工具无论在发达国家，还是发展中国家都可以被广泛应用，将对解决眼下欧洲债务危机等问题发挥重要作用。

瑞典皇家科学院表示，“萨金特和西姆斯所提出的方法对当前的宏观经济来说是非常重要的分析工具”。暂时性的加息或者减税如何影响了经济增长和通货膨胀，二位获奖者探究了解决诸如此类问题的方法。评审委员会委员佩尔森则说，“毫不夸张，据我所知，在发达国家的央行以及一些金融部门，二位获奖者提出的方法每日都在被使用”。

## 中国学者对萨金特和西姆斯的评价

据新华社记者方烨和金辉报道，北京大学经济学院教授杜丽群认为，作为理性预期学派的开创者，托马斯·萨金特此次获得诺贝尔经济学奖可以说是众望所归。这一次的诺贝尔经济学奖获奖的两个人非常有意思。如果仅从观点上来看，萨金特与西姆斯是存在分歧的。如果一定要让我猜测两个人为什么能同时在一届获奖，那就只能说和当前的宏观经济形势有关了。从2008年爆发了国际金融危机以来……人们就希望能用经济学理论重新审视政府经济政策对经济运行的具体影响，并且希望能从已有的经济学理论中获得启示。

中国人民大学经济学院副教授于泽认为：萨金特和西姆斯学术研究互有影响。萨金特的主要贡献在于，他改变了旧有的识别方法。他研究结构宏观计量，以理性预期为基础，构建动态随机一般均衡模型，进而调整预期的宏观经济关系。而西姆斯开辟的研究方法则是以向量自回归为基础，将所有的内生变量并列处理，他以向量自回归的方法来分析经济如何受到经济政策的临时性改变，以及考虑不同政策的效果和影响。这一方法对研究许多经济领域中的重要问题都有很大作用，诸如分析央行加息对经济的影响，以回归的方法来分析 GDP 与政府支出之间的相互影响等。

中国社科院数技经所副所长李雪松说，我认为，托马斯·萨金特和克里斯托弗·西姆斯这两位学者的理论水平非常高，他们早就应该获得经济学奖，今年他们能够最终获奖确实是名至实归。他们的研究为许多经济学家进行经济研究打开了一扇窗户。在他们之后大批经济学家和数量经济学家都在他们开创的领域进行进一步研究，并且他们的方法已经成为国际上许多知名大学博士生的必修课程。

# 马里奥·巴尔加斯·略萨

## ——站在第一线的大作家

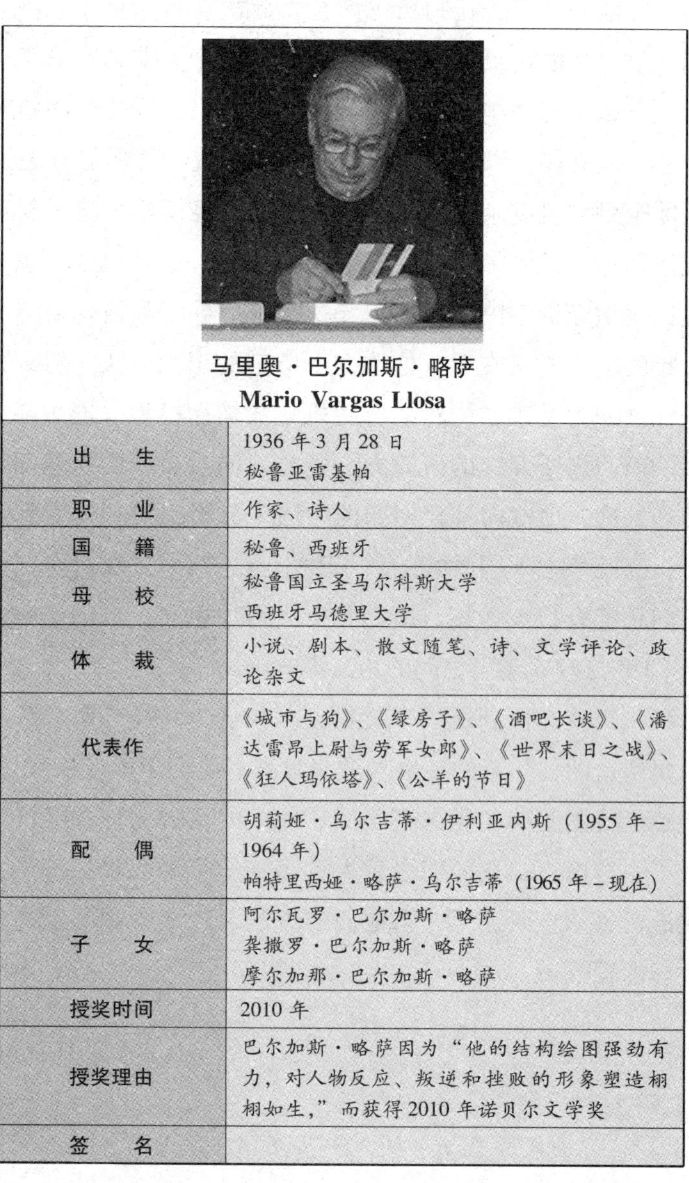

马里奥·巴尔加斯·略萨
**Mario Vargas Llosa**

| | |
|---|---|
| 出　　生 | 1936 年 3 月 28 日<br>秘鲁亚雷基帕 |
| 职　　业 | 作家、诗人 |
| 国　　籍 | 秘鲁、西班牙 |
| 母　　校 | 秘鲁国立圣马尔科斯大学<br>西班牙马德里大学 |
| 体　　裁 | 小说、剧本、散文随笔、诗、文学评论、政论杂文 |
| 代表作 | 《城市与狗》、《绿房子》、《酒吧长谈》、《潘达雷昂上尉与劳军女郎》、《世界末日之战》、《狂人玛依塔》、《公羊的节日》 |
| 配　　偶 | 胡莉娅·乌尔吉蒂·伊利亚内斯（1955 年－1964 年）<br>帕特里西娅·略萨·乌尔吉蒂（1965 年－现在） |
| 子　　女 | 阿尔瓦罗·巴尔加斯·略萨<br>龚撒罗·巴尔加斯·略萨<br>摩尔加那·巴尔加斯·略萨 |
| 授奖时间 | 2010 年 |
| 授奖理由 | 巴尔加斯·略萨因为“他的结构绘图强劲有力，对人物反应、叛逆和挫败的形象塑造栩栩如生，”而获得 2010 年诺贝尔文学奖 |
| 签　　名 | |

巴尔加斯·略萨是当今世界最著名的大作家之一，多年来一直是诺贝尔文学奖候选人之一，2010 年终于名至荣归，摘下诺贝尔文学奖桂冠。他的作品不但在西方，而且在东方，尤其是在我国已经出版了他的全集，甚至有个别中国作家的作品曾经受到其文风的影响。他最近应邀来华，发表了热情洋溢的讲话。他还善于评论对国际大事，尤其是对拉丁美洲事务阐明自己的看法，提出解决问题的设想。因此，有评论认为他是站在第一线的作家。

## 应邀来华　见解独到

2011 年 6 月 17 日，巴尔加斯·略萨应中国社会科学院外国文学所邀请来华访问，其间，他参加了该院为他举办的文学演讲会和文学座谈会。据《世界文学》报道，他在演讲中描述了自己的创作历程：如何因阅读而引发写作的激情，如何来到艺术文学之都巴黎“发现”了拉丁美洲，如何受到萨特、福楼拜等作家极大的影响等。他还与中国翻译家、作家和文学评论家见面，进行圆桌座谈，以对话的方式，共同探讨了如何处理文学与政治、文学与翻译、文学创作的技巧、读者对作品的接受与反馈等问题进行了交流。

6 月 18 日，巴尔加斯·略萨成了北京塞万提斯学院西班牙语日的主角。他欢迎学习西班牙语的中国学生加入“被世界分散的人数众多的一个家庭，”即拉丁美洲大家庭。他说：“我对有这么多西班牙学生在中国学习感到很高兴，我还高兴的是，这种语言为新一代中国人带来新奇和兴趣。”他对学生们说，学习西班牙语后，“可以成为一个被世界分散的人数众多的大家庭的一部分”，并“打开一扇文化十分丰富的大门，因为该文化过去和现在都留下许多值得阅读的作品。”

他对自己的母语赞扬说，“西班牙语是一种丰富而古老的语言，现在世界上有近 5 亿人口说西班牙语。”接待这位诺贝尔文学奖得主的北京塞万提斯学院院长易玛女士说，在中国，西班牙语“正在获得一种特别的推动力。”而且学习人数每年都成倍地增长。巴尔加斯·略萨还访问了上海。

## 以笔为武器　坚持反独裁

享有国际声誉的小说家巴尔加斯·略萨，因为他的小说内容广泛，对现实主义小说的革新产生了影响，在作品结构上有自己的特点，所以现在一般都把他称作结构现实主义作家。同时，他又是上世纪60年代拉丁美洲文学“爆炸”的主将之一。

这位世界著名文学家从20世纪70年代起一直是诺贝尔文学奖候选人，世人认为他2000年最有可能夺冠，但是21世纪第一年的诺贝尔文学奖却颁给了别人，让人们大失所望，因为巴尔加斯·略萨不但著有《绿房子》、《世界末日之战》、《酒吧长谈》等享誉世界的名著，而且还著有长篇巨著《小山羊的节日》。这部作品于2000年年初完成后，在西班牙和整个拉丁美洲公开出版发行。为此，他先后走访了巴西、阿根廷、哥伦比亚、厄瓜多尔、墨西哥、哥斯达黎加和他阔别十余年的祖国——秘鲁等拉美国家和西班牙，出席在那里举行的《小山羊的节日》的首发式，并借此揭露拉丁美洲过去与现在形形色色的独裁者的嘴脸。

《小山羊的节日》这部长达590页的小说，再现了多米尼加共和国前独裁者特鲁希略的专治统治，这个被描绘为魔鬼的独裁者曾对三百多万多米尼加人施行了极端残酷的暴政，在他30多年（1930－1961）专制统治下，整个国家成了人间地狱。小说的作者通过杜撰的一个妇女的所见所闻，再现了拉美最血腥的独裁统治。这个名叫乌拉妮娅的女子，曾在特鲁希略独裁时期走遍全国，后来到美国生活；但是，为了揭露特鲁希略的令人毛骨悚然的腐败统治和累累罪恶，她又冒险着生命危险回到了祖国的首都圣多明各。

如今，以新科诺贝尔文学奖得主身份访问中国的巴尔加斯·略萨，在2010年6月出席了马德里书展时成为展会上不折不扣的大明星。人们排着长长的队伍求取他的签名。据埃菲社说，有个17岁的小伙子手里拿着3本书，从早晨6点就排队。求签的队伍如此之长，以至于作家累得几乎虚脱了。他感慨地说：“这是一种极好的经历，我签这么多的名字手都累了。我非常感谢，我有很好的马德里读者。”

巴尔加斯·略萨不会放过任何机会谈论政治。他在马德里书展上谈到正在进行的秘鲁大选时说，如果候选人藤森庆子获胜，“将是我们十年来所拥有的民主的一种悲哀。民主已经给秘鲁带来很多实惠，不仅是经济的进步，而且表现在制度方面……如果我们回到独裁主义，国家也将重现昔日的腐败和暴力。”秘鲁大选现已结束，左翼的“秘鲁胜利”联盟的领导人奥良塔·乌马拉，以微弱优势战胜了藤森庆子而当选。

巴尔加斯·略萨新近在巴西推出的新书《军刀与乌托邦》（Sables y utopias）汇集了他在作为记者与作家的过程中所写的文章，回顾了拉丁美洲的政治历程。他认为，拉丁美洲“最大的变化是，在我年轻的时候，拉丁美洲充满着独裁。如今，我们拥有很多民主。作为我们应该生活的一种环境，我们都非常赞成拉丁美洲享有充分的民主。应该确信，民主是种体制，它能更多地减少暴力。

## 站在第一线　不断获大奖

巴尔加斯·略萨于1936年3月28日出生在秘鲁的阿雷基帕市。他善于从事文学创作，又有政治雄心。1976年被选为第41届国际笔会主席。由于在1990年竞选总统时被藤森击败，自1993年起移居西班牙并获该国国籍，但经常居住在英国伦敦，从事他所酷爱的文学创作。他是西班牙塞万提斯文学奖和阿斯图里亚斯王子文学奖得主，还是拉美最高文学奖——罗慕洛·加列戈斯文学奖的第一个获得者。

巴尔加斯·略萨在长长的获奖名单上不久前又增加了西班牙颁发的梅嫩德斯·佩拉约奖，因为他的小说内容广泛，对现实主义小说的革新产生了影响。这位拉美魔幻现实主义作家既是小说家、散文家和记者，又是本世纪加入西班牙皇家学院的首位拉丁美洲作家。

早年，巴尔加斯·略萨曾在秘鲁和西班牙学习文学。1959年，他的小说《首领们》获西班牙莱奥波尔多·阿拉斯文学奖，这是他首次获文学奖。事隔三载。他的小说《骗子们》获西班牙布雷维图书馆奖。1963年，他的《城市与狗》在西班牙获批评奖。当时他客居巴黎，先为一家通讯社工作，后为法国电台—电视台服务。正是在那里，他结识了一批移居巴黎的拉美作家，如哥伦比亚的加西亚·马尔克斯、墨西哥的胡安·鲁尔福等，这些作家像他一样，后来共同促使了拉丁美洲的文学大“爆炸”。

1967 年是略萨文学创作大丰收的一年，他共获三项大奖：西班牙评论奖、秘鲁国家小说奖和委内瑞拉罗慕洛·加列戈斯小说奖。他 1969 年出版了长篇小说《酒吧长谈》。1973 年出版了《潘达雷昂上尉与劳军女郎》，同年当选为秘鲁文学院正式成员。1974 年出任国际笔会主席，任期到 1979 年。

1980 年，意大利—拉美研究院授给他的小说《胡莉娅姨妈与作家》文学奖。这部自传体小说写的是他与其舅妈的妹妹——胡莉娅姨妈结为夫妻的时代。当时刚 19 岁的略萨和 32 岁的胡莉娅结婚后，生活幸福，然而由于胡莉娅不能生育，他们后来不得不分手。离婚后的第二年，即 1965 年，他与其表妹帕特里西亚·略萨结为夫妇。1985 年，他的小说《世界末日之战》获海明威文学奖，第二年又获西班牙阿里图里亚斯王子文学奖。他在 1988 年获美洲金质奖章。

2000 年，巴尔加斯·略萨获得了第十三届梅嫩德斯·佩拉约国际奖，奖金为 800 万比索（约合 5 万美元）；该奖专门奖给那些进行文学、艺术和科学研究卓有成就的知名人物。古巴国家文学奖得主巴勃罗·阿曼多说，获西班牙梅嫩德斯·佩拉约奖的略萨“是位伟大的作家，一位站在第一线的小说家”。“他的几部小说是我们世纪的‘重头’著作”。“他配得这项奖和其他奖项”。

巴尔加斯·略萨和他的妻子帕特里西亚·略萨经常待在伦敦，他说这座城市是他“活动的中心”，因为在这里“一个人可以孤立的工作”。当公布获奖消息时，他正在伦敦不列颠博物馆图书馆里。是他的妻子先接到梅嫩德斯·佩拉约国际大学校长的电话通知，几小时后，略萨回到家里与何塞·路易斯·加西亚校长通了话。他说，这次获奖使他感到“完全突然，并十分愉快”。他解释道，他根本不知道他的名字在这项文学奖的 32 个候选人之列。

## 魔幻主义　见解独到

巴尔加斯·略萨在柏林文学博览会上称，涉及一批拉丁美洲作家对魔幻主义的界定，从来就是很不准确的。这番话是他于 2010 年 9 月 9 日在柏林对埃菲社记者说的。他认为，魔幻主义根本不能用来总括下列作家所具有的文学形象，比如胡安·鲁尔福、加西亚·马尔克斯、胡利奥·科塔萨尔或博尔赫斯，他们每人都有个人的神话和自己的世界。当问他如何看待魔幻主义之后的拉丁美洲文学时，他说，长期以来将魔幻主义的表述用来总括整个拉丁美洲文学的标签，这是不确切的。而当前的拉丁美洲文学以其神化为标志，不允许有任何特别的倾向。但是“有以现实主义或之后的所谓魔幻主义为统治倾向的时代，可现在没有。”

巴尔加斯·略萨出席柏林文学博览会旨在推介他的德文版小说《坏女孩的淘气经》。会上，他既谈到这部小说的来源，又谈到他的文学事业的不同方面。他说他多年来就想写一部爱情故事，但是，这个主题对一个作家来说是很困难的，因为往往容易陷于陈词滥调。他要写的是一部现代爱情故事，一部发生在 19 世纪的爱情故事。这部故事将允许他描写一系列的城市，因为他 20 世纪 60 年代生活在巴黎，70 年代生活在伦敦，80 年代生活在马德里。

# 穆罕默德·尤努斯

## ——“穷人银行”的创建者

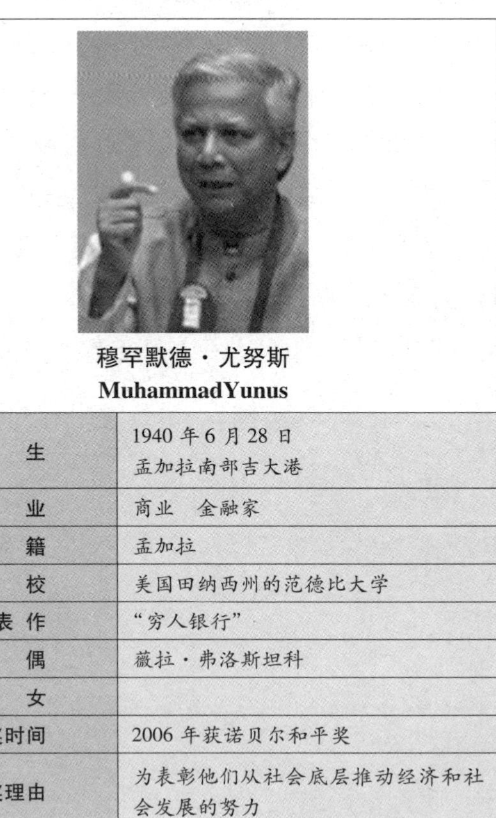

穆罕默德·尤努斯
MuhammadYunus

| 出　　生 | 1940年6月28日<br>孟加拉南部吉大港 |
|---|---|
| 职　　业 | 商业　金融家 |
| 国　　籍 | 孟加拉 |
| 母　　校 | 美国田纳西州的范德比大学 |
| 代 表 作 | “穷人银行” |
| 配　　偶 | 薇拉·弗洛斯坦科 |
| 子　　女 | |
| 获奖时间 | 2006年获诺贝尔和平奖 |
| 获奖理由 | 为表彰他们从社会底层推动经济和社会发展的努力 |

孟加拉国的穆罕默德·尤努斯是以经济学家和银行家身份获得诺贝尔和平奖的第一人。他和他创办的孟加拉乡村银行近年来受到全球各界人士的关注。尤努斯的事迹之所以引起强烈反响，是因为30多年来他一直致力于通过小额信贷方式使广大农民走上脱贫致富之路。他建立的包括1200多个分行的“穷人银行”系统，使孟加拉国4.6万多个村庄中几百万贫困人口从中受益。

中国人对尤努斯并不陌生。在获得2006年诺贝尔和平奖后第9天，尤努斯来中国参加“中国—孟加拉乡村银行小额信贷国际研讨会”，并作了关于“小额信贷与反贫困”问题的演讲，还被聘为北京大学名誉教授。尤努斯的孟加拉国乡村银行的实践表明，在农村，如果能够从农业生产、社区组织的特点出发，就完全可以发展出为农户提供金融服务并成功经营的农村小额信贷银行。

## 世界上第一家小额贷款银行的诞生并非一帆风顺

尤努斯创建“穷人银行”的想法产生于20世纪70年代初。尤努斯出生于孟加拉国南部吉大港，后在美国获得经济学博士学位。1972年，他辞去美国田纳西州大学教职，回到吉大港大学教书。原本以为可以运用自己的学识建设国家，但是现实并不如人所愿。1974年大饥荒过后，孟加拉满目疮痍，民不聊生。眼看着大批饥寒交迫的穷人无路可走，尤努斯便走出教室，决心尽己所能去帮助穷人。

一次下乡调查时，富于怜悯之心的尤努斯拿出自己兜里仅有的27美元无偿借给穷人，未料到就是这点钱改变了这些人的生活。尤努斯从中受到启发，他知道自己的钱有限，于是劝说银行经理借钱给穷人，但是银行家们都表示“贷富不贷贫”。无奈之下，尤努斯决定用自己的信用来担保，让银行把钱借给穷人。尤努斯并不急着让穷人还钱，也不是让他们一次性还清，而是分期还贷。结果，所有借钱的人都按时足额偿还了贷款。对此，银行经理觉得不可思议，认为这只是个别现象。尤努斯便一个一个村子地做下去，最终都获得了成功。但是，他仍然无法从根本上改变银行家们的成见。

这个时候，尤努斯开始考虑自己建立一家专为穷人提供小额贷款的银行。他向政府提出申请并四处游说，终于在1983年，世界上第一家小额贷款银行在孟加拉国获得批准注册成立，接着小额项目不断扩大。事实证明，尤努斯与他的“穷人银行”模式成功了。

## 妇女是小额贷款的主力军

把妇女作为小额贷款的主力军，是尤努斯的成功秘诀之一。在穷人银行中，最初贷款人的男女性别比例为99：1，后来上升到50：50，而目前“穷人银行”的贷款人中，女性比例已占到96%。为什么要使妇女成为借贷人呢?尤努斯认为，妇女具有巨大的自我牺牲精神，她们无私奉献，支撑起了整个家，这是家庭其他成员所不能取代的。妇女是整个家庭最称职的经理，她们能够把理财的才能发挥得淋漓尽致，把家很好地管理起来，尤其在如何使用有限的钱、如何能够赚钱等方面。

2006年10月21日，尤努斯在孟加拉国驻华使馆为其举行的欢迎仪式上曾经自豪地说：“目前在我们孟加拉国农村银行的670万借款人中，妇女的比例已达到了96%。在她们的努力下，58%的借款人及其家庭都已成功脱离了贫困线。从某种意义来说，今年的诺贝尔和平奖是第一次颁发给贫穷女性的诺贝尔奖，荣誉都应归功于她们。”尤努斯还说，他取得的成功得益于他的母亲。母亲经常帮助穷人，这就是他为什么致力于消除贫困的原因。

## 他让穷人看到了摆脱贫困的希望

尤努斯认为，对于和平来说，贫穷是一种威胁。他本人及其创办的“穷人银行”，几十年来一直为消除贫困而斗争。诺贝尔和平奖授奖词对此给予高度评价：持久的和平，只有在大量人口找到摆脱贫困的方法后才成为可能，尤努斯创设的小额贷款正是这样一种方法。授予尤努斯诺贝尔和平奖，正是要表彰他“从社会最底层开创经济和社会发展所做出的努力”。

人们经常问尤努斯小额贷款到底有什么意义？他的回答是：在目前这个世界上，如果没有钱的话，你就不能做任何事情；如果有钱的话，你就可以再生钱再赚钱。但是，当今社会，没有人愿意借给穷人启动资金，使穷人自己来赚钱。与那些常规银行“贷富不贷贫”的做法正相反，小额贷款“贷贫不贷富”。对于那些两手空空需要钱的穷人，尤努斯和他的“穷人银行”不去看他们的过去，而是看他们的前景，看他们将来发展的潜力是什么，并看他们能够做什么。可以说，他们的银行是“穷人的银行”。借给穷人一点点钱可以改变他们的生活，是“穷人银行”与其他普通银行的不同之处。这就是尤努斯及其银行的做法很受穷人欢迎的原因，也是他们的事业能够不断发展的根本所在。

尤努斯认为，银行应该向穷人开放，因为他们当中的绝大多数人都可能是相当好的客户，尽管一些银行仍然把他们关在门外。尤努斯于 1983 年建立了 16 个分支银行，这 16 个分支银行的不断发展，使得尤努斯的事业取得了令人吃惊的成就。他们通过银行的小额贷款，不但使几百万个家庭脱了贫，而且还为来自穷人家庭的孩子提供学习贷款，并发放助学金，逐渐改变了他们的生活。

尤努斯在通过他们的银行使穷人脱贫的过程中体会到，使穷人脱贫的不是他们，而是他们创造的一种机制，一种专门面向穷人的、为穷人服务的、与穷人一起发展的机构。尤努斯认为，荣誉和自尊已经成为小额贷款的担保，穷人们用诚信的行动来保卫他们的尊严。小额信贷点燃了曾被人们摒弃的社会底层的小小经济发动机。30 多年来，“穷人银行”累计放贷 57 亿美元，还款率高达 98.89%，可以说兼顾了社会公平和经济效益。

## “穷人银行”和小额贷款的世界性影响

尤努斯为缓和贫困所付出的努力受到了广泛的赞扬。小额信贷作为一种面向贫困和低收入人口的金融服务及一种金融创新也已得到认可。联合国将 2005 年定为“国际小额信贷年”，联合国秘书长在“国际小额信贷年”启动之际发表的公告中指出，“小额信贷作为消除贫穷和饥饿的武器，已在许多国家显示出其价值。它确实可以改善人民的生活——尤其是最急需小额供资者的生活”。联合国希望通过推动小额信贷的发展，向贫困挑战，帮助世界上的穷人摆脱贫穷的恶性循环，促进千年发展目标的实现，特别是实现在 2015 年前将世界极端贫困人口比例降低一半的目标。尤努斯在谈到小额贷款时深有感触地说，小额贷款并不是能够一举消除贫困的神奇药方，穷人的潜力也远远没有得到发挥，但小额贷款能够与众多释放潜力的创新项目结合，共同寻求一个没有贫困的世界。

尤努斯的成功引起了全球金融界的深刻反思，并在世界各地发挥着积极的影响。目前，亚洲、非洲和拉丁美洲一些国家仿效孟加拉国“穷人银行”模式，建立起自己的农村信贷体系；美国、法国、挪威、加拿大等发达国家也开始尝试小额信贷的做法。

业内专家认为，尤努斯把现代金融与科技以一种转化的方式用到自己的国家，开创了一种与掠夺型资本主义完全不同的合作式小经济，这对第三世界是个很好的启发，因为穷人都在第三世界。穷人之所以穷困，往往是因为缺乏机会。正如诺贝尔经济学奖获得者、印度经济学家阿马蒂亚·森所说的，贫困不仅仅是收入低下，更是一种对基本能力的剥夺。尤努斯和他的穷人银行致力维护的正是穷人的这种基本能力。在这个贫富分化越来越严重的星球上，他让越来越多的人看到了穷人脱贫的一种希望。因此，有评论认为，尤努斯和他发起的“穷人银行”获得诺贝尔和平奖的意义在于，要想和平就需要人们和平相处，而和平相处的基本前提是消灭贫困和因此造成的人与人之间的对立。

# 多丽丝·莱辛

——自学成才的英国老祖母

多丽丝·莱辛
Doris Lessing

| | |
|---|---|
| 出　生 | 1919 年 10 月 22 日<br>出生于伊朗 |
| 职　业 | 学者　作家 |
| 国　籍 | 英国<br>母校 |
| 代表作 | 《金色笔记本》《暴力的孩子们》 |
| 配　偶 | 莱辛曾两次结婚并离异 |
| 子　女 | 共有 3 个孩子 |
| 获奖时间 | 2007 年获诺贝尔文学奖 |
| 获奖理由 | 女性经验的史诗作者，以其怀疑的态度、激情和远见，清楚地剖析了一个分裂的文化 |

由于身体健康的原因，88 岁的英国作家多丽丝·莱辛，2007 年 12 月 10 日未能去斯德哥尔摩领取诺贝尔文学奖。其身体健康问题由来已久，是医生们劝阻她不去瑞典首都领奖的。

诺贝尔基金会的公告说，这位《金色笔记本》的作者 12 月 7 日也未去瑞典科学院宣读她的获奖演说词，而是从伦敦通过电话录音进行的。不去斯德哥尔摩领取文学奖这是近 4 年来的第三次，2004 年，澳大利亚作家杰利内克因为愤懑而不去，2005 年英国作家品特因为病情严重而没去领奖。

多丽丝·莱辛是“描述女性经历的史诗作者，用怀疑主义、炽热的激情和深邃的洞察力，深刻地审视一种分裂的文明”。她于 1962 年发表的《金色笔记本》被评论家认为是女权主义者的经典小说，本书“在 20 世纪那些描述男性女性关系的作品中具有开创性”；由于她的文学成就卓著，所以赢得了 2007 年度诺贝尔文学奖。

多丽丝·莱辛是英国著名女作家。自诺贝尔奖开始颁发以来，她是第 34 位获得诺贝尔奖项的女性，是第十一个获得诺贝尔文学奖的女作家。从宣布她获得诺贝尔文学奖的那天起，还差 11 天就要度过 88 岁生日的莱辛，可谓获得诺贝尔文学奖的最年长者之一，她被誉为自学成才的英国老祖母！



## 获奖——偶然之必然

多丽丝·莱辛获奖既出乎很多人的意料，也是她本人始料未及的。今年对诺贝尔文学奖得主进行预测的单位与个人，都没有想到今年的文学奖桂冠会落到她这个被称为“英国老祖母”的头上。她在谈到获得诺贝尔文学大奖一事时说，她已经失去获得这一奖项的希望，因为早在 25 年前，她就是此奖项的有力候选人。但是，今年获奖，她有点儿感到偶然。当一些记者告诉她瑞典文学院已经确定她获奖时，她说，当时“并不知道我已经获奖，我刚从出租车上下来。然而，摄影家与记者们却像节日似的迎接我，使我感到极其激动……”

对于莱辛的获奖，她的经纪人科洛表示极为高兴，称莱辛获奖是非常“理所当然”的。她的获奖也是英国作家 3 年之内第二次获得诺贝尔文学奖。因为 2005 年英国剧作家哈罗德·品特，由于他的戏剧成就而获得了诺贝尔文学奖。

莱辛还高兴地谈到：当她获得奖之后，哥伦比亚作家加西亚·马尔克斯希望与她通话。她当时这样说，她转眼就要 88 岁了，可加博（马尔克斯的爱称）今年 80 岁，小她 8 岁。可是他比她早 25 年就得了诺贝尔文学奖，他是她的偶像。

事情是这样的：在多丽丝·莱辛获奖的第二天，即 10 月 12 日，西班牙埃菲社从哥伦比亚首都波哥大发出一则消息称：今年的诺贝尔文学奖得主多丽丝·莱辛对哥伦比亚 W 广播电台说，哥伦比亚作家、1982 年诺贝尔文学奖获得者加西亚·马尔克斯试图通过电话与她对话。但遗憾的是，莱辛说，“因为呼号失败了，所以我们没有能够说上话。我非常钦佩他，我对他的问候表示感谢。”

莱辛还说，她对出版家争着出版她的书感到非常高兴。她说：“我满怀激动。事实上，我已经开始与其中的几位出版家商谈，并使我感到很满意。”在中国也是如此。在诺贝尔文学奖得主的名单尚未公布时，国内的几大出版社便开始跃跃欲试。上海译文出版社在接受媒体采访时表示：“在最终获奖者还没公布前，各个出版社应该都不会有大行动，大家都静静等候，时机一到，自然会开始一场争夺版权的‘暗战’。”

诺贝尔文学奖的名单公布之时，就意味着出版界将引发一场版权争夺大战。莱辛的书已在中国出版过好几本，受到读者的青睐。如今她得奖了，出版她的书，中国读者定会掀起新一轮的抢读高潮。

## 自学——成才的源泉

莱辛 1919 年 10 月 22 日出生在当时的波斯，即如今的伊朗，她的父母都是英国人。在她 6 岁时，随父母移居津巴布韦。尽管她在非洲度过了艰苦并且不快乐的童年，但在其笔下的非洲，对当地土著民族的困境充满了同情和爱护。

莱辛的早年是非常不幸的：在她 14 岁的时候，因为眼疾从索尔兹伯里（今天的津巴布韦哈拉雷）天主教女校辍学，自此再也没有踏进过学校的大门。她走出学校的大门之后，又走出了自己的家门，开始外出打工谋生，就像今天中国的“打工仔”一样，先后做过秘书、打字员和小职员等。虽然她一生仅有初中文化水平，却如饥似渴地博览群书，于是积累了丰富的文学知

识。当她在抄抄写写的当儿，却养成了写字和练习写作的习惯，同时开始偷偷地写起小说来。

1949 年，当她的第二次婚姻失败后，便回到英国定居。1950 年出版了她的处女作《野草在歌唱》，内容写的是白人主妇与黑人男仆之间的种族歧视给非洲的白人和黑人带来的悲剧。她的另一部经典之作《金色笔记本》的主题是“精神崩溃”。莱辛随后创作出系列小说《暴力的孩子》共计 5 部。描写的是女主人公玛莎在一个充满歧视和不平等社会里的艰难历程，其情其景，叫人难以想象！

上世纪 80 年代，莱辛还创作了一系列科幻小说，如《南船座中的老人星》等，以科幻的形式思考人类的历史和命运。莱辛是个多产作家，除了小说之外，还著有诗歌、散文、剧本等其他体裁的作品。

莱辛在写作中大量取材于她在非洲的生活经历，探索白人和黑人的分裂，特别是在她上世纪 50 年代写的、1962 年出版的《野草在歌唱》，这部作品对白人农民的妻子和其黑人佣人的关系进行了审视。瑞典皇家科学院称这部作品“既是基于爱恨之上的悲剧，又是对不可调和的种族冲突的研究”。数百万读者认为她的这本最为著名的作品仍被认为是女权主义者的经典。不过，莱辛称，她并不认为这本书是一个政治声明。瑞典皇家科学家在颁奖文告中称：“正在兴起的女权主义运动视其为一项先驱性的著作，它属于屈指可数的数本书籍，这本书讲述了 20 世纪男女关系的观点。”正是由于莱辛在自我奋斗的人生历程中，目睹了社会深处的形形色色的人与事，才使她深入到她所描写的主人公的内心世界与社会的最下层，挖掘出最有代表性的素材，创作出石破天惊的巨作。

我们都知道，文学大师高尔基与奥斯特洛夫斯基都是自学成才的；中国的吴运铎和高玉宝也是自学成才的典范。今天，在自学成才者的行列里，又添一位通过自己的不懈努力竟然获得了诺贝尔文学奖的女作家——莱辛。她千真万确是个自学成才的女杰，是千万读者效仿的楷模，特别是那些正在茁壮成长的青少年！

## 不倦——80 岁后仍多产

特别令人感动的是，多丽丝·莱辛是个多产作家。她的许多作品包括小说、散文、《好恐怖分子》、《玛莎·奎斯特》（是她 5 部曲《暴力的孩子们》中的一部，这 5 部曲被认为是她的半自传），多是晚年写的，80 岁以后仍然笔耕不停。。

2006 年，莱辛还出版了长篇小说《裂缝》，下一部作品正在写作之中。迄今为止，她创作的作品已达 50 多部，绝大部分是小说，也有诗歌、剧本、传记及散文等，可谓多才多艺，著作等身。

尽管美国文学评论家哈罗德·布鲁姆曾经对瑞典皇家科学院诺贝尔奖委员会将 2007 年度诺贝尔文学奖授予多丽丝·莱辛的决定不以为然，认为“她过去 15 年的作品不具可读性”，甚至称“是四流的科幻小说”。但他也不得不承认“莱辛在早期的写作生涯中具有一些令人仰慕的品质”。

我们不得不指出的是：哈罗德·布鲁姆先生忘了多丽丝·莱辛早在 14 岁时就结束了正式学校教育，她在写作中大量取材于她在非洲的生活经历，探索白人和黑人的分裂，她的获奖名副其实。瑞典皇家科学院认为，多丽丝·莱辛因其作品的女性独特的视角和批判怀疑精神而获此殊荣。她将获得 1000 万瑞典克朗（约合 137 万美元）的奖金。

莱辛不仅是位经验丰富的英国女作家，而且也是一个女权主义者。获奖后她面对德新社记者在英国对她采访时说，“我敢说他们不喜欢我，否则我早就得到这个奖了。”莱辛还曾于 10 月 22 日表示，英国的权力机构永远不会真正原谅她，因为她曾在战后一度支持社会主义，且她在女权主义和政治上观点激进。她早年投身于反对殖民主义的左翼政治运动，还一度加入共产党，她的第二任丈夫也是一名共产党员。

值得一提的是，这位年轻时热衷于共产主义的女作家在 1993 年 5 月还访问了中国，并在笔者的母校——北京外国语大学和师生们进行了座谈。虽然人们对她的了解并不多，但她的成就足够感人！

# 利奥尼德·赫尔维茨
# 埃里克·马斯金　罗杰·迈尔森

——他们在经济学方面作出了杰出贡献

利奥尼德·赫尔维茨
**Leonid Hurwicz**

| | |
|---|---|
| 出　　生 | 1917 年<br>莫斯科 |
| 职　　业 | 学者　经济学家 |
| 国　　籍 | 美国 |
| 母　　校 | 波兰大学 |
| 代 表 作 | 著作：《设计中的经济机制》<br>学术报告：《市场经济的缺陷与政府干预》 |
| 配　　偶 | |
| 子　　女 | 赫尔维茨与夫人共育有 4 个孩子 |
| 获奖时间 | 2007 年获诺贝尔经济学奖 |
| 获奖理由 | 因为他们提出的机制设计理论奠定一种能够确定市场何时有效运转的基础，共同获得 2007 年诺贝尔经济学奖 |

瑞典皇家科学院 10 月 15 日宣布，美国明尼苏达大学经济学教授利奥尼德·赫尔维茨、新泽西普林斯顿高等研究院讲座教授埃里克·马斯金和芝加

哥大学经济学教授罗杰·迈尔森，因他们提出的机制设计理论奠定一种能够确定市场何时有效运转的经济理论的基础，共同获得2007年度诺贝尔经济学奖。机制设计理论所关注的是，不同的机构如果合理分配资源，以及政府是否需要进行干预等问题。瑞典皇家科学院评论说，“今天，机制设计理论在经济领域和政治学的部分领域发挥着重要作用。”机制设计理论是由赫尔维茨教授首先提出的，后经马斯金和迈尔森不断完善。什么是“机制设计理论”呢？简而言之，就是对于任意给定的一个经济社会或者政治目标，在自由选择、自由交易的分散化决策条件下，能否而且如何设计一个机制，包括法律、法规、政策等规则，使行为人的个人利益和机制设计者的既定目标相一致。机制设计理论可以广泛运用大到国家经济政治制度，小到企业、家庭内部的规则。

## 机制设计理论之父——赫尔维茨

年届90岁的赫尔维茨教授终于等到获奖这一天。他被誉为“机制设计理论之父”，于上世纪40年代就以研究博弈论而出名。他对博弈论数学基础研究，加上后来和阿罗一起进行的一般均衡理论研究，使得他成为当时最受人尊敬的数理经济学家之一。

随着博弈论工具的成熟，赫尔维茨开始思考博弈论工具衍生出来的课题，信息是其中的关键之一。在信息不对称的条件下，人们在博弈决策过程中可能策略性地发出一些信号，最终导致资源配置扭曲。他上世纪60年代写出题为《资源配置中的最优化与信息效率》的论文，拉开所谓“机制设计理论”的序幕。随后他的《无须需求连续性的显示性偏好》、《信息分散的系统》等著名论文逐步完善这一理论基础。1973年，他在著名的《美国经济评论》杂志上发表了《资源分配的机制设计理论》论文，奠定了机制设计理论的框架。

赫尔维茨开始时的兴趣主要是计量经济学，对动态计量模型的识别问题做出了奠基性的工作，于1947年首先提出并定义了宏观经济学中的理性预期概念。他和阿罗等人做出了如何从需求函数的存在来证明效用函数的存在这一结果，并对竞争市场一般均衡的稳定性研究做出了开创性的工作。他更重要的研究工作则是开创了经济机制设计理论，激励或激励兼容已经成为现代经济学中的一个核心概念。

赫尔维茨 1917 年出生于莫斯科，现为美国公民，已经退休。他对自己在高龄时获得诺贝尔奖颇感意外。他本来认为自己太老了而不会被授予诺贝尔奖，但却在 10 月 15 日早晨接到了诺贝尔奖委员会的报喜电话，真是喜出望外！尽管他在经济学领域取得了卓越的成就，而且身为明尼苏达大学经济学名誉教授，可是并未取得过任何经济学学位。他在家中接受记者电话采访的时这样说："我认为属于我的时光已经逝去，这（获得诺贝尔奖）真是让人又惊又喜，而且奖金对一个退休老人来说很管用。"

赫尔维茨对中国的经济改革非常有兴趣，曾多次访问中国。为了访问中国时方便，他不顾年迈，自学了中文，认识好几百个中国字。他治学严谨，对学生要求严格。他的学生麦克法登正是在他的严格要求下在经济学领域取得了巨大成就，于 2000 年获得诺贝尔经济学奖，真可谓是"严师出高徒"。赫尔维茨是美国国家科学院、美国艺术与科学研究院成员，同时也是世界计量经济学会成员。埃里克·马斯金表示，当他最初听到赫尔维茨获奖时大舒了一口气，因为赫尔维茨多年来一直是诺贝尔经济学奖的候选对象。

## 何谓机制设计？

所谓机制设计，就是研究两组各有目的又必须合作的人群关系。一组是某种任务的委托人，另一组则是任务的实施者，也叫代理人。为他们设计出一套有效机制，让双方都能尊重、了解和信任对方，从而保证工作顺利进行。比如委托人想把一项工程托付给代理人，但他需要知道代理人的真实能力和责任心。如果这个信息不准确，他的判断决策就会失误。而如何知道这个关键信息呢？最简单的办法是代理人对委托人如实披露自己的私人信息。但代理人有什么激励不说谎呢？于是委托者必须提供货币激励，或者其他形式的激励，故而机制设计理论又称激励理论。任何激励是有成本的，而且付出激励不一定能获得真实信息，这才是困难所在。用博弈论的术语来说，机制设计是一种典型的三阶段不完全信息博弈。第一阶段委托人提供一种机制安排，具体形式可能是规则、契约、最终分配方案等；第二阶段则由代理人行动决策，他决定是否接受这种机制，如果他拒绝，则什么都不会发生；他若是接受机制，则进入第三阶段博弈，代理人在机制约束下选择对自己有利的行动。这里的博弈均衡过于复杂，于是，机制设计理论中最基本的原理——“显示性原理”，在上世纪70年代被发现。“显示性原理”的大致意思就是，为了获取最高收益，委托人可以只考虑被“显示”的机制，即委托人在第二阶段接受机制，在第三阶段机制下选择。这一原理的发现，大大简化了问题的复杂程度，代理人的类型空间就直接等同于信号空间，把复杂的社会选择问题转换成博弈论可处理的不完全信息博弈，为进一步探索铺平了道路，此次诺贝尔奖得主迈尔森对此起到了关键作用。

机制设计理论大致可以分为两大分支。第一支可称为最优机制，机制设计的目标是最大化委托人（或者拍卖者）的预期收益，迈尔森于1981年提出的“最优拍卖设计”是这方面的基础工作。第二支可以称为效率机制，即设计者的目标不是个人收益最大化，而是整体社会的效率最优，这方面的工作更丰富，维克瑞在1961年发表了题为《投机、拍卖和竞争封闭出售》的论文，莫里斯在1971年发表了《最优所得税理论的探索》的论文都堪称这方面的经典之作。这两篇文章已经分别为维克瑞和莫里斯赢得了1996年的诺贝尔经济学奖。在机制设计理论方面，马斯金最出名的工作则是“纳什均衡可实施机制”。他在1977年的一篇论文中研究出了一个社会选择规则可以纳什实施的必要条件和充分条件，为我们寻找可行的规则提出一种标准。这项结果后来又被称为“马斯金定理”。

由赫尔维茨开创并由马斯金、罗杰·迈尔森进一步发展的机制设计理论极大地加深我们对在这种情况下优化分配机制属性、个人动机的解释、私人信息的理解。这种理论使我们能区分市场运作良好的市场和运作不良好的市场。它帮助经济学家确定有效的贸易机制、规则体系和投票程序。机制设计理论今天已在经济学的许多领域、政治学的一些领域发挥着重要作用。

罗杰·迈尔森在记者会上说，当被电话通知获得诺贝尔经济学奖时，他一开始有点“困惑”，但随后醒悟过来，对能加入到这一获奖名单感到非常

“光荣”。对于3人共享的1000万瑞典克朗（1美元约合6.4瑞典克朗）奖金，赫尔维茨表示还未曾想过怎么处理；马斯金则表示，将把奖金捐献给帮助残疾人基金会，这也是他和妻子认为“如果买彩票中奖后的做法”。（马斯金的儿子是一位残疾人。）

马斯金和迈尔森教授则正当壮年，还在不断写出高质量的经济学论文，是站在学术最前沿的精英人物。马斯金1950出生于纽约市，1976年获得哈佛大学应用数学博士学位，他自2000年后一直任普林斯顿大学高级研究学校社会科学教授。罗杰·迈尔森1951年出生于波士顿，1976年在哈佛大学获得应用数学博士学位，自2007年以来任芝加哥大学教授。

## 诺贝尔经济学奖对我们有何作用？

今年诺贝尔经济学得主的理论有助于经济学家、各国政府和企业识别在何种情况下市场机制有效，何种情况下市场机制无效，以帮助人们确定有效的交易机制、规章安排和表决程序。那么，他们的理论对我们有什么作用？有必要先介绍一下“机制设计理论”。信息经济学认为，信息的非对称性，在很多领域都存在。比如，银行不可能了解借贷者未来收入的全部信息，政府也不一定了解个人和企业的纳税能力；又如，公司的所有者未必清楚经营着资产运营的状况……这些外生性或内生性的信息不对称，对于政策制定、有效执行等的影响是显而易见的。如果信息优势者获得便利，导致制度“无意识”倾斜，那有可能产生严重结果。如何避免信息非对称下的潜在威胁，“机制设计理论”应运而生。

具体而言，假如我们对各种情形有一个认可的社会目标存在，那么机制设计就是考虑构造什么样的博弈形式，使得结果就是那个目标，或者无限接近。这不仅仅停留于“博弈”，更在乎“以什么方式博弈”、如何体现成果。在赫尔维茨和马斯金等人的思想体系中，“激励”是关键词之一。就我国而言，在社会转型的当前，变革或优化制度已成为时下热点。“博弈”的需求因“变革和优化”而来，也面临一些迷惘。可以说，正如萨缪尔森的新古典主义经济学对于我国市场经济的意义，或如科斯的产权理论对中国企业的影响，这个“机制设计理论”与现实需求的契合给了我们充分的想象空间。

但是，“机制设计理论”之于我们并不是个新事物。“激励”已成为很多企业调动员工积极性时惯常采用的方法。只是任何理论的设想均有其一定的环境要求。由此，我们需要进行反思，谨慎从事。但应该看到，诺贝尔奖得主的某些理论已经贯彻到了我们的国民经济运行之中。以机制设计理论而言，它的“激励”，作为一种路径追求，是以博弈为前提的，但目前，在很多行业或领域，我们还没有做到充分博弈，甚至是没有博弈。博弈首先在于对权利彼此尊重，双方是平等主体，然而一些企业行为还没有体现出这一点。

# 阿尔贝·费尔　彼得·格林贝格尔

## ——他们使硬盘迅速变得越来越小

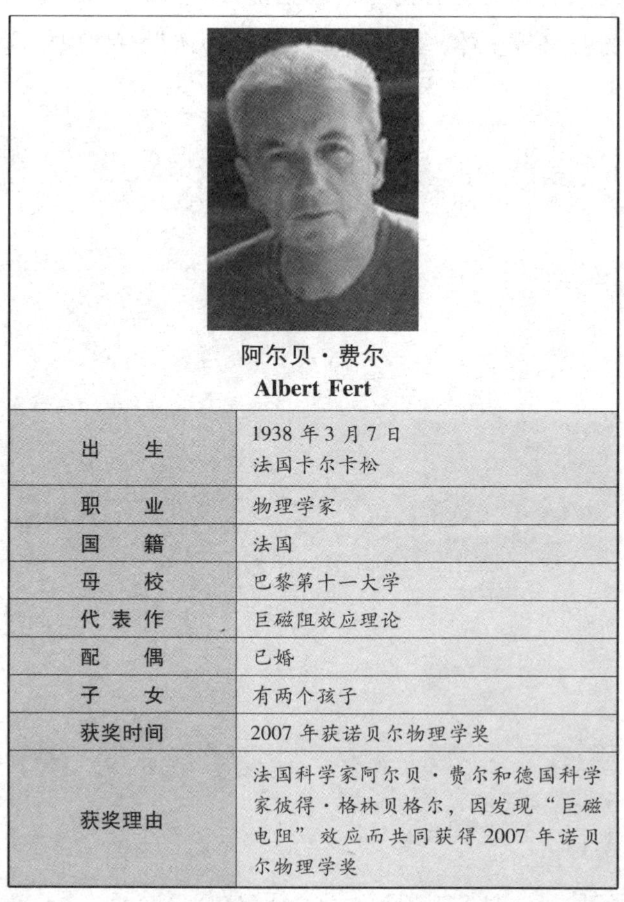

阿尔贝·费尔
Albert Fert

| | |
|---|---|
| 出　生 | 1938 年 3 月 7 日<br>法国卡尔卡松 |
| 职　业 | 物理学家 |
| 国　籍 | 法国 |
| 母　校 | 巴黎第十一大学 |
| 代表作 | 巨磁阻效应理论 |
| 配　偶 | 已婚 |
| 子　女 | 有两个孩子 |
| 获奖时间 | 2007 年获诺贝尔物理学奖 |
| 获奖理由 | 法国科学家阿尔贝·费尔和德国科学家彼得·格林贝格尔，因发现“巨磁电阻”效应而共同获得 2007 年诺贝尔物理学奖 |

瑞典皇家科学院 2007 年 10 月 9 日宣布，法国国家科学研究中心的物理学家阿尔贝·费尔和德国于利希研究中心的物理学家彼得·格林贝格尔，因发现“巨磁电阻”效应而共同获得 2007 年诺贝尔物理学奖。授奖公报说：“今年的物理学奖授予用于读取硬盘数据的技术，得益于这项技术，硬盘在近年来迅速变得越来越小。”阿尔贝·费尔与德国彼得·格林贝格尔分享 1000 万

瑞典克朗（约合 153 万美元）奖金，他从这一刻起便成了媒体关注的对象。而德国科学家彼得·格林贝格尔受到本国总理默克尔的热烈祝贺。

## 何谓“巨磁电阻”效应？

所谓“巨磁电阻”效应，就是外加磁场会引起一些磁性材料的电阻发生巨大变化。磁性金属和合金一般都有磁电阻现象，即在一定磁场下电阻改变的现象，而所谓巨磁阻就是指在一定的磁场下电阻急剧减小，一般减小的幅度比通常磁性金属与合金材料的磁电阻数值高出 10 余倍。

阿尔贝·费尔、彼得·格林贝格尔所奖励的是从电脑硬盘读取数据的技术的根源。早在 1988 年，阿尔贝·费尔（Albert Fert）和彼得·格林贝格尔（Peter Grünberg）分别独立发现了一种全新的物理学现象——巨磁电阻效应（GMR），磁场的微弱变化会导致巨磁阻系统电阻的剧烈变化。值得注意的是，巨磁阻系统是从硬盘读取数据的完美工具，因为读取过程中磁存储的数据必须转变成电流，而流出读取头的电流强度就代表了 0 和 1，此后不久，科学家和工程师开始探索将巨磁阻效应用于读取头（read – out head）。1997 年，第一个基于巨磁阻效应的读取头开始进入市场，很快成为一项标准技术。即便是今天，最先进的读取技术也没有摆脱巨磁阻技术的影响。

巨磁电阻效应的另一个优点是促成了硬盘的小型化。巨磁阻系统可以将小范围内非常微弱的磁场变化转变成电流的差异变化，这保证了硬盘可以从技术上实现越来越小和紧凑。巨磁阻效应的发现也要感谢 20 世纪 70 年代发展出来的新技术——制备不同材料的复合薄层，薄层结构只能有几个原子的厚度。因此，巨磁阻效应也被认为是纳米技术的第一个真正的应用。

法国国家科学研究中心及其合作伙伴泰雷兹集团时下持有一些与“巨磁电阻”效应相关的技术专利，阿尔贝·费尔并不拥有专利。他说，研究工作的乐趣不是金钱，而是他工作的动力。

## 世界史上第一个硬盘问世

世界历史上的第一个硬盘于 1956 年问世。阿尔贝·费尔和彼得·格林贝格尔在基础研究中，于1988年发现像三明治一样被“压”在一起的几种薄膜材料在磁场环境中出现“巨磁电阻”效应。这一发现揭开了硬盘革命的序幕。美国国际商用机器公司（IBM）开发的这个庞然大物直径超过半米，却只能存储4.4兆数据。尽管如此，这在当时仍然是一项划时代的成就。美国国际商用机器公司于1997年生产出第一个应用“巨磁电阻”技术的硬盘。随着这项技术的产业化，硬盘的块头越来越小，信息存储量越来越大，价格快速下跌。“巨磁电阻”技术通过改进硬盘的读取磁头，催生了这场硬盘技术革命。磁头的读取灵敏度越高，硬盘的单碟容量也越大。单碟容量上去了，硬盘总容量自然会有提高。

如今，内置上百G（1G约为1000MB）容量的硬盘已成为电脑的标准配置。此外，装配这种高灵敏度磁头的硬盘近几年来在个人便携式媒体播放器上也大显身手。2001年，美国苹果公司推出第一代硬盘式音乐播放器（Ipod）轰动全球。今天，苹果公司的新一代Ipod播放器容量高达160G，不管是用来听音乐还是看电影，存储空间都不是问题。伴随着信息数字化的大潮，人们开始寻求提高硬盘容量技术的同时，不断缩小硬盘的体积。

借助“巨磁电阻”效应，人们才得以制造出更加灵敏的数据读出头，使越来越弱的磁信号依然能够被清晰读出，并且转换成清晰的电流变化。1997年，第一个基于“巨磁电阻”效应的数据读出头问世，并很快引发了硬盘的“大容量、小型化”革命。如今，笔记本电脑、音乐播放器等各类数码电子产品中所装备的硬盘，基本上都应用了“巨磁电阻”效应，这一技术已然成为新的标准。

瑞典皇家科学院的公报介绍说，另外一项发明于上世纪70年代的技术，即制造不同材料的超薄层的技术，使得人们有望制造出只有几个原子厚度的薄层结构。由于数据读出头是由多层不同材料薄膜构成的结构，因而只要在“巨磁电阻”效应依然起作用的尺度范围内，科学家未来将能够进一步缩小硬盘体积，提高硬盘容量。

## 阿尔贝·费尔谈科学问题

阿尔贝·费尔得知自己获得诺贝尔奖的消息后不久，身边聚集着一批追踪而来的媒体记者。他在自己任职的法国国家科学研究中心附近问他们“你们喜欢物理吗”？接着便谈起科学问题。“科学管用”是阿尔贝·费尔如今从自己研究生涯得出的感悟。但是，即使投身科学，他在一段时期内也没有意识到自己所做的基础研究工作会有广泛的实际应用。他说，“过去，我没有想到自己会有一项（科学）发现；现在，我意识到，这只是一个你是否对自己的创见有信心的问题。”他又说，“以某个抽象的概念为起点，人类心智可以促使形成某种大家如今每天都使用的东西，这是一件有意思的事情，所以说激发我工作的因素并非金钱，而是心灵愉悦。”

目前，虽然法国国家科学研究中心及其合作伙伴泰雷兹集团时下持有一些与“巨磁电阻”效应相关的技术专利，阿尔贝·费尔并不拥有。但他却说，研究工作的乐趣是他工作的动力，而不是金钱。沉浸在溢于言表的兴奋中的费尔告诉大家：“如果你们能用自己的 MP3 播放器听音乐，那一定程度上可以归功于我迄今为止所做的研究。”

阿尔贝·费尔的吸引人之处，不仅限于对“巨磁电阻”效应的研究，还有他的个人经历。他于 1938 年 3 月出生在法国西南部城市卡尔卡松，他有几年的童年生活是在乡下他祖父母的农场里度过的在他少年时期。当时，他的父亲参加了第二次世界大战，被俘后身陷德国。他回忆说，他对橄榄球的兴趣远大于对科学的兴趣。20 世纪 60 年代，法国施行义务兵役制，他从军期间，依然以橄榄球为业余爱好。

## 获奖为他们带来喜悦

当德国物理学家彼得·格林贝格尔 9 日上午接到诺贝尔奖评审委员会的获奖通知电话时激动万分。他说自己当时完全不知所措，“但我曾悄悄祈祷自己今生能够获奖”。然而，对于这位 68 岁的物理学家来说，获得诺贝尔物理学奖并不应该是意外的事。由于发现了“巨磁电阻”效应，彼得·格林贝格尔已获得多个国际科研奖项，也早在数年前就被列为诺贝尔奖热门人选。

彼得·格林贝格尔对媒体说：“我曾获得过一些奖项，而人们总是说还缺一个奖，最后的一个奖（诺贝尔奖）。从这个意义上说，我有一点思想准备。”


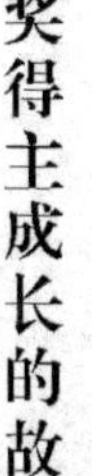

他在接受瑞典电台采访时说："有人告诉我，如果有从斯德哥尔摩来的电话，那只能是诺贝尔奖（通知）。"

在彼得·格林贝格尔所在的德国于利希研究中心，同事们的情绪非常高涨。他的同事安格利卡·施陶特对媒体说："我们骄傲得要命！我们早就知道他会得奖。"彼得·格林贝格尔没有透露将如何使用获得的巨额奖金，但他表示，诺贝尔奖属于他所在的于利希研究中心，这个奖是许多科学家共同。

德国总理默克尔9日向彼得·格林贝格尔表示祝贺，默克尔说："德国科学家再度获得诺贝尔物理学奖，是对德国基础研究工作的肯定。"德国科学家曾经几度获得诺贝尔物理学奖。2001年，德国科学家沃尔夫冈·克特勒和美国科学家埃里克·康奈尔、卡尔·维曼，根据玻色—爱因斯坦理论发现了一种新的物质状态——"碱金属原子稀薄气体的玻色—爱因斯坦凝聚（BEC）"，获得2001年度物理学奖。2005年，德国科学家特奥多尔·亨施和美国科学家罗伊·格劳伯、约翰·霍尔，因为"对光学相干的量子理论的贡献"和对基于激光的精密光谱学发展做出了贡献而，再次获奖。

阿尔贝·费尔在接受电话采访时说："我受宠若惊，非常感动，我为能够与彼得·格林贝格尔共享这一奖项而兴奋不已。我们刚刚交谈过。我们总是很好地交换我们的研究结果。"他还说，"能够看到我们的发现所产生的威力实在是太棒了！"两位科学家的发现使得小型大容量硬盘得到广泛应用。



## 他们的经历如何？

德国科学家彼得·格林贝格尔1939年5月18日出生。从1959年到1963年，彼得·格林贝格尔在法兰克福约翰—沃尔夫冈—歌德大学学习物理，1962年获得中级文凭；1969年在达姆施塔特技术大学获得博士学位；1988年在尤利西研究中心研究并发现巨磁电阻效应；1992年被任命为科隆大学兼任教授；2004年在研究中心工作了32年后退休，但退休后仍在继续工作。

彼得·格林贝格尔在学术方面获奖颇丰，其中，1994年获美国物理学会颁发的新材料国际奖（与阿尔贝·费尔、帕克林共同获得）；1998年获由德国总统颁发的德国未来奖；2007年获沃尔夫基金奖物理奖（与阿尔贝·费尔共同获得）。

法国科学家阿尔贝·费尔1938年3月7日出生在法国的卡尔卡松市，已婚并有两个孩子。1962年，在巴黎高等师范学院获数学和物理硕士学位；1970年，他从巴黎第十一大学获物理学博士学位，目前为巴黎第十一大学物理学教授。他从1970年到1995年一直在巴黎第十一大学固体物理实验室工作，后任研究小组组长。1995年至今则担任国家科学研究中心——Thales集团联合物理小组科学主管。1988年发现巨磁电阻效应，同时对自旋电子学做出过许多贡献。

阿尔贝·费尔在获得诺贝尔奖之前已经取得多种奖项，其中，1994年获美国物理学会颁发的新材料国际奖；1997年获欧洲物理协会颁发的欧洲物理学大奖；2003年获法国国家科学研究中心金奖。

# 格哈德·埃特尔

## ——做一篇福泽人类的“表面文章”

格哈德·埃特尔
Gerhard Ertl

| | |
|---|---|
| 出　　生 | 1936 年 10 月 10 日<br>德国斯图加特 |
| 职　　业 | 化学家 |
| 国　　籍 | 德国 |
| 母　　校 | 斯图加特大学　慕尼黑工业大学 |
| 代 表 作 | 表面科学 |
| 配　　偶 | 已婚 |
| 子　　女 | |
| 获奖时间 | 2007 年获诺贝尔化学奖 |
| 获奖理由 | 由于他在“固体表面化学过程”研究中作出的贡献，获得 2007 年化学奖 |

瑞典皇家科学院说，“格哈德·埃特尔的方法论既被用于学院里的研究，也被用于工业生产中的化学过程。”这位科学大师用他的睿智与勤勉，做出一篇福泽人类的“表面文章”。格哈德·埃特尔是德国马普弗利兹－哈伯研究所化学家，因在固体表面化学过程的研究独立而获得 2007 年诺贝尔化学奖，以表彰他对表面化学研究的突破性贡献。物质接触表面发生的化学反应对工业生产运作至关重要，这个领域对化工产业影响巨大。同时，表面化学研究有

助于我们理解各种不同的过程，比如为何铁会生锈，燃料电池如何发挥作用，以及汽车中加入的催化剂如何工作。表面化学研究甚至可以解释臭氧层的破坏。此外，半导体产业的发展与表面化学研究也是息息相关的。

## 一种全新的实验学派

格哈德·埃特尔（Gerhard Ertl）是德国人，1936 年出生于德国的斯图加特（Bad Cannstadt）。1965 年获得德国慕尼黑工业大学物理化学博士学位，现为德国马普弗利兹 - 哈伯研究所的退休教授。

得力于半导体行业的发展，表面化学从 20 世纪 60 年代开始发展起来。格哈德·埃特尔是最初觉察到这种新技术潜力的科学家之一。通过逐步的实验研究，他为表面化学开创了一种新的研究方法，即怎样用不同的实验步骤来描绘出一个完整的表面反应画面。这种方法需要高真空的实验装备，目的是用来观测单层原子和分子在金属等材料极纯表面上发生的行为。只有这样，才能测定到底哪种元素能够进入系统，而污染会损害所有的测量。正因如此，成功实验这一方法需要高度的精确性，以及将许多不同的实验技巧结合起来的能力。

可以说，格哈德·埃特尔开创了一种全新的实验学派，证明了即使在如此高难度的领域也可以得到可靠的结果。他的远见卓识为现代表面化学研究奠定了基础。他的方法论不仅仅被应用于学术研究，还包括化学过程相关产业的发展。尤其值得一提的是，格哈德·埃特尔开发的人造肥料制造方法，不仅仅基于他对哈伯 - 博施法（用氢和从空气中提取的氮来直接合成人造肥料中包含的氨）的研究，同时他利用铁的表面作为催化剂。这一成果带来了难以估量的经济效益，因为通常作物对氮的利用率十分有限。此外，埃特尔还研究了一氧化碳在铂表面催化下的氧化反应，现在汽车中利用催化剂实现一氧化碳的清洁排放正是基于该项研究的成果。这个全新的实验学派为人类作出了贡献。

格哈德·埃特尔最重要的贡献在如下方面：一是对表面化学反应，特别是合成氨的机理研究，实际上人们对合成氨的机理还没有完全弄清楚，而埃特尔的研究是最接近于真实情况的；二是对非线性动力学过程的研究，这是化学和物理研究中一个非常基本的过程，埃特尔不仅用现代表面科学的手段来研究它，还发展了一些理论。此外，他还用表面科学的方法和手段来研究很多相关领域的科学问题，包括燃料电池、臭氧层的改变等。可以这样说，格哈德·埃特尔的研究与人们的日常生活息息相关。

## “最好的生日礼物”

格哈德·埃特尔1936年10月10日生于德国斯图加特，大学生涯在慕尼黑技术大学度过，并于1965年获博士学位。从1973年开始，担任路德维希—马克西米利安大学教授及该校物理化学研究所所长。1986年至2004年，出任德国马普学会弗里茨—哈伯研究所所长，目前他是这家研究所的名誉教授。

当格哈德·埃特尔得知他获得2007年诺贝尔化学奖时，恰逢他71岁生日。他说，这是一份“最好的生日礼物”。他对媒体描述自己的获奖感觉时说，在生日之际获奖，“我的喜悦之情难以言表”。但是，这份生日大礼又让他感到很意外。他说：“我当然知道我是候选人。可是物理学奖颁给了一名德国人，所以我以为化学奖不会发给我了。”因为他的同胞彼得·格林贝格尔刚刚与一名法国科学家分享今年的诺贝尔物理学奖。

几个中国朋友得知格哈德·埃特尔获奖后，一致认为，在已公布的2007年诺贝尔奖得主中，埃特尔是与中国交往最密切的一位。与此同时，曾经与他共事过的中国科学家不约而同地提到了他那美妙的琴声。当年与埃特尔共事的北京大学化学与分子工程学院教授吴凯说，“他的琴声是如此的美妙。”

中科院大连化学物理研究所研究员李微雪说，在化学研究以外，埃特尔对人文科学也有着浓厚的兴趣，“他非常喜欢读书，尤其是历史方面的书籍，家里可称得上是‘汗牛充栋’，言谈中能感觉到他的历史知识非常丰富。”

李微雪还说，他于1999年至2002年在埃特尔所在的德国马普学会弗里茨—哈伯研究所做博士后时，每年圣诞节埃特尔都会为所里的外籍研究人员组织一次聚会，聚会上他会为大家弹奏几支钢琴曲，还会轮流到每一桌坐坐，与大家谈谈工作，聊聊生活。更让人难忘的是：“格哈德·埃特尔对人非常谦和，他兴致好的时候，还会邀请几位擅长小提琴和单簧管的朋友组成小乐队，一道为大家演奏几支曲子。”

吴凯说，“可以说，他是表面科学的奠基人之一，他的工作带动了现代表面科学的发展。”吴凯在弗里茨—哈伯研究所从事博士后研究时，格哈德·埃特尔是他的博士后合作导师。两年多的相处，埃特尔留给吴凯印象最深的是他的严谨。“埃特尔有几个秘书，但他依然自己到图书馆去查阅资料。他会和我们探讨论文中非常细小的细节问题，不厌其烦地和我们一起修改。”

自 1997 年起，埃特尔教授就应聘为中国科学院大连化学物理研究所催化基础国家重点实验室国际顾问委员会委员，并同时应邀开始担任大连化物所《催化学报》的顾问。

在 2000 年，双方组建了中科院和德国马普学会“纳米催化技术”伙伴关系研究小组，利用表面科学的表征、制备手段，研究催化反应的纳米作用基础。在双方的共同努力下，研究工作取得很大进展。2005 年项目结束时，德国马普学会主席格鲁斯赞誉说，“该合作伙伴小组是中科院德国马普学会最成功的合作研究项目之一”。

2006 年 6 月，中国科学院与埃特尔所在的德国马普学会弗里茨—哈伯研究所共同组建的“基于第一性原理的高压氧化催化理论”伙伴关系研究小组在中科院大连化物所成立，致力于发展基于量子力学的、准确的并具有预言能力的、在真实的氧化环境条件下的催化理论。李微雪是这个小组的牵头人。

迄今，大连化物所已有 20 多位科研人员先后赴德国马普学会弗里茨—哈伯研究所从事联合研究工作。当他向别人介绍我们这些中国研究人员时，总是说：“这是我的中国朋友”。”

## 表面文章与表面化学

人们常说，表面文章应当少做。不过，德国科学家格哈德·埃特尔却在表面化学领域取得了杰出成就，做出了扎扎实实的“表面文章”。他不仅开创了表面化学的方法论，更造就了许多惠及人类日常生活的应用成果。

瑞典皇家科学院将今年的诺贝尔化学奖授予格哈德·埃特尔，以表彰他在“固体表面的化学过程”研究中取得的成果。皇家科学院的新闻公报说：“今年的化学奖授予在表面化学方面的开创性研究。这一学科对于化学工业而言非常重要，而且能够帮助我们理解铁为什么会生锈、燃料电池如何工作、汽车里的催化剂如何工作。”

物质的两相之间密切接触的过渡区称为界面，若其中一相为气体，这种界面通常称为表面。在相界面上所发生的一切物理化学现象统称为界面现象或表面现象，而研究各种表面现象实质的科学称为表面化学。

表面化学在上世纪前半叶得到迅猛发展，大量的研究成果被广泛应用于涂料、建材、冶金、能源等行业。20 世纪 60 年代末起，表面化学开始成为一项独立的基础学科。埃特尔则是最早洞察到表面化学研究巨大潜力的科学家之一，不仅奠定了表面化学研究的方法论，更在诸多实际应用领域获得了重要研究成果。

人们早就知道，氮肥对于农业生产而言具有举足轻重的作用。20 世纪初发展而来的哈伯－博施法使得将大气中的氮制成氨成为可能，但人们在寻找制备反应的催化剂方面苦无收获。而埃特尔的研究发现，氨的合成反应在铁催化剂表面进行时效率大大提高，使这一技术的产业化成为现实，这给人类社会的农业生产带来了巨大的经济效益。此外，汽车排放出的尾气中含有大量一氧化碳，如果不加净化则会对人类生活造成危害。埃特尔有关一氧化碳在金属铂表面的氧化过程的研究，催生了汽车尾气净化装置。埃特尔还建立了一个专门的学校，来传授他开创的各类精妙的试验技巧与丰富的经验。

# 巴里·马歇尔　罗宾·沃伦

## ——他们为改善人类生活质量作出了贡献

巴里·马歇尔
**Barry J. Marshall**

| 出　　生 | 1951 年 9 月 30 日<br>出生在西澳大利亚州卡尔古利市 |
|---|---|
| 职　　业 | 医学家 |
| 国　　籍 | 澳大利亚 |
| 母　　校 | 西澳大利亚大学　南澳大利亚阿德莱德大学 |
| 代 表 作 | |
| 配　　偶 | 已婚 |
| 子　　女 | |
| 获奖时间 | 2005 年获诺贝尔生理或医学奖 |
| 获奖理由 | 他与罗宾·沃伦发现了幽门螺杆菌以及这种细菌在胃炎和胃溃疡等疾病中的作用，被授予2005 年诺贝尔生理或医学奖。 |

诺贝尔评奖委员会将 2005 年度诺贝尔生理学或医学奖颁给了澳大利亚的两位科学家：巴里·马歇尔和罗宾·沃伦，以表彰他们所科研的治疗胃溃疡药物。因为他们早在 1982 年就发现导致胃溃疡的主要原因是细菌，而不是当时人们所认为的精神压力，并认为这种慢性病可以通过服用抗生素等药物来

治愈。

## 23 年前的发现今日获奖

在巴里·马歇尔和罗宾·沃伦的研究中曾经发现，幽门螺杆菌可造成胃炎和胃溃疡，但是，这一研究成果在当时并不被承认。评奖委员会说不被认可的原因是："这在当时十分有悖于占主导地位的知识和教条，因为人们以为，胃溃疡是由精神压力和生活方式导致的。"然而，由于在巴里·马歇尔和罗宾·沃伦的发现影响下，人们对微生物是否导致其他炎症进行了研究，可以说，他们的研究成功地推动了医学向前发展，为人类治疗这种疾病作出了杰出的贡献。

当巴里·马歇尔和罗宾·沃伦得知被授予 2005 年诺贝尔生理学或医学奖之后，都感到十分兴奋，于是他们俩便用香槟酒和啤酒祝贺。而这个时刻距他们获得这项里程碑式发现已经过去 23 年。当年都是年轻人的他们，如今罗宾·沃伦已经 68 岁，巴里·马歇尔已经 54 岁。

当回想起他们进行研究的情景时，巴里·马歇尔颇有感触地说："当时，人们认为是精神压力造成溃疡，这种想法根深蒂固，以致没有人真的相信病因是一种病菌。研究结果不得不来自像澳大利亚西部的珀斯这种奇怪的地方，因为我想，别人对此不会加以考虑。"

当时，正在澳大利亚珀斯从事研究工作的病理学家罗宾·沃伦发现，大约 50% 的人胃的底部都滋生了很小的卷曲细菌，在这些细菌的胃黏膜中，总是存在炎症的迹象。当时，他们俩开始从 100 位患者身上提取活组织切片，经过数次尝试，巴里·马歇尔从其中的几个切片上培养出一种细菌——后来命名为幽门螺杆菌。他们俩又一起发现，这种微生物几乎存在于所有胃溃疡、十二肠溃疡或胃炎病人身上。于是，这种病的病原就找到了。

## 诺贝尔奖委员会的表彰

瑞典卡罗林斯卡医学院宣布，巴里·马歇尔和罗宾·沃伦将分享 130 万美元的奖金。诺贝尔奖委员会在授奖词中说，由于巴里·马歇尔和罗宾·沃伦1982年的发现，使得原本慢性的、经常无药可救的胃溃疡变成了只需抗生素和一些其他药物短期就可治愈的疾病。“根据活组织切片检查结果，（沃伦）发现50%左右的病人的胃腔下半部分附生着许多微小的、弯曲状的细菌。”

巴里·沃伦当时的发现引起了巴里·马歇尔的极大兴趣，经过反复试验，巴里·马歇尔成功地培育出一种尚不为人知晓的细菌——后来被命名为幽门螺杆菌。委员会说：“他们共同发现，几乎所有接受试验的病人都患有胃炎、十二指肠溃疡或胃溃疡。”

基于上述试验结果，他们俩都认为，幽门螺杆菌是导致这些病症的关键因素。通过培育这种细菌，不仅他们能够继续进行研究，病理诊断也变得更加简单。“在1982年马歇尔和沃伦发现这种细菌之前，生活压力和生活方式被认为是胃溃疡的主要引发原因。”“现在已经得到普遍证明，超过90%的十二指肠溃疡和超过80%的胃溃疡都是由幽门螺杆菌引起的。”

根据诺贝尔奖委员会的致词，巴里·马歇尔和罗宾·沃伦的主要贡献是，通过发现幽门螺杆菌，使胃溃疡从原先的慢性病，变成了一种采用短疗程的抗生素和酸分泌抑制剂就可治愈的疾病。幽门螺杆菌似乎对人类“情有独钟”，人是这种病菌的唯一自然宿主。据估计，全世界约50%的人胃部都“藏”有幽门螺杆菌，但只有极少数受感染的人会患上胃溃疡等。

## 重大发现引起全球重视

在巴里·马歇尔和罗宾·沃伦的发现发表后，全球范围内相关研究急剧升温，有关幽门螺杆菌的论文不计其数。通过人体试验、抗生素治疗和流行病学等研究，幽门螺杆菌在胃炎和胃溃疡等疾病中所起的作用逐渐清晰，科学家对该病菌致病机理的认识也不断深入。目前，大夫已经可以通过抗体试验、内窥镜检查和呼气试验等诊断幽门螺杆菌感染。抗生素的治疗方法已被证明能够根治胃溃疡等疾病，马歇尔和沃伦的发现革命性地改变了世人对胃病的认识，大幅度提高了胃溃疡等患者获得彻底治愈的机会，为改善人类生活质量作出了贡献。

科学家目前正在研究幽门螺杆菌与胃癌和一些淋巴肿瘤发病之间的联系。胃溃疡这种常见疾病由微生物感染引起，正启发科学家研究微生物在风湿性关节炎等发病中是否也起到作用。虽然这些研究目前尚没有明确结论，但正如诺贝尔奖评审委员会所说："发现幽门螺杆菌加深了人类对慢性感染、炎症和癌症之间关系的认识。"

但是，他们的研究过程并非一帆风顺。当时42岁的研究人员沃伦在一份胃黏膜活体标本中，意外地发现一条奇怪的蓝线，他用高倍显微镜观察，发现是无数细菌紧粘着胃上皮。接下来，沃伦又在其他活体标本中找到这种细菌。由于这种细菌总是出现在慢性胃炎标本中，沃伦意识到，这种细菌和慢性胃炎等疾病可能有密切关系。

然而，这项发现并不符合当时"正统"的医学理念。当时的医学界认为，健康的胃是无菌的，因为胃酸会将人吞入的细菌迅速杀灭。同行的质疑没有动摇沃伦的决心。1981年，巴里·马歇尔作为珀斯皇家医院消化科医生出现在沃伦面前。巴里·马歇尔最初对沃伦的工作不感兴趣，只是碍于情面为沃伦提供了一些胃黏膜活体样本，并进行了相关试验。但他在研究过程中惊讶地发现，沃伦坚持的观点是正确的。

为了获得这种细菌致病的证据，巴里·马歇尔和一位名叫莫里斯的医生，甚至自愿进行人体试验。他们在服食培养的细菌后都发生了胃炎。虽然巴里·马歇尔很快就痊愈了，但莫里斯则费了好几年时间才治好。接着，他们又用内窥镜对100例肠胃病病人进行研究。他们发现，所有十二指肠溃疡病人胃内都有这种细菌。

英国权威医学期刊《柳叶刀》报道其成果后，全世界掀起了一股研究热潮。沃伦和马歇尔发现的这种细菌被定名为幽门螺杆菌。世界各大药厂陆续投巨资开发相关药物，专业刊物《螺杆菌》杂志应运而生，世界性螺杆菌大会定期召开，有关螺杆菌的研究论文不计其数。

多年以后，沃伦在他的回忆录中说，他特别感谢当年妻子给他的支持和帮助。他说："当没人相信我的时候，她坚定地支持我。"

## 他们的简历与奖项

巴里·马歇尔比沃伦小14岁，1951年9月30日出生于西澳大利亚州卡尔古利市。1968至1974年，获得西澳大利亚大学硕士学位。1977至1984年，成为珀斯皇家医院注册医师。1985至1986年，成为珀斯皇家医院肠胃病学研究人员。1986至1994年，成为美国弗吉尼亚大学研究人员和医学教授。1996年，成为弗吉尼亚大学内科医学研究教授。1997年，回到澳大利亚，成为西澳大利亚大学临床医学教授。1999年，担任西澳大利亚大学临床微生物学教授。2003年，出任西澳大利亚大学NHMRC幽门螺杆菌实验室首席研究员。

罗宾·沃伦，1937年6月11日出生于南澳大利亚州阿德莱德市。1961年，获南澳大利亚阿德莱德大学硕士学位。1961年，供职于南澳大利亚伍德威尔市伊丽莎白皇后医院。1962年，成为阿德莱德医学与兽医学研究所注册血液病学和临床病理学医师。1964至1966年，成为墨尔本皇家医院注册临床病理学医生。1966至1968年，成为墨尔本皇家医院注册病理学医生。1967年，成为澳大利亚皇家病理学院研究员。1968至1999年，出任珀斯皇家医院病理学家。

巴里·马歇尔与罗宾·沃伦共同获得的奖项——1994年，共同获得沃伦·阿尔佩特奖。1995年，共同获得澳大利亚医学会奖。1997年，共同获得保罗·艾里奇奖。2005年，共同获得诺贝尔生理学或医学奖。

# 伊夫·肖万　罗伯特·格拉布
# 理查德·施罗克

## ——他们指挥烯烃分子“交换舞伴”

伊夫·肖万
Yves Chauvin

| 出　　生 | 1930 年 10 月 10 日<br>法国 |
| --- | --- |
| 职　　业 | 化学家 |
| 国　　籍 | 法国 |
| 母　　校 | |
| 代 表 作 | 阐明烯烃复分解反应的反应机制重要论文 |
| 配　　偶 | 妻子已故 |
| 子　　女 | |
| 获奖时间 | 2005 年获诺贝尔化学奖 |
| 获奖理由 | 他们“因在烯烃复分解反应研究领域作出的贡献”，获得了 2005 年度诺贝尔化学奖 |

21 世纪人类对环境保护提出了更高的要求。早在 20 世纪 70 年代至 90 年代，由于一名法国人和两名美国人的科学理论和实践，如今人类才有幸生活在相对健康的环境中。他们就是法国人伊夫·肖万，美国人罗伯特·格拉布和理查德·施罗克。他们“因在烯烃复分解反应研究领域作出的贡献”，获得了 2005 年度诺贝尔化学奖。

## 获奖的理由

2005 年度诺贝尔化学奖的三位得主获奖的原因是：由于他们弄清了如何指挥烯烃分子“交换舞伴”，将分子部件重新组合成别的物质。大家都知道，碳是地球生命的核心元素。碳原子能以不同方式与多种原子连接，形成了小到几个原子、大到上百万个原子的分子。这种独特的多样性奠定了生命的基础，也成了有机化学的核心。

原子之间的联系称为键，一个碳原子可以通过单键、双键或三键方式与其他原子连接。有着碳－碳双键的链状有机分子称为烯烃。在烯烃分子里，两个碳原子就像双人舞的舞伴一样，拉着双手在跳着优美的舞蹈，这是一种很有趣的舞蹈。

早 20 世纪 50 年代，人们发现在金属化合物的催化作用下，烯烃里的碳－碳双键会被拆散、重组，形成新分子，这种过程被命名为烯烃复分解反应。但当时并没有人了解这类金属催化剂的分子结构，也不知道金属催化剂是怎样起作用的。对它了解的真正突破是在 1970 年。因为 1970 年，法国科学家伊夫·肖万和他的学生发表了一篇论文，提出烯烃复分解反应中的催化剂应当是金属卡宾，并详细解释了催化剂如何担当中间人、帮助烯烃分子“交换舞伴”的过程。

那么，人们要问：何谓金属卡宾？金属卡宾是指一类有机分子，其中有一个碳原子与一个金属原子以双键连接，它们也可以被看做是一对拉着双手的舞伴。在与烯烃分子相遇后，两对舞伴会暂时组合起来，手拉手跳起 4 人舞蹈。随后它们“交换舞伴”，组合成两个新分子，其中一个是新的烯烃分子，另一个是金属原子和它的新舞伴。后者会继续寻找下一个烯烃分子，再次“交换舞伴”。

为了将这一化学反应解释清楚，2005 年 10 月 5 日宣布授诺贝尔化学奖的消息时，该奖评委主席阿尔贝格和一位皇家科学院的教授及两位女工作人员一起，用舞蹈向听众诠释烯烃复分解反应的含义。最初两位男士是一对舞伴，两位女士是另一对舞伴，在“加催化剂”的喊声中，他们交叉换位，转换为两对男女舞伴。

如此说来，指挥烯烃分子“交换舞伴”可谓一大发现！

## “最伟大的化学发现”

如何评价“交换舞伴”这一大发现呢？我们不妨听听中国科学家的见解。中国科学家对于今年三位诺贝尔化学奖得主及其获奖成果并不陌生。中科院金属有机化学国家重点实验室主任麻生明说，今年诺贝尔化学奖的三位得主，获奖原因就是他们弄清楚了如何指挥烯烃分子“交换舞伴”，将分子部件重新组合成别的物质。

北京大学化学学院教授杨震对媒体说：“实践上我认为这是历史以来最伟大的化学发现，他们提供的方法直接改变了传统化学的思维，为化学研究提供了一个高效、快速的通道。”他还感激这三位获奖者，因为他曾于1995年使用他们今天获奖的成果合成试剂的方法，合成了一种抗肿瘤药，非常有效。

这一理论提出后化学家意识到，烯烃复分解在有机合成方面有着巨大的应用前景，但这对催化剂的要求也很高。到底含有什么金属元素的卡宾化合物最理想呢？在开发实用的催化剂方面，美国科学家罗伯特·格拉布和理查德·施罗克作出的贡献最大。施罗克和他的合作者在1990年的报告里说，金属钼的卡宾化合物可以作为非常有效的烯烃复分解催化剂。这一成果显示，烯烃复分解可以取代许多传统的有机合成方法，并用于合成新型有机分子。

1992年，格拉布等人发现了金属钌的卡宾化合物也能作为催化剂。此后，格拉布又对钌催化剂作了改进，这种“格拉布催化剂”成为第一种被普遍使用的烯烃复分解催化剂，并成为检验新型催化剂性能的标准。以这些发现为基础，学术界和工业界掀起了研究烯烃复分解反应、设计合成新型有机物质的热潮。

## “绿色化学”的典范

据悉，新的合成过程更简单快捷，生产效率更高，副产品更少，产生的有害废物也更少，有利于保护环境，是“绿色化学”的典范。这种新的合成过程在化工、食品、医药和生物技术产业方面有着巨大的应用潜力。一些科学家正在用这种方法开发治疗癌症、早老性痴呆症和艾滋病等疾病的新药。它还拓展了科学家研究有机分子的手段，例如用于人工合成复杂的天然物质。其贡献之大是无法言表的。对此，诺贝尔化学奖评委会说：“它代表通往‘绿色化学’的伟大一步，人们能通过更为明智的生产活动减少潜在危险废料。”

由于这三位科学家作出的伟大贡献，他们获得了今年的诺贝尔化学奖。那么，让我们看看他们获奖后的心情如何呢？

74 岁的伊夫·肖万在家里得知获奖消息时颇为淡然，他甚至还戏谑了一番诺贝尔奖评委们：“我研究这个课题已 35 年，现在他们告诉我这理论有意义，我不会高兴得上蹿下跳。”他表示，美国同事依据理论做出的实践让他“沾光”分享了大约 130 万美元奖金。1990 年，应用伊夫·肖万的理论，比他年轻 14 岁的美国人理查德·施罗克第一次制造出效果优异的催化剂；两年后，另一名美国人罗伯特·格拉布在此基础上制造出在空气中更为稳定的催化剂。原子终于“翩翩起舞”了。

理查德·施罗克得知获奖消息时，正在美国波士顿的家中喝咖啡。几分钟后，60 岁的他开始语无伦次。施罗克喘着气告诉瑞典公共电台说：“我的心跳每秒 200 下。”

罗伯特·格拉布得知消息时，正在新西兰举行一场学术讲座。这位加州理工学院化学教授的最初反应与理查德·施罗克如出一辙，以为是谣言。当证实得奖消息后，罗伯特·格拉布说，他首先想到的是先要给孩子们打个电话。

# 约翰·霍尔　特奥多尔·亨施
# 罗伊·格劳伯

——成功改进了光学技术

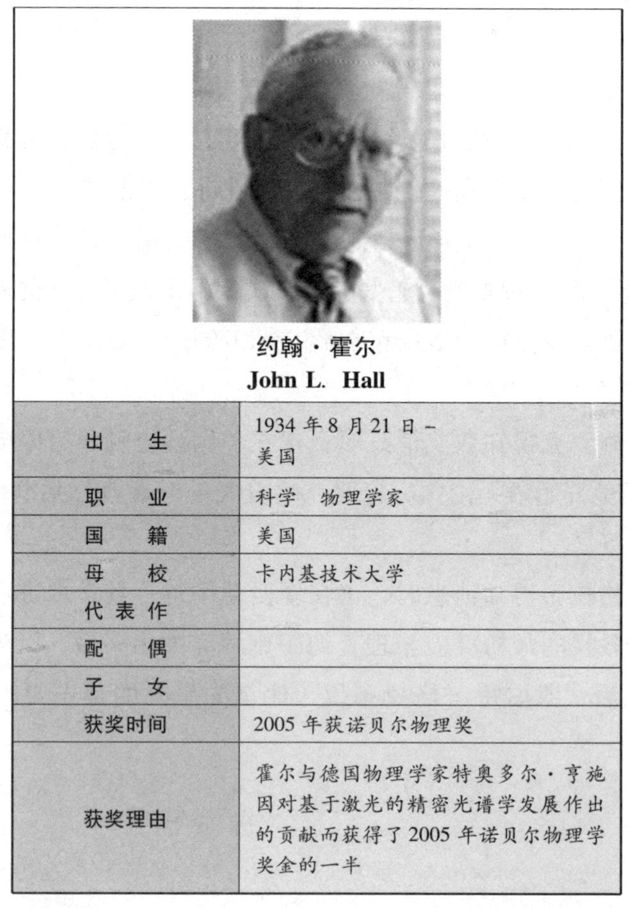

约翰·霍尔
John L. Hall

| 出　生 | 1934年8月21日－<br>美国 |
| --- | --- |
| 职　业 | 科学　物理学家 |
| 国　籍 | 美国 |
| 母　校 | 卡内基技术大学 |
| 代表作 | |
| 配　偶 | |
| 子　女 | |
| 获奖时间 | 2005年获诺贝尔物理奖 |
| 获奖理由 | 霍尔与德国物理学家特奥多尔·亨施因对基于激光的精密光谱学发展作出的贡献而获得了2005年诺贝尔物理学奖金的一半 |

2005年的诺贝尔物理学奖已经颁给了美国与德国的三位科学家。他们是美国科学家约翰·霍尔、德国科学家特奥多尔·亨施，以及另一位获物理学奖的美国科学家罗伊·格劳伯。他们三人是由于各自独立且相关的研究成果而获奖的。可以说，他们的成果改进了光学技术，使激光、全球定位系统技术，以及另外一些方法在其读取方面更加精确和简练。

## 他们在光学领域作出哪些巨大贡献？

约翰·霍尔和特奥多尔·亨施之所以获奖，“是由于对开发基于激光的高精度光谱学，尤其是光频梳技术的贡献。而罗伊·格劳伯获奖是由于他对光学相关的量子理论的贡献。”瑞典科学院评委会说：“霍尔和亨施使以 15 位数的精确度来衡量频率成为可能。现在可以构建具有非常鲜艳色彩的激光。由于有了光频梳技术，所以对各种色彩的光都能精确地读取。例如，该技术使对自然界的常数随着时间推移的稳定性的研究，使得开发高精度时钟和改进全球定位系统成为可能。”

瑞典皇家科学院的公报中说，人类为自然界中的各种光线而着迷，同时也不断地研究其中的奥秘。如无线电波一样，光也是一种电子辐射。对光谱的研究对通信、电视和广播业的发展极其重要。今年获奖的 3 位科学家，就是在光学领域作出了巨大贡献。格劳伯奠定了量子光学的理论基础，据此，光中微粒子的运动可以被描述。而霍尔和亨施对精密光谱学的研究，使得人们可以精确地测得原子和分子的光学颜色，还可以把对光频率的测量精确到 15 位数。据此，人们可以制造出极其锋利的激光仪。而通过梳状滤波技术，所有颜色的光谱都可以被测量。这些研究对开发极度精确的钟表和发展更先进的全球定位技术非常有用。

今年的物理学奖奖金是这样分配的：共 1000 万瑞典克朗（约合 130 万美元）的奖金，罗伊·格劳伯因为对光粒子的特性进行了理论描述而获得奖金的一半；另外一半奖金将由特奥多尔·亨施和约翰·霍尔分享，因为他俩以极高的精度确定原子和分子的光线颜色。奖金与奖状将由瑞典国王于 12 月 10 日在斯德哥尔摩颁发。

## 他们的特殊贡献有助于提高光学技术的精确性

诺贝尔奖本身就是件备受世人关注的大事，而物理学奖可以说是重中之重，这怎么不令人欢欣鼓舞呢？对于普通人是这样，对于获奖者本人何不如

此？当63岁的德国科学家特奥多尔·亨施得知自己与两位美国同行获奖的消息时，便欢喜若狂地说："我不知道说什么好，我感到非常非常幸福。"

特奥多尔·亨施的同事们也拿来香槟酒为他表示祝贺，而他却没有时间庆祝，因为他要按计划飞往旧金山。他的朋友、德国马普学会主席格鲁斯教授对亨施获奖感到非常兴奋，他说亨施本身既是科学家，又是一名培养后备人才的教师。亨施的获奖还打破了一种"怪圈"，即1998年以来，数位来自德国的诺贝尔物理学奖得主获得这一桂冠时都是在美国从事研究工作，而亨施是德国马普学会下属的量子光学研究所所长，并在慕尼黑路德维希—马克西米利安大学任职。

他们的特殊贡献有助于提高光学技术的精确性，并将为人类在全球以至更广阔的范围内的交流联系提供新的技术。瑞典皇家科学院在颁奖声明中说："今年的诺贝尔物理学奖颁给了三位在光学领域作出贡献的科学家。"

诺贝尔物理学奖评委会主席苏内·斯万贝里说，格劳伯当之无愧被称为"量子光学之父"，他先前的理论也为霍尔和亨施的研究发现打下了基础。1963年，格劳伯提出自己的理论，第一次将爱因斯坦的量子论用在光学领域。斯万贝里说："格劳伯的理论为我们现代光学研究提供了基础。"



## 中国科学家这样评论今年的物理学奖

2005年80岁的格劳伯在1963年就通过自己先驱性的工作，成功应用量子理论来解释一些光学观察结果，为新兴的量子光学研究奠定了基础，享有"量子光学之父"称号。美国科学家霍尔和德国科学家亨施在利用激光进行超精密光谱学测量方面成绩斐然，为完善"光梳"作出了重要贡献。

在他们获得诺贝尔物理学奖之后，中国科学家有诸多评论。中科院物理所研究员魏志义说："科学创新的机会往往蕴藏在不同学科相互交叉中，本来飞秒激光与频率测量是两个不同的研究内容，亨施等人却巧妙地将飞秒激光用于频率测量中，才有了光梳这一新概念。"

中科院物理所研究员孙昌璞认为，诺贝尔物理学奖评委会近年来较多的关注光学领域的研究成果，一方面是因为该领域的研究成果往往与最先进、最新的技术发展联系密切；另一方面，这些最新技术的发展，恰恰又需要在非常基础的理论研究方面下工夫。

魏志义还说，目前，中科院倡导和推进的知识创新工程和创新文化建设，从根本上认识到了我国以前科研体制上的弊端所在。因此，“有理由相信，经过若干年的积累和科研人员的勤奋努力，会诞生中国本土的诺贝尔物理学奖。”

# 穆罕默德·巴拉迪

## ——防止核扩散措施的无所畏惧的倡导者

穆罕默德·巴拉迪

**Mohamed M. El Baradei**

| | |
|---|---|
| 出　　生 | 1942 年 6 月 17 日<br>埃及 |
| 职　　业 | 外交家 |
| 国　　籍 | 埃及 |
| 母　　校 | 开罗大学　纽约大学法学院 |
| 代 表 作 | |
| 配　　偶 | 有配偶 |
| 子　　女 | 育有一子一女 |
| 获奖时间 | 2005 年获诺贝尔和平奖 |
| 获奖理由 | 国际原子能机构（IAEA）及其总干事穆罕默德·巴拉迪共享这一殊荣，因为他们对防止核能被用于军事目的并确保最安全地和平利用核能作出了杰出贡献 |

人们所关注的 2005 年度诺贝尔和平奖终于揭晓了。国际原子能机构（IAEA）及其总干事穆罕默德·巴拉迪共享这一殊荣，因为他们对防止核能被用于军事目的并确保最安全地和平利用核能作出了杰出贡献。挪威诺贝尔委员会在其公告中详细地说明了将诺贝尔和平奖颁发给国际原子能机构及其

总干事穆罕默德·巴拉迪的理由；挪威诺贝尔评委会还称赞这位总干事，是加强防止核扩散措施的一位“无所畏惧的倡导者”。

## 挪威诺贝尔委员会授奖公告

挪威诺贝尔委员会在公告中指出：挪威诺贝尔委员会决定将2005年诺贝尔和平奖颁发给国际原子能机构和其总干事巴拉迪，他们在防止核能被用于军事目的并确保最安全地和平利用核能方面作出了巨大的努力。

在当前核武器威胁再次增加的时刻，挪威诺贝尔委员会希望能够通过最广泛的国际合作来应对这一威胁。这一原则今天在国际原子能机构和其总干事巴拉迪的工作中得到了最清楚的解释。国际原子能机构通过核不扩散机制控制了核能不被滥用于军事目的，总干事巴拉迪毫不畏惧地对加强这一机制的新措施表示了支持。在当前裁军努力看起来陷入僵局的情况下，在核武器仍存在被扩散至国家和恐怖组织团伙威胁的情况下，在核大国看起来正在再次发挥着越来越大影响的情况下，国际原子能机构的工作更具重要性和特殊意义。

诺贝尔在他的遗嘱中明确地写道，诺贝尔和平奖的一个评奖标准是颁发给那些为“取消或减少常备军”作出巨大贡献的人。挪威诺贝尔委员会在最近几十年里一直遵循着这条准则，重点鼓励那些减少核武器在国际政治中的重要性，并以实现最后销毁所有核武器为目标。但是，世界在这一方面所取得的成效甚微，这使积极反对核武器的工作在今天变得尤其重要。

## 国际原子能机构的优秀代言人

今年的诺贝尔和平奖消息一宣布，便引起世界的关注。对于巴拉迪获得诺贝尔和平奖一事，国际原子能机构的一位女发言人说，她感到欢欣鼓舞。巴拉迪的夫人爱达则表示，她被自豪的感情所淹没。她还说，她感到高兴的是：“人们的注意力已经集中在全人类所面临的最可怕的一个问题上面。”

巴拉迪与他的妻子在家中看电视时得知获奖消息后说，对于获得诺贝尔和平奖感到“又惊又喜”。国际原子能机构始建时有一个简单不过的信条——“让原子能为和平服务”，这意味着核技术应该安全地用于能源生产、健康、农业和水资源保护等为人民服务的和平目的，而不是破坏它们。挪威诺贝尔委员会授予国际原子能机构和巴拉迪本人诺贝尔和平奖，表明了国际社会防范核扩散、核裁军和核恐怖主义等危险的迫切性。

挪威诺贝尔奖评委会称赞道，巴拉迪是加强防止扩散措施的一位“无所畏惧的倡导者”。国际原子能机构成立于 1957 年，是一个同联合国建立关系，并与世界各国政府在原子能领域进行科学技术合作的机构，其总部设在奥地利维也纳。而于 1942 年出生在埃及的巴拉迪，1984 年进入国际原子能机构工作，1987 年成为该机构总干事，连任至今。

巴拉迪于 20 世纪 60 年代在开罗大学获得法律学士学位。1971 年和 1974 年，先后获得纽约大学国际法硕士学位和博士学位，并通晓阿拉伯语、英语和法语。巴拉迪在 22 岁的时候进入埃及外交部，开始其外交生涯。此后，他两次在埃及常驻联合国代表团任职。

国际原子能机构与巴拉迪获得诺贝尔和平奖这一殊荣，说明挪威诺贝尔委员会对国际原子能机构工作的认可与重视，也是对该机构的负责人巴拉迪工作的褒奖，证明他是该组织的优秀代言人。



## 何以连任国际原子能机构总干事

巴拉迪对国际原子能机构情有独钟。他于 1984 年进入该机构秘书处工作，1984 至 1987 年，先后担任国际原子能机构总干事驻联合国代表、国际原子能机构法律顾问和法律部主任、国际原子能机构对外关系部主任等职；1993 年，被任命为负责对外关系的助理总干事；1997 年 12 月 1 日，他接替前任瑞典人布利克斯，成为国际原子能机构总干事；2001 年 9 月获得连任至今。

对于工作认真负责的巴拉迪，在伊拉克是否拥有大规模杀伤性武器问题上，一直主张以公正的立场进行核查，并对美国提供的情报提出质疑。伊拉克战争爆发前，他曾两次向联合国安理会提交核查报告，并明确表示，国际原子能机构核查人员没有发现在伊拉克境内有大规模杀伤性武器，要求安理会将核查时间再延长“数月”。

面对美国一直指责伊朗以“和平利用核能”为掩护秘密发展核武器，坚持要求将伊朗核问题提交联合国安理会，并多次声称对伊采取制裁措施的情况下，巴拉迪认为，在没有找到确凿证据的情况下，对伊朗核问题采取冷处理是最为明智和理智的做法，并坚决反对对伊朗采取制裁措施。在巴拉迪的积极斡旋下，2003 年 12 月，伊朗签署了《不扩散核武器条约》附加议定书。

在推动朝鲜半岛无核化进程方面，巴拉迪一方面敦促朝鲜与国际原子能机构合作，希望通过外交途径和平解决朝鲜核问题，同时也呼吁韩国在核试验问题上保持透明度并及时向国际原子能机构通报。在中东地区，巴拉迪曾提出建立中东无核区的建议，试图说服以色列改变其核政策，签署《不扩散核武器条约》。

由于巴拉迪在处理和解决国际核问题上的业绩显著，国际原子能机构理事会 35 个成员国中的大多数发展中国家代表要求他连任。2004 年 9 月底，国际原子能机构理事会发表了关于巴拉迪决定谋求连任的备忘录。由于巴拉迪在处理和解决国际核问题上的立场和做法与美国的立场相左，因此美国以国际原子能机构领导人任期不应超过两届为由，拒绝支持他连任。但是，2005 年 6 月初以来，美国的态度发生变化；6 月 9 日，巴拉迪与时任美国国务卿的赖斯会见后，赖斯正式宣布美国支持巴拉迪连任。

巴拉迪长久以来坚持的一种信念——即不同种族，不同信仰和不同国家的人民，应在理解和团结的基础上寻找共同点，以铺就一条通往国际和平与安全的道路。

## 巴拉迪语重心长话核武器

2005 年 12 月 10 日，在挪威首都奥斯陆，国际原子能机构总干事巴拉迪在诺贝尔和平奖颁奖典礼上的发言令人久久难以忘怀，因为他说：“武力只会制造新伤，不能治愈旧伤。”

巴拉迪在致答谢词时说：“人类历史上战争冲突不断，任何国家都不愿意放弃最强大的武器，但历史告诉我们，战争不能解决问题，武力只会制造新伤，不能治愈旧伤。”巴拉迪指出：本年是美国在日本广岛、长崎投掷原子弹60周年，也是冷战落幕15周年，但核噩梦威胁仍然强大，现今世界还有8个或9个国家拥有核武器，并且还有许多国家渴望加入这一集团。

巴拉迪同时担心恐怖分子正在试图获得核武器。他说：“令人不解的是，许多拥有核武器的国家在这种一触即发的警戒状态下依然保留核武器，这些国家应该采取具体措施，销毁核武器。”

巴拉迪还介绍了国际原子能机构在确保核安全方面所付出的努力，并且建议建立一个核燃料储藏库，以便需要使用核燃料的国家不必再建造核燃料处理中心，同时避免核材料被用于制造核武器。

他提醒人们注意，当今世界面临着一些“无国界威胁”——大规模杀伤性武器、恐怖主义、有组织犯罪、武装冲突、贫困、传染病、环境恶化等，这些威胁无法通过“修筑高墙、研发更大威力的武器或派遣军队”加以阻挡，而只能以国际多边合作来解决。

# 罗伯特·奥曼　托马斯·谢林

——博弈论的杰出经济学家

罗伯特·奥曼
**Robert J.  aumann**

| | |
|---|---|
| 出　　生 | 1930 年 6 月 8 日<br>出生德国法兰克福 |
| 职　　业 | 经济学家 |
| 国　　籍 | 以色列　美国 |
| 母　　校 | 开罗大学　美国麻省理工学院 |
| 代 表 作 | 博弈论方面的著作 |
| 配　　偶 | 有配偶 |
| 子　　女 | 不详 |
| 获奖时间 | 2005 年获诺贝尔经济学奖 |
| 获奖理由 | 因为“通过博弈论分析改进了我们对冲突和合作的理解”与托马斯·克罗姆比·谢林共同获得 2005 年诺贝尔经济学奖 |

瑞典皇家科学院 10 月 10 日宣布，将 2005 年诺贝尔经济学奖授予有以色列和美国双重国籍的罗伯特·奥曼和美国人托马斯·谢林，以表彰他们通过博弈理论分析增加了世人对合作与冲突的理解。在解析罗伯特·奥曼和托马斯·谢林获奖原因时，诺贝尔经济学奖评委会主席表示：“为什么有些国家、团体和个人可以和平地解决冲突，而另一些国家、团体和个人却不断地被冲

突困扰呢？感谢奥曼和谢林的研究，为这一自古以来困扰我们的问题带来启迪。”他们将分享1000万瑞典克朗（约合130万美元）的奖金。

罗伯特·奥曼在领奖前夕说过，130万美元的奖金本身并不重要，因为赢得这笔钱的人没有一个真正需要它。“这笔钱等于说明，‘这是件真正了不得的事情’，它使获奖者勇往直前，推动他们的工作和整个科学事业。”

## 罗伯特·奥曼：第一位博弈经济学家

在谈到为什么会把2005年的经济学奖授予罗伯特·奥曼与托马斯·谢林时，瑞典皇家科学院说，这两位科学家“他们通过对博弈论的分析加深了对冲突与合作的了解理解。”瑞典皇家科学院在颁奖词中说，他们帮助“解释了诸如价格战和贸易战等经济冲突，以及一些社区为何比另一些社区更成功地管理公共资源。博弈论解释了从商会和有组织犯罪到工资谈判和国际贸易协定等许多机制存在的理由。”

罗伯特·奥曼的贡献是很大的，他是对所谓的无限重复的博弈进行全面分析的第一位经济学家。他的研究确认了在长期关系中究竟可维持什么结果这一问题。罗伯特·奥曼作为一名杰出的经济学家，在决策制定理论方面有着杰出的贡献，对博弈论和其他许多经济理论的形成起到了至关重要的乃至不可或缺的作用。因此，他曾先后获得以色列方面颁发的科学技术哈维奖和经济学奖。

在宣布仪式上，瑞典皇家科学院工作人员接通了罗伯特·奥曼博士的电话。作为历史上第二位获得诺贝尔经济学奖的以色列人，他表示，感到非常骄傲，也非常吃惊。有记者问到他的解决冲突理论是否可以用在以色列和巴勒斯坦之间的纠纷上时，罗伯特·奥曼表示这是他衷心的愿望。

罗伯特·奥曼当年75岁，出生于德国法兰克福，1955年在美国麻省理工学院获得数学博士学位。现任耶路撒冷希伯来大学理性分析中心教授、纽约州立大学斯坦尼分校经济系和决策科学院教授、以色列数学俱乐部主席、美国经济联合会荣誉会员等。他还担任《国际对策论杂志》、《数理经济学杂志》、《经济学理论杂志》、《运筹学数学》等多家专业杂志社的编辑。

罗伯特·奥曼曾经担任中国青岛大学名誉教授，他在电子邮件中对《北京晨报》说："我曾经来过中国，而且我肯定会有再来中国的计划。"中国给他的印象是很美好的，所以他念念不忘！我们还知道罗伯特·奥曼出生于德国法兰克福一个生活较富裕的传统犹太家庭。为了逃避纳粹的迫害，1938年，他与全家人移居美国纽约。在这一过程中，他的父母失去了一切，却仍然为他们的两个孩子提供了优秀的犹太族教育和普通教育。奥曼在耶什华小学和中学完成了初等教育，1950年在纽约城市大学获得学士学位，并于1955年从麻省理工学院获得数学博士学位。

## 他们获奖 当之无愧

罗伯特·奥曼和托马斯·谢林荣获2005年度诺贝尔经济学奖，当之无愧！在谈到有关诺贝尔奖评委的评选标准时，皇家科学院常任秘书厄奎斯特说："我们关注的是这些科学家的理论和发现对人类进步的影响，尤其是对目前我们生活的这个社会和时代的影响。在科学面前，没有年龄的差别。"

诺贝尔经济学奖授予在经济学研究领域有重大价值贡献的人，并优先奖励那些早期作出重大贡献者。诺贝尔经济学奖由瑞典皇家科学院评定，但诺贝尔经济学奖与其他奖项不同的是，它是于1986年瑞典中央银行建立300周年之际，该银行提供资金设立的，又称"纪念诺贝尔经济学奖"。

托马斯·谢林现年84岁，他是美国公民。于1951年获得哈佛大学经济学博士学位。后来曾在美国哈佛大学的肯尼迪学院教学长达20年之久，并担任政治经济学教授，获得退休名誉教授的称号。之后，他还在美国马里兰大学公共政策学院和经济系担任教授，获得退休名誉教授称号。他教授的课程除包括经济学理论外，还涉及外交、国家安全、核战略，以及军控等多方面。

托马斯·谢林著作颇丰，重要的理论著作包括《冲突战略》、《武器与影响》等，其中前者是相关领域中最具有开创性的理论著作之一。他的理论和思想不仅运用在经济学分析中，在外交、军事领域也深有影响。

## “商家的定价就是和顾客的博弈……”

对于普通人来说，博弈论的理论听上去仿佛“天书”一般。比如2005年5月，凭借“非合作博弈”获得诺贝尔奖的传奇人物纳什就使北京的听众感到无奈；当他在台上侃侃而谈时，台下听众大都纷纷皱眉，表示不解。但是，博弈论的影响存在于政治、经济、生活的方方面面。因此，北京大学中国经济研究中心教授姚洋举出例子，他说“商家的定价就是和顾客的博弈，他们采用的行销手段则是竞争对手的博弈”。博弈论的变化复杂多样，它作为方法论的应用也无所不在，这两个方面正是罗伯特·奥曼和托马斯·谢林专攻和扬名的领域。

到当年为止，诺贝尔经济学奖的获奖人数已达到了57人。诺贝尔经济学奖并非诺贝尔遗嘱中提到的五大奖励领域之一，它是由瑞典银行在1968年为纪念诺贝尔而增设的。有人问为什么美国人获得诺贝尔经济学奖者较多？因为事实是：自1969年颁奖以来，在55名获奖中，除1975年度诺贝尔经济学奖得主来自前苏联，1998年度来自印度，2002年度来自以色列外，绝大多数来自美国。

对于这个问题，清华大学中国与世界经济研究中心主任李稻葵解释说，“这是必然的结果，”因为“学术研究就像奢侈品，美国人在这个领域投入最多”。此外，经济学以社会运动和社会现象作为研究对象，哪个经济体最活跃，哪个经济体的学术研究就更引人注目。因此，和美国经济学家相比，中国国内学者与诺贝尔奖的距离还太远。

# 哈罗德·品特

## ——萧伯纳之后英国最重要的剧作家

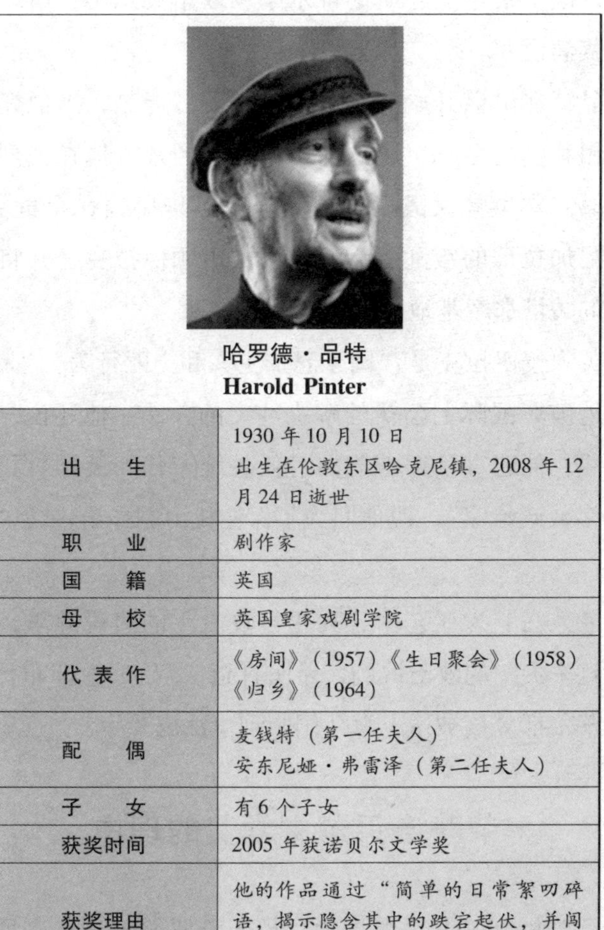

哈罗德·品特
**Harold Pinter**

| | |
|---|---|
| 出　生 | 1930年10月10日<br>出生在伦敦东区哈克尼镇，2008年12月24日逝世 |
| 职　业 | 剧作家 |
| 国　籍 | 英国 |
| 母　校 | 英国皇家戏剧学院 |
| 代表作 | 《房间》（1957）《生日聚会》（1958）《归乡》（1964） |
| 配　偶 | 麦钱特（第一任夫人）<br>安东尼娅·弗雷泽（第二任夫人） |
| 子　女 | 有6个子女 |
| 获奖时间 | 2005年获诺贝尔文学奖 |
| 获奖理由 | 他的作品通过“简单的日常絮叨碎语，揭示隐含其中的跌宕起伏，并闯入被压抑者内心深处被封闭的空间” |

2005年格林尼治标准时间10月13日11时（北京时间13日19时），瑞典皇家文学院宣布，英国剧作家哈罗德·品特（Harold Pinter）获得了2005年度诺贝尔文学奖。因此，他将获得1000万瑞典克朗（约合110万欧元）的奖金。

## 用诺贝尔奖演说辞抨击美国

据外国媒体报道，英国剧作家、癌症患者哈罗德·品特用他的诺贝尔奖演说辞，向美国的对外政策进行了猛烈抨击，并提出坚决谋求恢复“人类尊严”的真理。他的这番话是在获奖演说辞中说的。哈罗德·品特当年75岁，由于身体欠佳，医生禁止他赴斯德哥尔摩领取诺贝尔奖，所以他寄去一盘事先录制好的获奖演说辞。

哈罗德·品特在讲话开始的时候声音很弱，但是，当他介绍了自己的作品后，声音便粗壮响亮多了，还出现一幅他的照片。他在强烈批评美国侵略伊拉克时说，第二次世界大战后的历史证明了华盛顿在全世界所犯的罪行。他以美国支持尼加拉瓜的叛乱者为例，以及占领伊拉克，并将恐怖主义嫌疑犯压送到古巴的关塔那摩基地。

他抨击美英入侵伊拉克是“国家恐怖主义和土匪行为”，是对国际法的蔑视，是有系统地破坏国际上公认的解决冲突的办法。他还说，美国及其同伙英国犯下了死罪。他还直接抨击美国时任总统布什和英国首相布莱尔。并且进一步抨击“多数政治家”，说他们为了保住权力制作出一块“巨大的谎言地毯”。

这位多病老人在题为《艺术、真相与政治》的演说辞里，保持了其作品的一贯风格：直率尖刻的政治讽刺，矛头直指“双布”，即布什和布莱尔。他说，布什和布莱尔都应该被送上海牙国际刑事法庭受审。

## 荣获诺贝尔文学奖的理由

瑞典皇家科学院在颁奖公告中说，授予哈罗德·品特诺贝尔文学奖的理由是：他的作品通过“简单的日常絮叨碎语，揭示隐含其中的跌宕起伏，并闯入被压抑者内心深处被封闭的空间。”

瑞典文学院常任秘书霍勒斯·恩达尔先用瑞典语，后用英语、法语和俄语宣读瑞典文学院评委授予品特文学奖的决定。他说，哈罗德·品特被公认为20世纪下半叶英国戏剧界贡献最大的代表。他的戏剧作品常常在简单的布景中拉开帷幕，主人公平淡地聊一些日常生活的话题，但对生活中不可预料的峰转，将人物性格的对立、权利的撕咬、情感的隐现冲突撞成激烈的戏剧化。

评委认为，哈罗德·品特的创作观点是：现代戏剧的主要任务不是塑造人物，剧作家没有权力深入剧中人物的内心深处，妄想诱导观众通过其塑造的人物的眼睛去观察外界事物，剧作家在剧中能够给予观众的，只是他自己对某一特定场景的外观和模式、对随着剧情不断变化的事物的一种印象，以及他本人对这个奇妙的、变幻中的戏剧世界的一种神秘感觉。

当哈罗德·品特获奖的消息宣布后，人们都来向他表示祝贺时，这位沉默大师却躲了起来。午饭后，他为等在他门口的两位记者和一批摄影师开了门。他说，他与妻子在单独吃饭，还喝了杯酒。当记者们问他对获奖有何感想时，他说："我还没有时间想这个（奖项），但我十分激动，这是一件我在任何时候都没有想到的事。"当问到他为什么能够获诺贝尔奖时，他说："我也在问自己。"他一边说着，一边就返回自己的房间了，因为有人给他送来了祝贺的鲜花，其中还有一枝白玫瑰。

关于他创作的角色，哈罗德·品特曾对要求他解释其作品的记者这样明确表示："与剧情有关的一切都在剧情中了。我认为，正是在沉默中，人物才是最鲜活的。"

## 萧伯纳之后英国最重要的剧作家

哈罗德·品特于1930年10月10日出生在伦敦东区哈克尼镇的一个犹太缝纫之家，他是东欧一个犹太人的儿子。当第二次世界大战爆发后，他在1939年被迫离开了父母，撤离到一个英国营地。他与父母的分离，使他饱尝了移民生活的痛苦。青年时代，他经历了反犹太浪潮，但这样的生活经历，对他后来决定当一名剧作家却起了重要作用。

哈罗德·品特离开父母之后，直到14岁时才回到伦敦。1948年，他进入英国皇家戏剧学院学习，求学靠的是助学金；虽然只在学院读了两年书，可这对他后来成为戏剧大师却不无帮助。1950 年，他开始尝试文学创作。1957 年，他的第一部戏剧作品《房间》问世。

专家认为，在哈罗德·品特成名之前当过演员，并随同省级剧团跑遍了全国，接触了实际生活，增加了阅历，丰富了创作素材。这有助于他后来对戏剧的深入研究。

1958 年，当他的第一部长剧《生日聚会》上演时，并没有被评论界所接受。但是，这一挫折非但没有使他灰心丧气，相反使他更加努力写作。1959 年，他的剧作《看管人》问世，使他的事业取得了突破，并为他成为英国著名剧作家之一奠定了基础。1964 年他又创作了《归乡》。他的上述剧作代表了西方现代派戏剧的最高成就。他还创作了包括《事故》与《背叛》在内的电影剧本等。

瑞典皇家文学院院长不仅认为，哈罗德·品特是 20 世纪下半叶英国戏剧"顶尖人物"，而且还认为他是 20 世纪 60 年代英国所谓"愤青"一代的代表人物之一。他的好友、其作品的翻译者、墨西哥著名作家富恩特斯说，哈罗德·品特是"极配"获得诺贝尔文学奖的，因为这一奖项授予了 20 世纪下半叶最伟大的两位剧作家之一，另一位是塞缪尔·贝克特。

西班牙文学院院士、戏剧作家弗朗西斯科·涅瓦认为，哈罗德·品特获得诺贝尔文学奖是再合适不过的，他的作品是"杰出的现实主义作品"。他的戏剧作品的质量使他成为一个"经典"。

哈罗德·品特被评论界誉为萧伯纳之后英国最重要的剧作家，他创作了 20 多部重要的剧本。当人们都希望看到他更多的剧作问世时，他却终止了剧本的创作。所以，英国媒体这样报道，称他的退休声明是对正在期待他下一部作品的戏剧界人士的重大打击。

## 他对政治运动情有独钟

2005 年 3 月，英国当代戏剧巨匠哈罗德·品特宣布，他已决定终止自己的剧作生涯，今后将全身心地投入到政治活动中。事实也已证明，在最近几年，这位年逾古稀的剧作家一直热心参与反对英国首相布莱尔和伊拉克战争的运动。

获诺贝尔文学奖后，有记者问到他获奖原因时，他声音沙哑地说："我已经写了50来年的作品，但我很热衷于政治，不过，我不完全肯定这种因素在何处与这个奖项有关。"在回答他的事业今后向何处发展时，他说："我相信，现在世界上已经拥有我相当多的作品。但是，我想我将会写出更多的诗歌，并将深入地研究世界政治结构问题。"

在他75岁的生日那天，当他的一部新剧在英国广播公司上演时，他说："我确定，我已经停止写剧本……我已经创作了29部剧作，难道这还不够多吗?"他还说："现在，我已经找到了新的生活方式来释放我的能量，过去几年中我曾经在不同的地方发表过不少政治演讲，今后我将把更多的精力放在政治事务上，我认为目前的现实很令人担忧。"

2004年11月，哈罗德·品特参加了一个谋求弹劾英国首相的政治运动，他在演讲中称美国"被一帮罪犯控制着"，而托尼·布莱尔是一个"被他们雇佣的基督教打手"，一个"战犯"。品特还将乔治·布什政府与纳粹政府相比，并且称英国首相托尼·布莱尔为侵略伊拉克的"大杀人犯"。

但是，人们不要忘记，这位积极反对美国对伊拉克开战的战士，却是一个癌症患者。当他于2002年被诊断患了食道癌后，他虽然停止了戏剧创作，但并没有躺倒，而是一边治病，一边为维护人权而奋斗。与此同时，可以安慰哈罗德·品特作品爱好者的是，他表示自己会继续诗歌创作。2003年，他曾出版过一册以反对伊拉克战争为主题的诗集。

## 个性与众不同

自从诺贝尔文学奖于1901年颁奖以来，戏剧作家哈罗德·品特是英国第十位获得这一殊荣的英国作家。品特还是一位个性与众不同的获奖作家。他语言贵重，"沉默是金"可以作为他的墓志铭。

哈罗德·品特有时候容易发怒，所以从来不受媒体的欢迎。媒体对他与女作家安东尼娅·弗雷泽结婚不以为然，嘲笑他们俩的结合是组成了一个讨论小组。品特很少谈论他个人的社会关系，从不承认他的作品与他的个人生活有关。

回顾往昔，1980 年他遇到婚姻危机。当时他的妻子、演员麦钱特借口他与杰出女作家、历史学家安东尼娅·弗雷泽有暧昧关系，要求与他离婚。于是，他们便离婚了。同年他与弗雷泽结婚，他们有 6 个子女。但是，他的前妻麦钱特与他离婚后，生活前景就很不妙了，她失去了演出哈罗德·品特作品的戏剧舞台。离婚两年后，她因心力憔悴死于慢性酒精中毒，留下她的一个儿子。

哈罗德·品特同时还是一名演员，有着丰富的艺术实践经验。他出演过的影片有《巴拿马的裁缝》和《曼斯菲尔德庄园》等。由于在文学创作方面的杰出贡献，他一生获得过国内外许多文学奖项。他被十多所大学授予荣誉学位，他的多部作品还入选欧美高校的教科书。

# 旺加里·马塔伊

## ——坚定不移的环保卫士

旺加里·马塔伊
**Wangari Muta Maathai**

| | |
|---|---|
| 出　生 | 1940 年 4 月 1 日<br>出生在肯尼亚中部的涅里 |
| 职　业 | 社会活动家 |
| 国　籍 | 肯尼亚 |
| 母　校 | 美国宾夕法尼亚州匹兹堡大学<br>肯尼亚内罗毕大学 |
| 代表作 | |
| 配　偶 | 前夫姆旺吉·马塔伊 |
| 子　女 | 有子女 |
| 获奖时间 | 2004 年获诺贝尔和平奖 |
| 获奖理由 | 马塔伊在肯尼亚推行“绿带运动”的倡导者成为第一位获得诺贝尔和平奖的非洲女性。表彰她在“可持续发展、民主与和平”方面作出的贡献 |

2004 年度诺贝尔和平奖获得者旺加里·马塔伊（Wangari Maathai）现任肯尼亚环境和自然资源部副部长。据诺贝尔奖官方网站的声明说：“将本年度和平奖授予马塔伊是为了表彰她在可持续发展、民主与和平方面作出的贡献。马塔伊激励妇女为获得更好的生活条件而不断斗争。她在过去 30 年里积极投

身‘绿带运动’，动员贫困的妇女种植了3000万棵树。是促进非洲和平与改善非洲生活环境的杰出代表，是所有争取民主、和平与可持续发展的非洲人的榜样。”旺加里·马塔伊是获得诺贝尔和平奖的第一位非洲女性。她于1977年启动了“绿带运动”，致力于环境保护、社区发展和改善人的素质。在她的大力推动下，“绿带运动”得到极大的发展，进而成立了“泛非绿带网”。在近30年间，她在保护环境的同时还为上万人提供了就业的机会。身为美国匹兹堡大学生物学硕士的马塔伊最近还强烈地认为：“艾滋病病毒是西方国家某个实验室作为生物武器研制出来的”。




## 表彰她“在可持续发展、民主与和平方面作出的贡献”

挪威诺贝尔委员会在声明中说，将2004年和平奖授予肯尼亚环境和自然资源部副部长旺加里·马塔伊，是为了表彰她“在可持续发展、民主与和平方面作出的贡献。”评委会强调说，现在，不少国家都在借助于马塔伊的方法，重视环保事业；这将激励非洲人民继续为可持续发展、民主与和平而奋斗。

据媒体报道，这是第一次将诺贝尔和平奖授予一位环保主义者，所以有些人提出异议，认为这也许是对诺贝尔本人设立和平奖初衷的更改，因为诺贝尔在遗嘱中有关和平奖是这样说的：“奖给为促进民族团结友好，取消或裁减常备军队，以及为和平会议的组织和宣传尽到最大努力或做出最大贡献的人。”提异议者因此批评评奖者重视绿色，与诺贝尔本人的遗嘱相左。挪威的一些知名人士也认为，在目前全球正在关注中东发生的战争、恐怖主义和核扩散的时刻，将诺贝尔和平奖授予环保人士会削弱这一享有很高声望的奖项在倡导和平方面的影响力。

但是，上述看法并没有影响挪威诺贝尔委员会的决定。委员会坚持维护自己的立场，并阐明了颁发给马塔伊诺贝尔和平奖的充分理由。评委会主席奥勒·丹博尔特说：“地球的和平取决于我们保护自己生存环境的能力。’马塔伊站在为促进生态方面切实可行的社会、经济和文化发展而奋斗的前沿。”丹博尔特还强调指出：“这是诺贝尔和平奖首次把环境保护列入评选议程，我们为和平注入了新的内容。我们希望为改善非洲生存环境工作。”

此外，早在2001年诺贝尔奖百年诞辰期间，诺贝尔委员会就已经表示，希望扩大和平奖的评选范围，获奖者包括在保护和改善环境，以及为推动世界和平作出贡献的人。由此可见，马塔伊能今年从194名候选人中脱颖而出，捧走诺贝尔和平奖的桂冠，是顺理成章的。正如挪威媒体所认为的那样：今年的诺贝尔和平奖颁发给了为消灭贫穷和环保而斗争的人，这“具有新意”，对非洲妇女来说尤其意义重大。挪威最有影响力的报纸《晚邮报》则说：“这次颁发的和平奖有非传统的因素，令人激动。”

## “当我们种下树时，就播种下了和平的种子。”

马塔伊是自1901年诺贝尔和平奖设立以来第一位获该奖的非洲女性，也是诺贝尔和平奖第一次对保护与改善环境工作给予如此的重视，马塔伊还是自和平奖颁发以来的第12位女性获奖者。

当马塔伊得知获奖的消息后，对媒体激动地说：“我简直不知所措，这是我一生中最大的惊喜。当我们种下树时，就播种下了和平的种子。”她接着又说：在世界上，为争夺自然资源而发动过许多战争。而她的“绿带运动”是为争取和平而斗争的预防性攻势。马塔伊对路透社记者说：“不能比现在更好了——更好的在天上！”马塔伊兴奋得哭了，并要在她的故乡种上一棵树来庆祝这次获奖。这棵树要种在非洲第二高峰——肯尼亚山的山坡上，以便永远纪念具有特殊意义的这一天。

热爱环保事业的马塔伊时刻不忘自己的本职，她在谈到和平与环境的关系时这样说：“从和平角度来看，环境非常重要，因为当我们破坏我们的资源和资源枯竭时，我们就会为此大打出手。因此，保护环境和促进和平是紧密相关的。”

马塔伊对非洲，尤其对肯尼亚乱砍滥伐森林的现象极为不满，她决心为改善环境和打击腐败而斗争。在肯尼亚，目前森林覆盖率不足2%，这远远低于联合国最低10%的建议。而且由于森林资源匮乏导致每年都有数百万非洲同胞面临干旱与贫困。荒漠化是肯尼亚面临的严重生态问题，数百万人因此忍受干旱和贫穷的折磨。联合国认为一个国家的森林覆盖率最低为10%，才能提供基本的降雨、地下水和纯净空气等。

## “坚定不移的环保卫士，女性和非洲人民的杰出代表”

马塔伊荣获诺贝尔和平奖一事受到多方赞扬，特别是联合国为她而欢呼。她的祖国肯尼亚为她获奖兴高采烈，肯尼亚总统齐贝吉向她表示祝贺后，她向媒体发表了热情洋溢的致辞。肯尼亚政府发言人艾尔弗雷德·穆图阿说：“这是为连续进行这么多年环保事业的工作者颁发的一部伟大的圣约书，我们为此感到十分高兴。”

联合国秘书长安南、联合国环境署执行主任特普费尔，以及人权专员阿尔布尔都对马塔伊获得诺贝尔和平奖表示祝贺。安南赞扬她是无私奉献，坚定不移的环保卫士，是女性和非洲人民的杰出代表。赞扬她多年来致力于联合国的各项工作，除参与环保工作外，她还参加推动世界可持续发展的联合国地球峰会，她还是联合国有关咨询机构的成员。安南还说，他一贯认为，人类安全也取决于环保和发展，这次他的非洲同胞获奖，说明评选委员会赞同他的观点。

联合国环境署执行主任特普费尔在贺辞中说，马塔伊通过促进民主、人权和妇女权益，推动了可持续发展。马塔伊是位无条件的环境保护者，多年来，她既是个无畏的反对占有公共土地和滥伐森林者，又是一位维护民主和保护环境的钢铁般卫士。她是所有人的榜样，并“特别为非洲的妇女和儿童作出了榜样，因为妇女和儿童既背负着非洲的贫困、冲突和环境恶化的负担，还希望有榜样来为他们指明通向美好未来的道路。”联合国环境署发言人埃立克·福尔特在联合国电台介绍马塔伊的事迹时，赞扬她是“非洲环保第一女性”。

此外，1983年诺贝尔和平奖获得者、波兰前总统瓦文萨认为，马塔伊的整个一生都在为非洲的绿化事业而斗争，将和平奖授给一位环保主义者是“一个好的想法”。我们必须重视世界上的环保问题，不然的话，全世界的所有森林都将被毁掉。

## 她为非洲大陆带来了可持续发展的新希望

马塔伊是总部设在肯尼亚，且主要由妇女组成的“绿带运动”的创始人。她还是肯尼亚的议会议员和政府环境和自然资源部副部长。她的主要业绩是她的“绿带运动”推动了本国和非洲的环保事业，为非洲大陆带来了可持续发展的新希望；在保护环境的同时，为成千上万的人们，尤其是非洲妇女提供了就业的机会。

马塔伊 1940 年 4 月 1 日出生在肯尼亚中部的涅里，获得和平奖时 64 岁。她曾因保护环境活动而身陷牢狱，2003 年进入政府工作，是肯尼亚政府的 6 名女部长级官员之一。2004 年 3 月，因其成就突出获得了挪威奖励环保主义者的索非奖。早在 1981 年至 1987 年，她曾担任过肯尼亚全国妇女委员会主任。从她的经历来看，主要是求学、任教、创办“绿带运动”、从政等。但她样样都干得有声有色，卓有成效。

评委会的声明还指出，地球的和平依赖于人类对生存环境的保护能力。马塔伊站在了推动非洲和肯尼亚社会、经济、文化与生态环境协调发展的斗争前线。她从整体出发致力于可持续发展，着眼全球而又立足本地。声明还说，马塔伊激励妇女去为获得更好的生活条件而不断斗争，她的努力涵盖了科学、社会发展，以及政治行动的各个方面。

马塔伊 1964 年获美国堪萨斯州艾奇逊市圣斯嘉山学院生物科学本科学位；1966 年，在美国宾夕法尼亚州匹兹堡大学获得硕士学位；1971 年获得肯尼亚内罗毕大学博士学位。1976 年成为内罗毕大学兽医解剖学系主任。1977 年发起“绿带运动”，在该运动蓬勃发展的情况下，她于 1986 年成立了“泛非绿带网”，使这一运动发展到其他非洲国家，为肯尼亚和非洲的环保事业做出了杰出的贡献。她曾于 1987 年获得联合国环境署的“全球环保 500 佳”奖。

## 马塔伊非常向往中国

说话干脆利落，充满热情的马塔伊，有一次，在内罗毕出席环境问题国际妇女大会时，当新华社记者采访她时，她很激动地说："中国我还没有去过，但我非常向往中国。我想去登长城。"

在谈到她获得诺贝尔和平奖一事，她说，她的获奖表明妇女在这个世界上的地位已得到越来越广泛的承认，表明通过妇女的努力可使这个世界变得更加和平。她要将奖金的一部分用于环境保护和一系列保护森林的文化活动，唤起更多的人投身到保护地球、造福人类的事业之中去。

在谈到战争与和平的时候，她这样说，在她看来，美国总统布什及其主要盟友在将数万名士兵送往伊拉克发动战争时"头脑并不清楚这会给伊拉克带来怎样的未来。"她又说，"我肯定，发动（伊拉克）战争的那些人并不知道将来会发生什么。"她接着语气缓和地说："我或许并不确定我对伊拉克战争的理解是否充分。"

# 约翰·马克斯韦尔·库切

——天生的诺贝尔桂冠作家

约翰·马克斯维尔·库切
**John Maxwell Coetzee**

| | |
|---|---|
| 出　生 | 1940 年 2 月 9 日<br>出生在开普敦一个南非荷兰人家庭 |
| 职　业 | 文学家 |
| 国　籍 | 南非 |
| 母　校 | 在得克萨斯大学获得英语和语言学博士学位 |
| 代表作 | 《耻》、《等待野蛮人》和《国家中心》 |
| 配　偶 | 1963 年结婚，但上个世纪 80 年代他与妻子离婚 |
| 子　女 | 他有一子一女。但他的儿子在23 岁的时候不幸意外去世 |
| 获奖时间 | 2003 年获诺贝尔文学奖 |
| 获奖理由 | 获奖理由为："在人类反对野蛮愚昧的历史中，库切通过写作表达了对脆弱个人斗争经验的坚定支持。" |

2003 年 10 月 2 日，瑞典文学院郑重宣布，本年度的诺贝尔文学奖授予南非作家约翰·马克斯韦尔·库切。评论家认为，卡夫卡是库切的文学偶像之

一，像卡夫卡一样，库切的写作已经达到一种近乎圣经式的语言简洁，他能在反思种族隔离后南非社会的同时，深刻地揭露人性。他是一个天生的诺贝尔桂冠作家。南非总统姆贝基高兴地说：“库切获此殊荣不仅是南非人民，还是非洲大陆人民的荣耀，我代表全体南非人民向他致敬。”

## 荣获诺奖——出乎库切本人的意料



10 月 2 日那天，当库切在芝加哥大学获悉自己荣获诺贝尔文学奖的消息时，他立刻在芝大网页上贴了这样一条消息：“今天上午 6 点钟，我接到从斯德哥尔摩打来的电话，对我来说这是完全出乎意料的，我根本就不知道今天是宣布文学奖得主的日子。”

库切无意中成了非洲第三位诺贝尔文学奖得主。第一位是 1986 年获奖的尼日利亚的索因卡，第二位是 1991 年获奖的南非的南丁·戈迪默。库切获奖的消息传来，他正在任客座教授的芝加哥大学发表一份说明，他得奖的消息简直太令人吃惊了。朋友和同事们都纷纷称这是对一位文学大师的肯定。

库切于 1940 年 2 月 9 日出生在开普敦一个南非荷兰人家庭，从小受的是双语教育，但进的是英语学校，可以说英语是他的母语。1969 年，他在美国得克萨斯大学获英语和语言学博士学位，并成为后结构主义语言学家。2002 年迁居澳大利亚，在阿德莱德大学任教，目前被借调到芝加哥大学任客座教授。

据悉，库切对南非年轻一代黑人和白人作家都有很大的影响。南非威特沃特斯兰德大学教授戴维·阿特韦尔赞扬瑞典文学院突破传统的道德观，敢于接受一直处于种族争论中的隐晦和极具个人特点作品的做法。

西班牙工人社会党发表声明说，把诺贝尔文学奖授予南非作家是个“好消息”。声明并强调说，库切不但是位优秀的小说家，而且是南非种族隔离矛盾现实的最好的阐释者之一。

## 瑞典文学院——18 位终身院士一致同意授奖

瑞典文学院常任秘书奥拉斯·恩达尔说，有 217 年历史的文学院的 18 位终身成员一致同意把诺贝尔文学奖授予库切。然而，对于往往对诺贝尔文学奖判定一事有争议来说，这也许是破天荒的第一次。

瑞典文学院决定把本年度的诺贝尔文学奖授予库切时，在新闻公报中说，库切创作的小说结构巧妙，对话含蓄，观点鲜明。但同时他也是一位审慎的怀疑论者，在其作品里无情地鞭挞了西方文明的残酷理性主义和虚伪的道德观。

在充分肯定库切对世界文学的贡献的同时，瑞典文学院这样说："我们非常确信他的文学贡献的经久不衰的价值。这并不是说他的书作的数量，而是书作的多样性以及极高的品质。他是一位会被讨论和分析的作家。我们认为他应属于我们的文学遗产。"

在具体谈到库切这位作家本人时，瑞典文学院称这位写过《等待野蛮人》、《耻》等作品的作家是一位"一丝不苟的怀疑主义者，毫不留情地对西方文明冷酷的理性主义和粉饰门面的道德观进行了批评。"并且称他的写作"通过大量的表象描绘了局外人令人吃惊的牵涉和瓜葛"，这一评语既可以适用作者，也适用于他笔下的人物。

我们从库切的作品具有精巧的构思，丰富的内涵，以及精辟入微的分析和魔幻现实主义等特点来看，不妨说，他的作品与卡夫卡、海明威、戈迪默，以及世界最伟大作家加西亚·马尔克斯的等人有异曲同工之妙。他们对世界文学所作的贡献都具有持久价值，他们的贡献是不可估量的。

## 著作等身——主题由严酷事实提炼而来

南非第一位诺贝尔文学奖得主、著名女作家南丁·戈迪默对库切的作品早有中肯的评语。她在为《关于 J. M. 库切的批评视野》一书作序时指出："J. M. 库切的批评者似乎对他文本的创新性充满了敬畏。这一点，正如有人所指出的那样，他的文本贯通了对欧洲的文学和哲学传统的继承。同时，批评家们习惯纠缠于库切的小说是否部分属于殖民主义话语的问题，而看不见库切运用精心构制的寓言所描绘的严峻的社会问题，实际上，他的主题都是从流血的严酷事实中提炼出来的。

库切并不是一位多产作家，他的小说还不到10部，然而，每本却都是精品。就拿他1980年出版的《等待野蛮人》来说，使他荣获国际声誉的这部小说，其主人公是一个主管边境小镇的长官，小镇与边疆之外的原野上的野蛮人通好。直到有一天中央政府派来了钦差大臣，要把野蛮人赶得越远越好；于是，镇民与野蛮人的战争开始了，在战争中擒获了一个野蛮盲女。小镇的这位长官竟与盲女产生了恋情，钦差大臣发现后，把镇长立刻囚禁起来，对他进行残酷的刑讯，使他成为人们嘲笑的对象。而这个没有疆域没有时间的故事充满了反讽和恐怖。库切在谈到此书时说："数年前，我写过一本小说：《等待野蛮人》，讲的是刑讯室对一个人良心一生的影响。"

时隔3年，即1983年，他的小说《迈克尔·K的生活和时代》获得了本年度的英国布克奖。这是一部反映南非种族歧视和隔离日渐激化现状的小说，它一方面谴责了种族主义，一方面对人类的生存环境作出了质疑，力图表现人在混乱环境中内在的精神生活。主人公迈克尔是个园丁，为了逃避现实，企图离开城市，带着老母亲去渺无人烟的内地生活；但是，他一路上遭到追杀、监禁……迫使他以绝食为武器。这就是南非内战爆发后的一种场景。戈迪默称这本书的出版是"一桩了不起的成就"。

在谈到他的重要作品时不得不提到他的另外两部小说，它们是《耻》(1999)和《伊丽莎白·科斯泰洛》(2003)。《耻》描写一个52岁的大学教授戴维·卢里，先是与应召女郎苟且，接着勾引了自己的女学生；事发之后，他名誉扫地，被逐出教育界，来到了女儿的乡下农场。在目睹了黑人的暴力行为后，对自己的生活作了一番反省，感到了耻辱与负罪感。而《伊丽莎白·科斯泰洛》写的是一位著名的澳大利亚小说家，由于知名度高，她的生活变成了到世界各地出席研讨会或颁奖仪式，这与她追求生活低调的愿望正相反，她往往成了不情愿的贵宾。这里的科斯泰洛与库切本人的经历、风格酷似，他也不愿意抛头露面，甚至他两次获得布克奖，连一次颁奖仪式也没参加过。

## 生活之路——南非、英国、美国、澳大利亚……

1960年，正当库切风华正茂的时候，他和其他年轻人一样，不甘忍受种族歧视与隔离的现状，毅然决然地离开南非来到英国。由于在大学里学习的是电脑，便开始做软件设计工作。然而，他希望继续深造，便于 1965 年 7 月，乘上意大利船只由英国漂洋过海来到美国，在奥斯丁得克萨斯大学，他一边教授英语，一边用教书得来的 2100 美元的报酬上研究生课程。

他的研究生课程选择的是文献学和古英语，可是他的学习并没有什么具体的目的性，因此只是看着古英语课本和德国语法书打发日子。可以说他身在曹营心在汉，虽然人在美国，想的却是南非。他想念的仿佛是某种空旷，空旷的大地，空旷的天空，那是他在南非所熟悉的。在思念故国的过程中，库切在图书馆里发现德国探险者在西南非洲边境的活动报告，报告中有针对纳马人和赫雷罗人的探险记录等稀有史料，并在一些史料中发现有他的远祖雅可布・库切，多年以后仍然追踪这些线索，准备写一本虚构的雅可布・库切回忆录。由于不断积累，最终融入他的第一部长篇小说《尘土地带》。

如果说在得克萨斯大学收获之一是为他的长篇小说《尘土地带》积累了素材，那么他也在该校得到了英语和语言学博士学位。他在美国短时间的任客座教授后，于 1971 年离开了得克萨斯。回到自己的祖国南非后，他在开普敦大学英文系里任教，期间，每年都有几个月去美国几所大学做客座教授。他已结婚离异，生有一子（已去世）一女。

## 库切风格：对自由渴望，对荣誉持低调……

库切是渴望自由的，并且非常同情争取光明的人们。正如他自己所说："我不是大众的什么事情的先驱。我只是某个渴望自由的人（正像每一个被锁链锁住的囚徒对自由的渴望一样），并且成为那些拖着锁链，面向光明的人们的代表。"

渴望自由与库切的成长时代分不开的。他成长的年代正是南非种族隔离政策逐渐成形继而猖獗的年代，这在库切的记忆中留下不可磨灭的印象，当然也必然反映到他的思想与作品中来。比如他 1988 年出版的表现库切文学批评素养的散文集《白人写作》；1996 年出版的《论书籍审查制度》一书，主要论述种族隔离制度下的书籍审查制度等。

库切的其他重要作品还有：以陀斯妥耶夫斯基为主人公的《圣彼得堡的大师》(1994)；文学论文集《陌生的海岸：1986—1999 散文集》(2000)；童年自传《童年时代：外省生活场景之一》(1997) 和青年时代经历《青春：外省生活场景之二》(2002) 等。

由于库切的作品的重要性，他曾经获过不少文学大奖。除两次获得布克奖外，他还获得南非文学最高荣誉奖 CAN 奖、爱尔兰的时报国际奖、法国的费米那奖、以色列的耶路撒冷奖、普利策奖和 2000 年英联邦作家奖等。但是，库切对于所得奖项都是低调处理的，他甚至两次都未去英国领取布克奖，因为他总是避免公开露面。10 月 2 日，当他的英国出版者马利根告诉他得了诺贝尔文学奖时，他说“感到高兴”，但他不接受采访。他是否赴瑞典出席 12 月 10 日的诺贝尔奖的颁奖仪式，还是个问题。

我比较赞成一位驻南非的记者对于库切的描述，他是这样写的：沉默寡言的秉性特征，远离名利的处世哲学，敏锐犀利的独特视角，善于探究的学者风范，曲折的家庭经历，离群索居的生活习惯，库切所有这些个人特征置于黑白矛盾尖锐、新旧矛盾交织的南非社会这个大背景之下，成就了他的创作，造就出一位文学大师。



## 库切谈欧洲对他的影响

据美联社 12 月 7 日发自瑞典斯德哥尔摩的消息说，南非作家、2003 年诺贝尔文学奖得主库切在公开发表的一篇采访记里坦言，他的思维方法与写作风格是 17 世纪到现代欧洲的感情流露。库切的这番话是对采访他的瑞典《每日新闻报》记者说的。他还说：“我就是这种感情的产物，因为我的知识坐标显而易见是在欧洲。”

这位 63 岁的作家说，自从他 10 月份获得诺贝尔文学奖以后，就接到了雪片似的函件，邀请他去做有关世界方面的各种报告或演说。他说，他只写了描写被历史重担压迫的无辜者与生活在社会边缘者的小说，“就把我看作仿佛是个文学声望最奇特的人士”。他很不理解的是“当某人在写作方面表现出他的才能，并且创作出小说时，人们就突然地要求他去做演说，让他发表关于世界局势的见解”。

库切在对采访他的记者谈到诺贝尔奖时说，使他感到奇怪的是，没有颁发一项诺贝尔音乐奖，“而音乐……比文学更具有全球性，因为它总是与某种用以表达的语言分不开的”。瑞典文学院在充分肯定库切对世界文学所作贡献时说：“我们非常确信他的文学贡献经久不衰的价值。这并不是说他的书作的数量，而是书作的多样性以及极高的品质。他是一位会被讨论和分析的作家。我们认为他应属于我们的文学遗产。”库切获得一张诺贝尔文学奖证书，一张1000 万瑞典克朗的支票（折合 130 万美元。）

# 凯尔泰斯·伊姆雷

## ——从集中营走出来的诺贝尔奖得主

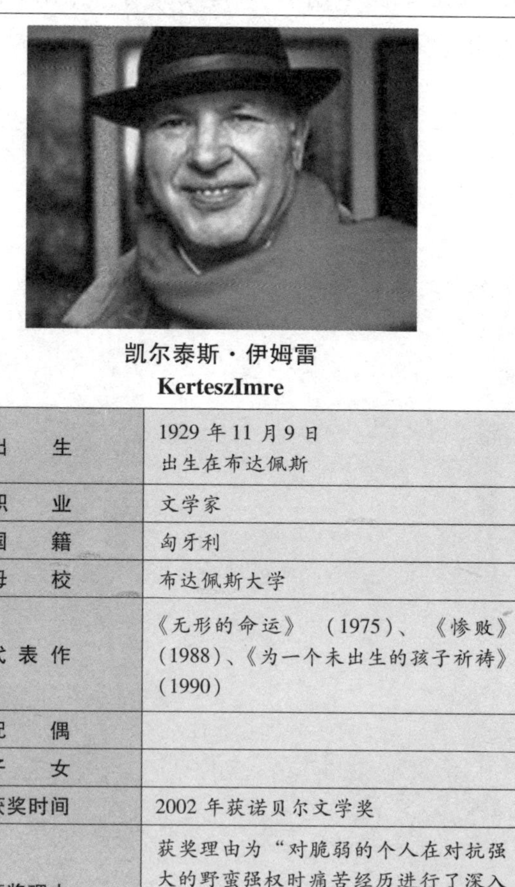

凯尔泰斯·伊姆雷
**KerteszImre**

| | |
|---|---|
| 出　　生 | 1929 年 11 月 9 日<br>出生在布达佩斯 |
| 职　　业 | 文学家 |
| 国　　籍 | 匈牙利 |
| 母　　校 | 布达佩斯大学 |
| 代 表 作 | 《无形的命运》（1975）、《惨败》（1988）、《为一个未出生的孩子祈祷》（1990） |
| 配　　偶 | |
| 子　　女 | |
| 获奖时间 | 2002 年获诺贝尔文学奖 |
| 获奖理由 | 获奖理由为“对脆弱的个人在对抗强大的野蛮强权时痛苦经历进行了深入的刻画，而其自传体文学风格也具有独特性” |

匈牙利作家凯尔泰斯·伊姆雷是本国首位诺贝尔文学奖得主。他于 1929 年 11 月 9 日出生在布达佩斯，他的少年时代正值纳粹迫害匈牙利犹太人，1944 年他被遣送到奥斯威辛集中营，后来又被遣送到布痕瓦尔德集中营，

1945 年获释，他的确是大屠杀幸存的犹太人。走出集中营后，他从事过某些事业，但都没有成功。于是，他就躲进一间连妻子也不得进去的房间专事写作，终于写出与众不同的巨著。他所写的作品，多为自己在集中营里的亲身体会，正是这些作品使他获得了 2002 年度诺贝尔文学奖。因此可以说，他是一位从集中营里走出来的诺贝尔文学奖获得者。

## 《无形的命运》被搬上银幕

根据路透社当时发自布达佩斯的消息说，匈牙利获奥斯卡奖提名的电影导演拉约什·科尔塔伊刚刚宣布，2003 年 12 月，他将开始导演第一部具有伟大设想的影片《无形的命运》。此影片是根据这位 2002 年诺贝尔文学奖得主伊姆雷·凯尔泰斯的同名小说改编而成的。

这部影片的国际预算为匈牙利币 25 亿福林（约为 1140 万美元），此数额是东欧影片中的最高制作标准，匈牙利政府提供近三分之一的资金。导演科尔塔伊说，意大利作曲家内尼奥负责影片的音响，匈牙利摄影家出任摄影师。这部影片的拍摄主要在匈牙利境内进行，时间为 2003 年 12 月中旬到来年的 3 月中旬，然后去德国和英国制作。

《无形的命运》是凯尔泰斯的处女作。科尔塔伊说，“几位美国大研究家”曾对这部巨著很感兴趣，但是，他拒绝提供这些大家的名字。这部描写一个人的无形命运的小说创作于 1960 至 1973 年间，1975 年发表。它是一部以第一人称的口吻叙述的小说，写的是一个从纳粹集中营里幸存孩子的故事，并且小说是以作者的亲身经历为蓝本。

瑞典文学院为了褒奖已到古稀之年的凯尔泰斯，将 2002 年度的诺贝尔文学奖授予了他，“因其作品弘扬了个人反抗野蛮专制的经历”。科尔塔伊说：“这部影片不是一部简单的关于牺牲的影片。这是基于这样一种事实：人们还能把你从汽车上放下来，并一劳永逸地改变你的生活。而且还能对你说，仿佛为恶势力做好了准备，接着仿佛又能战胜它。”

科尔塔伊曾与匈牙利奥斯卡奖获得者伊什特万·什扎博一道演过电影，还是一位具有丰富经验的电影导演。他说，这部影片的主角将由一个 12 岁的匈牙利男孩担任，但是，迄今还没有把将担任此角色一事告诉那个孩子本人。这部影片预计于2004年年底上演。

## 他缘何荣获诺贝尔文学奖？

2002年10月10日，瑞典文学院发表的授奖公报说，“因其作品弘扬了个人反抗野蛮专制的经历”而获得了2002年诺贝尔文学奖。表彰他对脆弱的个人在对抗强大的野蛮强权时痛苦经历的深刻刻画，以及他独特的自传体文学风格。

凯尔泰斯通过在作品中描述自己的亲身经历，孜孜不倦地探索一个主题，即一个人在自己所属的群体被迫屈服于社会强权的时代是如何生活和思考问题的。在纳粹分子疯狂迫害匈牙利犹太人的黑暗时期，少年凯尔泰斯在集中营里度过了4年的痛苦岁月。残酷的集中营生活，使他对人类的本质与生存状态进行了严肃的思考，为他日后的文学创作打下了坚实的基础，积累了丰富的写作素材。

在他的作品里，凯尔泰斯多次重温自己在奥斯威辛集中营的经历。该集中营位于被德国占领的波兰，100多万犹太人和其他受害者死在了那里。而那些历历在目的残酷现状，早在凯尔泰斯幼小的心灵里打下深深的烙印。正如瑞典文学院宣布为他授奖的理由时所说：“对他来说，奥斯威辛不是游离于正常历史之外的意外浩劫，而是现代社会人性堕落的最终真相。所以他非要把它写下来不可，于是便有了一系列有关这些内容的文学作品问世。这些作品主要有以下三部，可以称它们为描写集中营的三部曲，即《无形的命运》（1975）、《惨败》（1988）、《为一个未出生的孩子祈祷》（1990）。”

《无形的命运》是凯尔泰斯的处女作，讲述一个14岁的男孩被关进集中营里顺应环境得以生存下来的故事。这部小说写于1960至1978年间，曾遭到出版社的退稿。这部描写集中营真实生活的小说缺乏义愤和反抗，然而小说的力度恰在这里。施加暴力的凶手及其受害者因关注实际问题而忽视了重大问题。这部小说在1975年出版时并没有引起人们的注意。后来，凯尔泰斯将他在集中营的经历又写进了1988年出版的小说《惨败》，接着，与那段经历有关的内容小说《为一个未出生的孩子祈祷》于1990年出版。当他描写集中营的这三部小说全部出版后，才引起人们的高度重视。

## 获奖使他欢喜若狂

当时73岁的凯尔泰斯是一个隐秘的人，他从来不愿意谈论自己的事。但他又是个极英俊的男人，个子很高，口才极好，当然他也是个修养很深的人，还是个哲学家。然而人逢喜事精神爽，当得知获得诺贝尔文学奖的消息时，他欢喜若狂，表示要拿这100万美元的奖金去狂欢。

在诺贝尔奖盛大的颁奖仪式上，瑞典国王卡尔十六·古斯塔夫向凯尔泰斯颁发了诺贝尔奖，他说："我已经努力去做现有的工作，也许这不完全是自欺欺人，这是一名奥斯威辛集中营的幸存者应尽的义务。"

凯尔泰斯后来还对媒体说："在匈牙利，我现在成为一个民族英雄。我必须接受这个角色，这个国家正处于一种非常复杂的境遇之中，我们陷于分裂，自由派和民族主义者之间的对立无法调和。我现在的任务是创造和平。"因为他曾经被囚禁过，自由对他来说是非常宝贵的，所以他乐于为本国的和平与安宁而尽力。

据悉，20世纪90年代，他几乎获得匈牙利所有重要的文学奖。而且由于他长期从事德语翻译工作，2002年10月9日他获得了德国的汉斯－萨尔文学奖。然而谁会想到：凯尔泰斯最初的德语知识是来自德国集中营呢？当时他还是个十四五岁的少年，他在那种艰苦恶劣的环境里自学一种语言，需要多大的毅力与智慧！10月10日他又被告知获得诺贝尔文学奖，使他喜出望外，格外兴奋。他本来就很幽默，爱讲笑话，也爱听笑话，获奖的喜悦心情甚至使他想去狂欢！

## 为祖国赢得荣誉

凯尔泰斯获奖的消息使匈牙利举国上下为之振奋。匈牙利总理迈杰西·彼得中断在当地的竞选演说，给他打去表示祝贺的电话。这位总理随后又发表声明说："我代表政府衷心祝贺凯尔泰斯·伊姆雷为祖国赢得这一荣誉。"

匈牙利诗人乔治·泽特斯说："凯尔泰斯在德国非常受欢迎，声誉极高。他现在住在那儿，而且所有的作品都被译成德文。德国人把他评为20世纪最重要的作家之一。他这次获奖，很有可能是得到了评委中懂德语的评委的支持。"

1986年诺贝尔和平奖得主艾利·维泽在谈到凯尔泰斯获奖时说："他是个伟大的作家，他的风格和写作手法都非常高明，获得这个文学奖的最高奖项当之无愧。"和大多数的作家一样，将近五旬才加入作家行列的犹太人也是用自传式的故事写自己第一部小说的，这部小说就是反映纳粹集中营里犹太人悲惨命运的《无形的命运》。当你想阅读他的作品时，必须先从《无形的命运》开始，因为它是这位作家的系列作品之首。

瑞典皇家科学院院士托·林德格林在2002年诺贝尔文学奖授奖辞中说：凯尔泰斯作为一个系列批判性的作家，经历了一种极权和非文明状态中的极端困苦，《惨败》（1988）便是对这种境遇的一种复调和离析式的描述。而《惨败》的内容又通过种种隐喻和主题情节与《英国的旗帜》（1991）融会贯通。而《英国的旗帜》同后来的《苦役日记》的思想又存在着联结关系。《为一个未出生的孩子祈祷》是写一个永远不可能出生的孩子的一个悲哀和讽刺性的安魂曲，孩子之所以不能来到这个世界，是因为他将面对残酷和罪恶——这同《无形的命运》及《惨败》存在着微妙而显而易见的关联。

凯尔泰斯说过一句感人至深的话是："总体而言，如果没有写作的话，我的存在将是恐怖的，所以我写作，并以写作来忍受我的存在、证明我的存在。"

# 维·苏·奈保尔

## ——一位环球文学领航员

维·苏·奈保尔
**Vidiadhar Surajprasad Naipaul**

| | |
|---|---|
| 出　生 | 1932 年<br>出生在特立尼达和多巴哥 |
| 职　业 | 文学家 |
| 国　籍 | 特立尼达和多巴哥 |
| 母　校 | 牛津大学 |
| 代表作 | 《埃尔韦拉的选举权》、《世途》、《米古埃尔街》 |
| 配　偶 | 1955 年在英国与帕特丽夏结婚<br>现任妻子阿尔维 |
| 子　女 | |
| 获奖时间 | 2001 年获诺贝尔文学奖 |
| 获奖理由 | 因为“其著作将极具洞察力的叙述与不为世俗左右的探索融为一体，是驱策我们从扭曲的历史中探寻真实的动力。” |

2001 年 10 月 11 日，瑞典文学院在首都斯德哥尔摩郑重宣布，将本年度的诺贝尔文学奖授予英国作家比迪亚达尔·奈保尔，以表彰他为繁荣世界文学所作的贡献。因为“其著作将极具洞察力的叙述与不为世俗左右的探索融

为一体，是驱策我们从扭曲的历史中探寻真实的动力。”

## 一

奈保尔在他位于英格兰索尔兹伯里附近的住宅里得知获奖消息后，掩饰不住喜悦的心情。他在获奖后发表的一则声明里说：“这是给予英格兰、我祖家、印度和我先祖家乡的一份大礼。我极感兴奋，这是意想不到的荣誉。”

奈保尔是继加勒比岛国圣卢西亚诗人德里克·沃尔科特 1992 年折桂后，又一位从加勒比地区走出来而获得诺贝尔文学奖的文学大师。当他的祖国特立尼达和多巴哥的人们获悉出生在这个岛国的奈保尔获奖后，全国上下的人们欢欣鼓舞，奔走相告，沉浸在一片喜庆的节日气氛中。与他有着千丝万缕联系的印度，也为他获此殊荣而高兴，声称他是近代印度优秀作家的良师。

奈保尔 1932 年出生在特立尼达和多巴哥的一个印度籍家庭，祖父从事甘蔗种植园的工作，父亲是一位记者兼作家。他 1950 年就读于英国牛津大学，1953 年获文学学士后定居英国。除 20 世纪 50 年代当过几年英国广播公司的自由撰稿人外，他一直投身于写作。当他在 1957 年出版了处女作、一本滑稽的故事集《神秘的男按摩师》后，便一举成名于英国文坛。两年后，他的短篇小说集《米居尔大街》出版时，再次引起轰动，从而确立了他的幽默作家和街头生活作家的地位。他的主要写作手法是，通过“敏锐而真实”的文笔，把虚拟和纪实有机地结合在一起，创作出一部部妙趣横生，引人入胜，别具一格的佳作。

由于家庭背景，奈保尔又特别喜欢旅游，因此他的作品涉及的面特别广泛，早已超出了加勒比海地区和英国，延伸到印度、非洲、南北美洲和亚洲的伊斯兰国家。西方媒体认为，奈保尔被视为英国文化界的栋梁，同时也是缺乏归属感的现代人生存状态的象征。因此他的处世特点之一就是，尽管他居住在英国，但他从来就不隐瞒自己的世界公民意愿，他总是避开用一种国籍确定自己的身份，而宁愿将自己打上世界主义的印记。这一点在他的著作里得到了充分的反映。

# 二

瑞典文学院在授予他诺贝尔文学奖的公告中，形容他是“一位环球的文学领航员”，这是对奈保尔真实而形象的写照。公告还具体地说：“奈保尔是一位文学旅行者，他的真正居所就是自己的心——他内在最真切的声音。自成一格的他，不受文学潮流和既定模式所羁绊，能把传统文类转化成自己的风格，打破虚构和写实的分野。在其杰作《抵达之谜》中，奈保尔就像人类学家研究森林内不为人知的原住居民部落那样，对英格兰的真实一面进行了深入的探讨，建构出旧殖民统治文化悄悄崩溃和欧洲邻国没落时的苍凉形象。”他 1987 年出版的《抵达之谜》是他最具代表性的被称为经典之作的作品。

事实上，他的作品大都谈及殖民主义和民族主义对第三世界的影响。正如西班牙作家安托林所说：“他既写这里，又写那里，他写阿根廷的作品有《埃娃·庇隆的归来》，他还写印度、安的列斯群岛；他写非洲的有《河流一湾》，写伊斯兰国家的有《在信徒们中间》。”可以这样说，奈保尔的作品是极其丰富多彩的。

安托林在评论奈保尔的散文作品时指出：“他的散文是十分引人注意的。因为他采用的是很长、很绕口，却很有韵脚的句子，而且附加很多副句，是一种颇难懂的英文，不是习惯性的英文；也许他的英文可以和康拉德的英文联姻。”大概由于康拉德这位波兰裔英国作家与奈保尔的处境很相似吧。

迄今为止，在奈保尔创作的 25 部作品中，他早年的主要作品《比斯瓦斯先生的房子》，探讨了加勒比地区的印度移民所遇到的困难：因为他们既要设法融入当地的社会，又不想失去自己的根。《埃娃·庇隆的回归》是借助于智利前总统庇隆的夫人埃娃·庇隆，抒发他对多种丑恶现象的愤怒：从印度政治的腐败，西方对其殖民地的怀疑和挑剔直到个人崇拜。1971 年，他以《一个自由的国度》一书获得英国最具有盛名的文学奖“布克奖”。

评论家指出，他由于生为一个殖民孤岛上的外国人，除为了寻根经常往返的印度外便没有家乡，故有一种“天生的漂泊感”，处处流露出有家归不得的浪人酸楚。然而“奈保尔之强，在于奈保尔之痛”——他的痛苦正是他写作的动人之处。

## 三

在奈保尔的作品里都饱含着他身世的影子，他无论如何也摆脱不掉它。因为他是从殖民地那里过来的人，祖辈和父辈的影响在他的心灵里深深地扎下了根。他的父亲是该国《卫报》的记者，由于不满足于在社会上受歧视的贫贱地位，发誓要成为一个经常在报刊上发表文章的有地位的人。于是，他经常写作，也培养儿子从小喜爱文学和写作。在父亲的悉心培育下，奈保尔在文学方面不断长进，18 岁时就写出了他生平第一部小说，但不幸的是被出版商退了回来。然而庆幸的是，他意外得到了政府的奖学金，让他去英国牛津大学攻读英国文学。

在 1950 年至 1953 年读大学期间，他与父亲保持着经常通信的密切联系，父亲语重心长的鼓励使他对文学与从事写作倍感兴趣。后来他把在大学期间和父亲感情至深的书信收集起来，于 2000 年出版了《父子之间：家庭书信集》，成为一本备受欢迎的畅销书。可他的父亲早在 1953 年就死于心脏病，他若在九泉之下有知，也许应感到欣慰。父亲走了，留下他的母亲和他的几个兄弟姐妹。

奈保尔显然从他做记者的父亲那里学到一种处世哲学和观察世界的方法，同时，又在环球旅行当中开阔了眼界，增加了阅历，发现种种不平，时刻记下他的所见所闻所感，并以讽刺的手法、尖刻的文字写下一篇篇有人爱有人恨的作品。如在他的获奖作品《在自由的国度》，写的是凡人琐事，但却告诉人们：移民感受到的永远是文化上的归属感和异化疏离感。

奈保尔获得诺贝尔文学奖后，他的唯一传记作家、与他过从甚密的西班牙圣地亚哥大学文学教授巴雷拉在谈到他时不无激动地说，一些人认为，“从他那完美的风格和知识分子的深厚感情来看，他是最好的在世的英文作家。”他还说，奈保尔这位作家使人联想到秘鲁作家巴尔加斯·略萨，“由于奈保尔向我们提供一种与他相类似的世界视野，也被指责为反动派。”

## 四

据西班牙埃菲社报道，奈保尔从不隐瞒自己的观点，在论战中享有直率和观点明确的称号。比如：他批评拉丁美洲作家“采取一种知识分子的马虎，其形式是系统的，却又逍遥法外。”此外，他在指责阿根廷最伟大的作家之一豪尔赫·路易斯·博尔赫斯时，说：“他是可怜的，博尔赫斯不是一个深沉的人。他的诗是逃避的诗。他用谎言颂扬过去，一种不是英雄的英雄的过去。”

来自马德里的消息说，西班牙的作家们对奈保尔荣获诺贝尔文学奖一事感到十分满意，因为他是西班牙读者公认和尊敬的作家。此外，他还经常访问这个国家，而且他的好几部作品都是在西班牙出版的。比如《米盖尔·斯特里特》1964 年在西班牙第一次出版，《印度：一种受伤的文明》，曾在西班牙出售 6000 册，他还在西班牙出版了《装病的人们》（1984 年）、《世界上的一条路》（1995 年）等。

人们对奈保尔的身世了解的并不多，只知道他早年遭受到贫苦和孤独。在牛津大学遇到女友帕特丽夏并于 1955 年结婚；1996 年帕特丽夏不幸去世，同年，他与现在的妻子纳迪拉·卡纳姆·阿尔维结婚。1990 年，他被英国女王伊丽莎白授予爵士头衔。

# 迈克尔·斯朋斯

## ——制定新经济法则的人

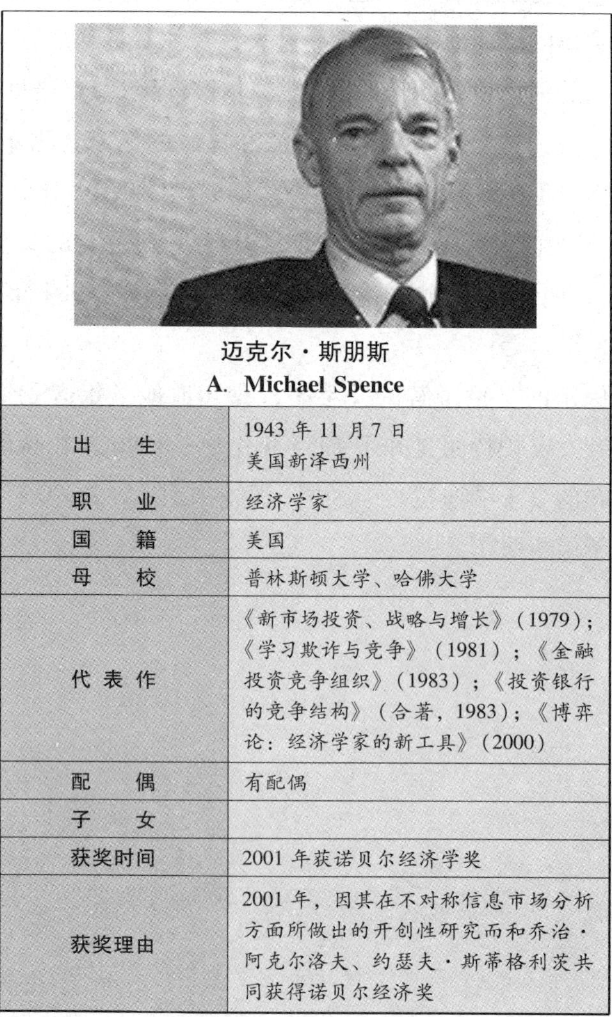

迈克尔·斯朋斯
A. Michael Spence

| | |
|---|---|
| 出　生 | 1943 年 11 月 7 日<br>美国新泽西州 |
| 职　业 | 经济学家 |
| 国　籍 | 美国 |
| 母　校 | 普林斯顿大学、哈佛大学 |
| 代表作 | 《新市场投资、战略与增长》(1979)；《学习欺诈与竞争》(1981)；《金融投资竞争组织》(1983)；《投资银行的竞争结构》(合著，1983)；《博弈论：经济学家的新工具》(2000) |
| 配　偶 | 有配偶 |
| 子　女 | |
| 获奖时间 | 2001 年获诺贝尔经济学奖 |
| 获奖理由 | 2001 年，因其在不对称信息市场分析方面所做出的开创性研究而和乔治·阿克尔洛夫、约瑟夫·斯蒂格利茨共同获得诺贝尔经济奖 |

在谈到利率政策时，他说，利率政策的关键在于干预的方式和目的。世界上没有一个经济体是完全自由和开放的，只要干预的措施适度，不会带来

扭曲或造成过大的负面影响，干预就是可取的。2002 年，刚在北京参加完“科博会”的诺贝尔经济学大师迈克尔·斯朋斯，又赶往外地作学术报告，他对中国经济的飞速发展表现出格外浓厚的兴趣。他说，此次来访看到中国政府在教育方面投入大量的资金和力量，对科学技术的发展也给予了更多的关注，相信这些举措将为中国经济发展起到积极的促进作用。

要把“科博会”打造成一个真正具有国际影响力品牌的北京市，邀请三位美国经济学家，其中有两位是诺贝尔奖获得者。特别让人注意的是，斯朋斯跟中国有着特殊的渊源，他的妻子有四分之一的中国血统，并且出身于名门，她的曾祖父就是大名鼎鼎的梁启超先生。

迈克尔·斯朋斯在“科技前沿与产业发展中外院士论坛”上，发表了题目为《市场的信息结构及信息技术对全球经济的影响》的演说。他这样认为，在 20 世纪的下半叶，世界见证了两件事情：一是以信息化为特征的市场理论的演变，二是信息技术与网络的持续发展。这两种趋势正在逐渐结合，改变着我们的商业流程和市场的特征。而在未来几年中，二者的交汇融合，将给全球的商业及经济发展带来影响。

在论坛上，斯朋斯教授和 2000 年诺贝尔生理学奖得主保尔·格林加德及多位经济学家，进行了主题演讲并参加讨论。他们的前瞻性预言将为中国在 21 世纪的科技发展和产业化进程拓展更为广阔的空间，为企业的产品技术发展方向的选择起到积极的作用。他们尤其对如何以制度创新、金融创新手段来更好地扶持高新技术企业，进而增强中国高新技术产业的国际竞争力问题，以及中国加入 WTO 后，如何更好地理解和利用规则，参与国际竞争与合作问题等，进行了广泛深入的探讨。

迈克尔·斯朋斯教授还预测了未来信息产业的发展前景。他认为，信息之间的联络性将会加强，密度更高，宽带速度更快。他还认为，仅有好的市场机制还远远不够，政府应该加大对信息产业基础设施的投入，在全球范围内建立完善的信息产业基础设施。

由于在“对充满不对称信息市场进行分析”领域所作出的贡献，迈克尔·斯朋斯与另外两位美国经济学家，共同荣获 2001 年诺贝尔经济学奖。迈克尔·斯朋斯的贡献在于揭示了人们应如何利用其所掌握的更多信息来谋求更大收益方面的有关理论。

瑞典皇家科学院在为迈克尔·斯朋斯颁奖时说，他的研究成果对于理解广告业的运行机制、对价格定位、生产率、工资谈判，以及劳动力市场都很重要。他的重要发现之一涉及信号成本：比如，在就业市场，求职者的传递资格信息的成本必然各不相同，而适合于某一岗位的求职者的成本，必然低于雇主挑选另一个生产能力较低者所付出的成本。由于他的这一研究阐明了市场战略行为的很多方面，他成了“博弈论激发的研究热潮”的开拓者。

迈克尔·斯朋斯1948年生于美国的新泽西，1972年获哈佛大学博士头衔，现任美国斯坦福大学商学院研究生院院长、美国科学院院士。自16岁起他就对信息和计算机领域产生了浓厚的兴趣，信息和互联网成了他毕生研究的课题。比尔·盖茨曾做过他的学生。美国《经济周刊》称迈克尔·斯朋斯为“制定新经济法则的人”。

瑞典皇家科学院在把2001年诺贝尔经济学奖授给斯朋斯、阿克尔洛夫和斯蒂格利茨时说，他们的理论用途广泛，既适用于对传统的农业市场的分析研究，也适用于对现代金融市场的分析研究。同时，他们的理论核心还构成了现代信息经济的核心。颁奖旨在奖励他们在分析当有些人知道得比别人多时市场如何运作‘这个概念称为不对称信息’方面所做的工作。

迈克尔·斯朋斯等经济学家的理论为深入了解农产品、金融服务，以及消费品的某些市场运行机制提供了重要依据。比如，公民比税收当局更了解自己的个人财务状况。这就是不对称信息。又比如，信息不足的投资者可能以同样条件对新兴的新技术公司进行判断，导致利润较低的公司因股价膨胀而扩大投资，而盈利情况相对较好的公司股价相对偏低。同样道理，在二手车市场上，信息失衡可能导致劣质的二手车挤掉优质车。

他们的理论在发展中国家有重要的实践应用。比如他们发现，在20世纪60年代的印度，地方放款人收取的利息是城市的两倍。但是，由于信息不足，从城镇低利息借入再到乡村放款的经纪人，可以吸引冒着高风险的借款人。

许多市场都有信息不对称的特征，因而表现出特有的是市场规律现象，他们在此领域的研究构成了现代信息经济学的核心，也更显得重要和具有实际意义重大。对中国经济发展模式看好的迈克尔·斯朋斯，于2005年2月认为，中国经济发展模式独一无二。他强调说，虽然许多亚洲国家和地区过去也曾经经历高速且持续的经济增长，但从未有像中国这样庞大的经济体，在一段长时间内以如此强劲势头增长，其发展规模和重要性之大，影响人口之多，都是空前的。

# 斯蒂格利茨

## ——站在前沿的经济学家

| 斯蒂格利茨<br>Joseph Eugene " Joe" Stiglitz | |
|---|---|
| 出　　生 | 出生 1943 年 2 月 9 日<br>美国 |
| 职　　业 | 经济学家　曾担任世界银行资深副总裁与首席经济师 |
| 国　　籍 | 美国 |
| 母　　校 | 麻省理工学院 |
| 代表作 | 经济学 |
| 配　　偶 | |
| 子　　女 | |
| 获奖时间 | 2001 年获诺贝尔经济学奖 |
| 获奖理由 | 瑞典皇家科学院曾在新闻公报里说，乔治·阿克尔洛夫、迈克尔·斯彭斯和约瑟夫·斯蒂格利茨，由于他们在“对充满不对称信息市场进行分析”领域所作出的重要贡献，三人共获 2001 年度诺贝尔经济学奖 |

2001 年是新千年的头一年，也是诺贝尔经济学自 1968 年设立以来的第 33 个年头，本年度的诺贝尔经济学奖被美国经济学家所囊括。他们是乔治·阿克尔洛夫教授、迈克尔·斯朋斯教授和约瑟夫·斯蒂格利茨教授。瑞典皇家

科学院曾在10月10日的新闻公报里说，由于他们在“对充满不对称信息市场进行分析”领域所作出的重要贡献，三人共获2001年度诺贝尔经济学奖。这里想着重介绍约瑟夫·斯蒂格利茨教授，他于1943年出生在美国的印第安纳州，1967年获美国麻省理工学院博士学位；曾先后在耶鲁大学、斯坦福大学、普林斯顿大学任教。20世纪90年代在美国政府和国际组织内任职，曾任克林顿总统经济顾问委员会主席、世界银行首席经济学家和高级副行长。现任美国哥伦比亚大学经济系、商学院和国际关系学院教授。他以独特的方式思考经济问题，有人甚至说他有点儿偏激，但到底如何，我们不如用事实说话。

## 突出贡献：对不对称信息市场进行分析

这三位当今世界最著名的经济学家都为世界经济作出了杰出的贡献，特别是在分析不对称信息市场方面的贡献更为突出。然而他们又非常谦虚，约瑟夫·斯蒂格利茨教授就曾对一位中国记者说过：“我们要像经济学家那样思考，而不是成为经济学家。”这里，我们不妨来看看他们是如何思考问题的，以及对不对称信息市场是如何进行分析的？斯蒂格利茨教授阐述了有关掌握信息较少的市场一方如何进行市场调整的有关理论。即在信息不对称的市场中，不具备信息的一方如何调整合同的形式从而“筛选”有信息的一方。他在研究中发现，用信息不对称以及人们对此做出的合同形式的调整，可以帮助理解许多长期以来不易解释的市场现象。

乔治·阿克尔洛夫教授早在上世纪70年代就阐述了这样一个不对称的市场，即由于市场双方各自掌握的信息不对称，所以卖方能向买方推销低质量的产品，他的分析击中了卖方有时之所以能够欺骗买方，而买方不知被骗的根本所在。另一位获奖者斯朋斯教授的有关理论，在于他揭示了人们应该如何利用所掌握的更多信息，在购买物品时以较低的价钱购买较多的物品。

那么，这三位经济学家的经济理论的实际价值何在呢？瑞典皇家科学院认为，他们的分析理论用途很广。既适用于对传统农业市场的分析研究，也应用于对现代金融市场的分析研究。同时，他们的理论还构成了现代信息经济的核心。从发展中国家的传统农业市场到发达国家的现代金融市场，都有实际应用例子。比如：由于市场人士获得的信息不等，对于一个公司的赢利情况了解的也不同，董事会的成员和经理要比股东知道得多；对于清还贷款的前景来说，贷款人不会比债权人知道得多。他们的理论还可以用来分析为何购买二手车的人会向二手汽车经纪人购买，而不直接去找想卖二手车的车主，因为经纪人掌握的信息较多，车的价格可能更合理些。他们的研究还表明，信息不对称和经济激励不只是学术上的抽象理论，还作为确实存在的现象，在分析发展中国家的制度和市场环境时具有特别深刻的解释力。由此可见，这三位经济学家的研究处于经济理论与方法论研究的最前沿。他们提出的理论为深入了解农产品、金融服务和消费品的某些市场运行机制提供了重要依据，为信息经济打下了基础。所以他们荣获诺贝尔经济学奖当之无愧。

除了诺贝尔经济学奖，斯蒂格利茨还于 1979 年获美国经济学联合会约翰·贝茨·克拉克奖。授奖的原因基于他广泛与多样的理论贡献，以及这些贡献的活力和生命，他在青年经济学家中无与伦比。从增长与资本到歧视经济学，从公共财政到合作金融，从信息到不确定性，从枯竭性资源的竞争性均衡到垄断竞争和产品的多样性等，他的研究足迹遍布当代经济理论。

## 斯蒂格利茨：特别关注全球化

长期关注财政赤字及国家低储蓄率所带来问题的斯蒂格利茨，对经济全球化对拉美造成的影响特别关注。他认为拉美经济改革是个失败，因为拉丁美洲 10 年间少许的经济增长只有利于最富有的阶层，而对本地区的不稳定和不平等现象没有充分注意到，所以拉丁美洲的经济改革是个失败。

根据有关记者 5 月 15 日从纽约发出的报道，斯蒂格利茨说，拉丁美洲新自由主义改革的第一个 10 年表明，在引起经济最高增长方面的样板失败了，而这种增长仅仅有利于该地区最富裕的阶层。“拉美（经济）改革整个第一个 10 年的数据已摆在这里，并且证明其增长率只是该地区上世纪 50 年代和 60 年代达到的平均水平，而且这种增长的大部分有利于富人。”这种结果证实，在拉美地区国家“政界没有对不稳定和不平等给予充分的关注。”

认为全球化是件令人烦恼的事情的斯蒂格利茨，最近在纽约与其他国家出版的新书《全球化及其不满》是专题论述全球化的。他为此在哥伦比亚大学举行的由10名记者出席的圆桌招待会上介绍这部书时说，他要在这本书里努力把他的经验都包括进来，即涵盖国际经济政策的三大主题：发展、从国家经济向市场经济过渡、控制危机。他说：“国际货币基金组织和华盛顿指导委员会的中心想法是，一个国家的最好进程将由市场来决定。”在这种进程中促进贸易自由化、市场自由化，包括资本市场以及作为资本市场一部分的私有化与金融纪律。但是，围绕着经济自由化的结果常常是，并非是一个国家的资源从生产率低的部门转移到生产率高的部门。怎么来肯定改革的结果呢？结果正相反：大的部门从低生产率过渡到零生产率，换句话说，低生产率的部门损失更严重。斯蒂格利茨举例说，这就像在墨西哥这样一个国家的玉米生产者的情形，美国坚持墨西哥必须减少补贴及关税壁垒，而美国方面却增加补贴，“面对这种情况不可能进行竞争”。

由华盛顿指导委员会及其机构所推动的经济改革是使经济增长了，但是几乎所有好处都归于国家的最富裕的阶层和在出口部门的工作者。所有这一切导致不稳定，并且是国际货币基金组织和其他组织失败的结果，因为它们不承认经济、政治和社会关系的存在，并认为一切都可能在特殊的金融领域里解决。事实上这是一个主要问题：由国际货币基金组织或世界贸易组织所采取的如此影响整个社会的决定都是由财政部长和央行董事们以及贸易部长们各自特别采取的，因此，仅仅反映各国政府和政治势力的利益。这些决定都不是在每个国家由各阶层和利益集团的代表参与下在国内采取的。所以不是具有最广泛的一致性结果，而是仅具有一个阶层的一致性，因此没有注意到这些决定所包含的社会与政治结果。

恰恰因为全球化造成了既积极又消极的结局，才引起一场激烈争论。但是，他告诫说，当批评者指出国际货币基金组织和华盛顿所推动的政策在贫困和稳定方面没有在世界大部分地区（某些个别除外）取得成就时，他们的批评是有道理的。他说：“尽管在20世纪最后10年反复许下减少贫困的诺言，但是目前生活在贫困中的人数几乎增加到1亿。而与此同时，世界的总收入每年平均增长 2.5%。”而“那些过于诋毁全球化者，他们没有注意到全球化的好处。但是，全球化的推动者们是有点儿不够稳重。对他们来说，全球化（典型地与接受胜利的资本主义、美国方式相联系的全球化）是进步；发展中国家如果要成长、有效地对付贫困，必须接受它。但是，对发展中国家的许多人来说，全球化并没有实现它所许诺的经济利益。”

阿根廷是突出例子，因为阿根廷的金融危机几乎牵动了整个南美洲国家。于 2001 年年底开始的这场阿根廷金融危机，目前已经涉及乌拉圭、委内瑞拉、秘鲁等国家，就连拉美最大的经济体巴西也未能幸免。所以斯蒂格利茨认为，全球化政策失败的突出例子是阿根廷，而国际货币基金组织和其他机构并没有从这一灾难中汲取教训。相反“企图转嫁错误。说它们在这方面取得很大的成绩，因为它们已使所有的人都认为阿根廷的问题是阿根廷的。”当几年前亚洲爆发金融危机时，它们干过同样的勾当，说韩国和其他国家的金融危机的原因是它们自己管理不善与腐败造成的。后来“国际货币基金组织和其他机构带着自己的错误脱身了，并没有从中汲取教训”。



斯蒂格利茨曾在《华盛顿邮报》上发表文章说，阿根廷的灾难之所以发生，不是因为该国不听国际货币基金组织的建议，恰恰是因为听了它的建议。1998 年，国际货币基金组织还认为阿根廷是一名非常优秀的学生。经济学家们认为，在经济下滑时，为了使它复苏需要一种鼓励，“但是国际货币基金组织的办法是相反的……其结果显而易见”。当然，直接导致阿根廷灾难的是私有化的做法、以反对通胀代替通货紧缩办法、使比索与美元等值的决定。斯蒂格利茨问：“固定兑换率从来实行过吗？”

## 《经济学》：创意与特色鲜明的教科书

斯蒂格利茨教授对华友好，曾多次来我国访问。2000 年 9 月间，他专门来中国发表他的《经济学》中文版，并专门为中国读者定制了一版《中国：近期与未来的挑战》；他的《经济学》一书，早在 1997 年就被收入“诺贝尔经济学大师经典”丛书里，虽然那时他还没有获得诺贝尔经济学奖。2000 年 9 月 12 日中秋节之际，他前往中国人民大学与师生共度佳节，慕名而来的师生们把新落成的逸夫会议中心挤得水泄不通，连过道都站满了人。

人们之所以如此欢迎斯蒂格利茨教授，因为他是站在当今世界经济学理论研究最前沿的经济学家之一，他的《经济学》一书已经产生了一定的影响。那么应如何评价这部书呢？有评论家认为：“《经济学》以其鲜明的创意和特点脱颖而出，在过去近 10 年间保持竞争力。该书在国内出版后，也很快形成热销局面，第二版中译本仍经久不衰。该书出版于 20 世纪 90 年代初，它在内容取舍方面的一个重要创新，是在原理层面增加一些章节，用以介绍当代经济学理论 70－80 年代以来的某些突破性进步。突出事例是把经济学对信息不对称问题分析贯穿到产品市场、劳动市场以及政府行为分析过程中，丰富了经济学理论体系内容。另外，在微观经济分析部分强调风险和跨时期决策问题，引入了跨时期分析概念和基本概念，也是具有创意的处理……能够把自己参与的研究成果作为基本理论的一部分写进原理教科书，并且这一写法顺理成章并得到同行赞许，这是经济学说史上的一段佳话。”（注）

斯蒂格利茨教授在自我点评时说：“在过去的十余年中，我的研究重点深化了我们对不完全和高成本信息如何影响经济行为和市场均衡的认识。”

除《经济学》外，他的主要著作还有：1980 年出版的《公共经济学讲义》（与阿特金森合著）、1981 年《商品价格稳定理论》（与纽伯里合著）、1986 年《公共部门经济学》和 1994 年《社会主义何处去》等。

## 中国经济：我给打最高分 A

有一次，当时有记者问斯蒂格利茨教授如何看待中国经济时，他说：“如果要我给中国经济打分，那会是最高分 A。”

2000 年 12 月 18 日，斯蒂格利茨教授作为世界银行首席经济学家，应邀在京参加我国有关部门举办的“利率市场化小型研讨会”。当时他就利率市场化发表了很好的看法，并对我国的利率政策提出了建议。他认为，对短期资本要进行必要的控制。中国过去吸引外资的政策是成功的，在吸引外国直接投资的同时，并未放开短期资本市场，从而避免了“热线”带来的负面影响。

低利率对中国具有现实意义，中国正处于转轨阶段，需要有更多的新企业和就业机会。因此实行低利率政策具有现实意义，同时要看到国内政策和国际环境是相互作用与影响的，因此对资本流动进行管制是必要的；但是，也要充分认识到全球资本市场的联动性，一个国家的措施会在其他国家有相应的反映。中国需要在下一个金融危机到来之前采取更加灵活的汇率政策。

从目前的实际情况来看，中国经济不但保持持续增长的势头，而且相当稳定，这与斯蒂格利茨教授说的实行低利率政策是不无关系的。同时中国经济形势对世界也产生了一定的影响，媒体认为，它曾使亚洲萎靡不振的经济从目前的抑郁气氛中摆脱出来。

斯蒂格利茨教授在另一次来华访问时对我国社会保障制度的改革发表了看法，他认为：改革的目标是多重性的。首先，要解决转轨过程中国有企业下岗、失业人员的社会保障问题；其次，要解决过去的社会遗留问题；第三，要建立一个既符合市场经济要求又体现社会公平的社会保障体系。用一个方案同时解决三个目标会面临很多压力。当前，重点是研究如何在新制度框架内解决遗留的问题。

他认为，社会保障制度的建立、国企改革、证券市场的发展都是转轨阶段改革的重要内容，也是难点所在。但是，虽然各种问题互相交织，增加了改革的复杂性，但同时也创造了一些机会。要为以前承担的义务找到新的解决方式，就要充分利用国企改革的机会，如通过股市减持国有股等。

对我国城乡社会保障体系有较多研究的斯蒂格利茨教授对改革试点谈了如下 7 点看法：即缴费率问题、养老金结构问题、投资问题、年金时限问题、退休年龄问题、制度的统一性问题和近、远期问题。对于一些重要的管理问题，试点方法确实提供了一个寻找解决办法的机会。有些问题可以在实施过程中解决，另一些问题在方案设计时就要考虑。

## “美国患流感，全球都感冒”

斯蒂格利茨教授认为，由于发生“9·11”事件，美国和欧洲经济前景恶化，在此过程中发展中国家进入全球市场可能受阻。

据媒体报道，在厄瓜多尔首都基多出席世界银行会议的斯蒂格利茨教授说，虽然尚有关于自由贸易的说法，但是，美国处在困难时刻仍然倾向于保护主义，这对那些谋求将产品卖给美国的国家可能是个打击。他接着说：“我对全球经济形势持悲观主义态度。过去常说，美国打个喷嚏，墨西哥就感冒。今天美国正患流感，全世界都感冒。”

当包括美国在内的所有国家都出现衰退时，保护主义就会抬头，因此通向市场的问题就可能加剧。所以拉美国家和其他国家都关注“9·11”之后的美国经济前景。美国企业限制诸如钢铁的一些产品的进口，并企图降低全球原材料的价格，这也可能有损于发展中国家的利益。

这位经济学家还对“9·11”事件对移民汇款的影响作了分析。他说，像有赖于移居美国的移民汇款的厄瓜多尔这样的国家，当移民的薪水减少，甚至许多人将返回原来的国家，这些国家在这方面的收入将减少。因为“这些人都是劳动者，在经济下降的情况下，他们不可避免地遭到最大的损失。”据拉美发展银行的一份材料说，拉美国家的移民每年要向他们原来的国家汇回200亿美元。

在谈到那些把自己与美元捆在一起的国家，即使用美元为本国货币的国家，如厄瓜多尔、巴拿马、萨尔瓦多时，他说，这对它们来说，既有弊，也有利。弊就是失去了灵活性，利就是当美元币值降低，对美元的信任感减小时，将允许与美元捆在一起的这些国家可以最大限度地进入市场。

注：引自卢锋先生《畅销的经济学教科书各有其成功之道》一文

# 卡米洛·何塞·塞拉

## ——性格独特的西班牙作家

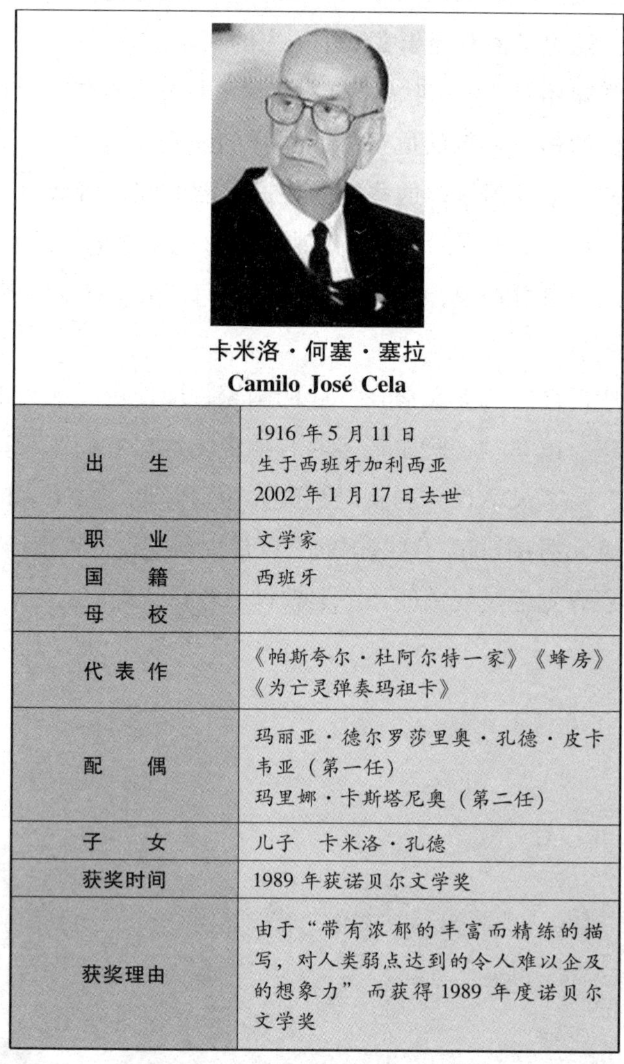

卡米洛·何塞·塞拉
Camilo José Cela

| | |
|---|---|
| 出　　生 | 1916 年 5 月 11 日<br>生于西班牙加利西亚<br>2002 年 1 月 17 日去世 |
| 职　　业 | 文学家 |
| 国　　籍 | 西班牙 |
| 母　　校 | |
| 代 表 作 | 《帕斯夸尔·杜阿尔特一家》《蜂房》<br>《为亡灵弹奏玛祖卡》 |
| 配　　偶 | 玛丽亚·德尔罗莎里奥·孔德·皮卡韦亚（第一任）<br>玛里娜·卡斯塔尼奥（第二任） |
| 子　　女 | 儿子　卡米洛·孔德 |
| 获奖时间 | 1989 年获诺贝尔文学奖 |
| 获奖理由 | 由于“带有浓郁的丰富而精练的描写，对人类弱点达到的令人难以企及的想象力”而获得 1989 年度诺贝尔文学奖 |

卡米洛·何塞·塞拉是西班牙一位性格独特的作家，他于 2002 年 1 月 17 日上午在马德里一家医院里走完了人生 85 年的历程。18 日下葬时，他的妻

子、无数读者和达官显贵们，都聚集到西班牙北部的加利西亚，向这位大师依依惜别！人们多么不愿意让这位西班牙最后的诺贝尔文学奖得主舍他们而去。他的遗孀玛里娜·卡斯塔尼奥随同灵柩步行来到这个名为伊里亚·弗拉维亚的村庄墓地，因为何塞·塞拉就要葬在西班牙女作家罗萨莉娅遗体附近的一棵橄榄树下，罗萨莉娅曾亲眼看着他1916年5月11日出生在这里的土地上。

## 影响深远　好评如潮

西班牙文化部部长皮拉尔·德尔卡斯蒂略在谈到塞拉的逝世时惋惜地说："西班牙20世纪举世闻名的作家离开了我们。"作家弗朗西斯科赞扬塞拉是西班牙"最后一位伟大作家"。葡萄牙作家、诺贝尔文学奖得主萨拉马戈评价塞拉时说，他是20世纪最伟大的作家之一，并在西班牙文学史上占有一个最重要的位置。他的书"表达了感情的深度，尤其是其根是置在冲突之中。""这一切是通过真正光辉灿烂的语言塑造出来的。"古巴文化部部长阿韦尔·普列托说，"塞拉的逝世是西班牙文学和世界文学的巨大损失。他在古巴有很多读者，他的死是我们感到悲痛的消息。"

塞拉的去世的确是西班牙文学不可弥补的一大损失，因而引起各方的极大关注。许多人都曾来到设在医院的小教堂吊唁这位伟大作家。其中包括西班牙首相阿斯纳尔及其部分内阁成员，还有来自政界和文化界的许多知名人士。西班牙国王卡洛斯一世和索菲娅王后也前来问候作家的遗孀，并敬献了一个花圈。而在几年前即1996年，当塞拉80大寿时，国王卡洛斯一世授予他伊里亚·弗拉维亚侯爵称号。记者兼作家的卡斯塔尼奥对记者们说，她从现在起将为丈夫的文学遗产不丧失而工作。

塞拉是继何塞·埃切加赖、哈辛托·贝纳文特、拉蒙·希梅尼斯和维森特·阿莱桑德雷之后，西班牙第5位诺贝尔文学奖获得者。他是由于"带有浓郁的丰富而精练的描写，对人类弱点达到的令人难以企及的想象力"而获得1989年度诺贝尔文学奖的。瑞典文学院还称赞他用"丰富而感情激烈的散文"表达出"一种人类现实的挑战性的观点。"西班牙皇家学院的负责人维克托·加西亚·德拉孔查评价塞拉为“全面的文学天才，不知疲倦的劳动者。”

## 无所顾忌　爱说粗话

对塞拉的评价之所以如此高，因为他是西班牙文学的大手笔，又是现实生活的直率观察员，他那处处都能表现出来的直率性格虽然多次遭到指责，但他始终不改。他说过，“我不相信时髦、流派和趋向，也不相信文学的官僚作风，我坚持的是，我只限于反映我看到的现实。”他在1989年获得诺贝尔文学奖时说，这种奇迹可能结束他的文学生活。并开始攻击塞万提斯文学奖，说这个奖项已经被政治化了，但是1996年他又获得了这个奖。而且早在1957年，他就成了西班牙皇家学院院士。



他经常讲粗话，使用不堪入耳的词语，做出一些有悖常理的举动。比如，当有人问他进入西班牙最高学术权威机构皇家学院的感受时，他说：“进皇家学院就好像把女邻居弄上了床，一旦搞上了她，也就搞上了。”他在参议院的一次例行会议上由于厌倦听长篇大论而打起了瞌睡，议长先生发现后责怪他说：“塞拉参议员刚才正在睡觉。”塞拉立刻回答说：“不对，议长先生，不是刚才正在睡觉，是刚才睡了一觉。”据说还有一次，在一个规格较高的宴会上，塞拉坐在一位很有身份的太太身边。整个宴会过程中，塞拉忍受着她那无聊的谈话。当他再也忍受不了的时候，便利用在场的人同时安静下来的一瞬间，放了个响屁。瞬时间，全场变得鸦雀无声。于是，塞拉缓缓转过身来，对着身边那位大惊失色的高贵夫人，用不太大但足以让所有人都能听到的声音说道：“太太，您不用担心，咱们就说是我放的。”（注1）

新闻媒体有时对塞拉的某些传闻也做过渲染，但塞拉本人从未进行过辩驳，因为塞拉认为他所针对的是腐败的观念、虚伪的社交礼仪及保守的传统等，而从不把矛头对着普通老百姓，因为他有一种非常接近一切弱者的温情。塞拉又是个多层面的人物，他的妻子说他是个伟大的陌生人，没有人真正了解他宽厚的品质和博大的情怀。

塞拉的人生在很小的时候就打上了不幸的烙印。他于1916年5月11日在他的家乡加利西亚的伊里亚·弗拉维亚降生。他总是爱回忆被称作黄金时代的童年，虽然他是个不好的“婴儿”，因为他曾使自己的父母失望过：由于他咬伤了一位修女的指头，被他的小学赶出了校门。长大以后，他也屡屡受挫，使他的性格具有多重性。

## 著作等身 屡屡获奖

塞拉的父亲是西班牙人，母亲是英国人。父亲因工作关系被派往马德里，他的家于1929年迁到首都，他在那里求学。他在马德里的大学学习哲学与法律。他的爱好很多，在他最终从事文学之前，他是个画家、演员，还是个斗牛爱好者，因此他后来便成了一个多产作家。他写小说、诗歌、剧本、故事、旅游文学，还是报纸的撰稿人。当然他更是一位大名鼎鼎的小说家，他曾因优秀的小说而屡屡获奖。

他的最有代表性的小说便是《帕斯夸尔·杜阿尔特一家》。这部被认为是战后西班牙文学歉收之年的里程碑的小说，描写了一个被敌意所包围的农民，无法排泄内心深处日益强烈的杀人冲动，最后竟然向自己的生母下了毒手。这部小说在找出版社时遇到很大的困难，但是由于他自己的勇敢和朋友何塞·玛丽亚的帮助，才于1942年1月得以出版，当时他还是一个学习法律的学生。这是一部很好的小说，但是由于小说具有强烈的现实性，引起弗朗哥政府审查官的注意，最后遭禁。这部小说是继《堂吉诃德》之后，被译为最多外文的西班牙小说，竟达26种文字，也是西班牙文学的最高顶峰之一。虽然《帕斯夸尔·杜阿尔特一家》被西班牙人认为是特别优秀的小说，却遭到天主教的反对，在出第二版时被禁止出版。塞拉因此放弃学习法律，开始全力投入文学创作。1954年在布宜诺斯艾利斯出版了这部小说的第二、三版。

塞拉的另一部伟大的小说《蜂房》描写的是战后马德里的贫苦情况。那里的一群养蜜蜂者在一个罪恶与困苦的世界里相互影响，为生存进行不屈不挠的斗争。由于这部小说反映了当时的现实生活，在西班牙被禁止出版。塞拉就把它拿到阿根廷，通过阿根廷庇隆政府的审查后，于1951年在那里得以出版。而这两部具有划时代意义的作品均被译成多种文字，并被搬上银幕。

接着，他写下多部颇具影响的小说并改写几部有影响的古典剧本。这里特别要提到的是1983年出版的小说《为亡灵弹奏玛祖卡》，描写了作者故乡战后的情况。和他的前几部小说相比，风格有所不同，但是主题基调变化不大。这使他获得了次年的西班牙国家文学奖。他在戏剧方面的主要造诣表现是，1978年秋天西班牙上演的喜剧《塞莱斯蒂娜》，是根据塞拉改编的西班牙现代剧。1990年3月初，西班牙拍摄的影片《堂吉诃德》也是塞拉改写的脚本。

评论家认为，他的小说描绘的是一种阴暗的但是并非对现实无动于衷的形象，他对生活的看法并非总是阴的。他的小说使用一种散文诗体，其风格平易近人，语言接近日常生活。但是，塞拉特别重视人，他说"人是公分母的"。他的小说对穷人和不幸者是有倾向性的，他还是多所大学的名誉校长。



## 生活丰富　多才多艺

塞拉的一生是不寻常的一生。他在大学之初学的是医，却走上了文学之路；他当过兵，打过仗，负过伤；他既写小说，又写剧本并演戏，还是一位诗人与画家……总之，他多才多艺。据不完全统计，他出版诗集数部，长篇小说14部，故事与寓言20部，游记11部，剧本11部，重要文章18篇等。

塞拉1931年和1932年在马德里上中学时，因为患了肺病，不得不进瓜达拉马疗养院。在养病期间，大量阅读了文学名著，其中有奥特加和加塞特的全部著作、里瓦德拉西古典名著的选集。1934年进入医学院后，他很快放弃学医，改学哲学与文学，上佩德罗·萨利纳斯的西班牙现代文学课，并学习他的诗歌。他还在那里与一批诗人、作家、知识分子交上了朋友。这一切对他日后步入文学殿堂大有裨益。

在1936年至1938年西班牙内战期间，马德里被包围，他参加了国民军，在前线负伤后回家养伤。伤好后，他重新进大学学习哲学，并开始发表他的第一批作品，使用的化名是"玛蒂尔德·贝尔杜"。1942年他的代表作《帕斯夸尔·杜阿尔特一家》一经问世，便好评如潮，赢得很高声誉。接着又出版了他的第一部游记《拉阿尔卡里亚之行》。与此同时，他还作为演员参加了影片《地窖》的拍摄工作。

1954 年对塞拉来说是改变生活环境的一年，他从马德里迁到帕尔马德马略尔卡。他在这里结识了美国作家、诺贝尔文学奖得主海明威，并在海明威的支持下办了一份文学月刊，他自己既当主编又当社长。1958 年他两次外出旅行，在美国的加利福尼亚拜访了画家毕加索；他在 1962 年出版的《预言诗》，就是由毕加索配的插图。诗与画珠联璧合，相互生辉，把读者带入一个诗情画意的美丽王国。

1969 年，塞拉在出访拉丁美洲的时候，特意来到智利诗人、诺贝尔文学奖得主巴勃罗·聂鲁达在海边的家——黑岛，两位文学大师的相会，成为一段美丽的佳话。不但增强了二者之间的友谊，还有助于欧洲与拉丁美洲的文化交往。1977 年，由西班牙皇家语言学院提名，他当选为议员。1989 年获得诺贝尔文学奖之后，他立下获奖后 3 年不再写作的诺言，当他实现了诺言后，于 1990 年 11 月 4 日开始与《独立报》合作，为其《单身变色龙》专栏撰稿。

塞拉曾于 1944 年与玛丽亚·德尔罗莎里奥·孔德·皮卡韦亚结婚。1946 年 1 月 17 日，他与塞拉·孔德的唯一儿子卡米洛·孔德出生，后来离婚。1991 年 3 月 10 日，塞拉和玛里娜·卡斯塔尼奥结婚。次日，卡洛斯一世国王夫妇出席在伊里亚·弗拉维亚举行的卡米洛·何塞·塞拉基金会落成典礼。1992 年，在马德里国家图书馆举办“《帕斯夸尔·杜阿尔特一家》50 周年展”，至此，这本包括西班牙文和各种译文在内的小说，已经出版 187 版。

## 荣获诺奖　前妻有份

据路透社从西班牙首都马德里报道，西班牙诺贝尔文学奖得主、刚逝世不久的文学大师卡米洛·塞拉的前妻德尔罗萨里奥·孔德，在她 2 月 24 日刊登在西班牙日报《世界报》上的一项声明说，塞拉之所以获得诺贝尔文学奖多亏了她，因为她是塞拉生活中的关键女人，而不是塞拉遗孀玛里娜·卡斯塔尼奥。她还说，她与塞拉一起生活了 44 年，在他们共同生活期间，塞拉共写作了 60 部著作，这些作品中也凝结了她的心血。

孔德在回顾她是如何协助塞拉写作时这样说：“我用打字机给他打字，

我与出版商去谈出书事宜。在需要的时候，我要求他前进。总之我为他克服一切困难。”她还说：“不容置疑的是，当他认识玛里娜·卡斯塔尼奥时，我已同他写了60部书。他总是这样说：‘如果授给我诺贝尔奖，那将要感谢你。’”

德尔罗萨里奥·孔德是塞拉唯一的儿子卡米洛·孔德的母亲。但是，当塞拉在今年1月份逝世时，他把他的遗产大部分都留在了他的遗孀玛里娜·卡斯塔尼奥手里。这就是说，留给他的前妻和他的儿子的遗产很少，这引起他的前妻不满，不得不出来表明自己的态度。

塞拉的前妻孔德女士还回顾了她对塞拉的最初看法。她说：“当我认识他时，我觉得他太好卖弄学问，我不喜欢他……我还觉得他有点儿傻，因为他很爱照镜子；但是，后来我渐渐地感到他挺讨人喜欢的。”在谈到这位1989年诺贝尔文学奖得主的作品时，孔德说塞拉最好的作品是《蜂群》，这部小说塞拉共写了五遍。此前他出版了《圣米格尔》和《为亡灵弹奏玛祖卡》。



## 有关塞拉的家庭隐私

诺贝尔文学奖得主塞拉去世一周年之后，他的助手桑切斯·萨拉斯写了一部关于这位诺奖得主及其家事的书，书名为《塞拉：我有陈述真理的权利》。在本书其中，他把塞拉的第二任妻子玛里娜·卡斯塔尼奥描写为“少智慧”却“有经济野心”的女人。

上述消息是欧洲通讯社3月2日从马德里报道的。消息说，曾给塞拉当了5年私人秘书的桑切斯·萨拉斯在记者招待会上宣布，对于塞拉与玛里娜·卡斯塔尼奥婚后的情况，他有“阐述真实情况的道义”。这些情况而非隐私都浓缩在他的这部书里。

他在书中谴责了塞拉的遗孀玛里娜·卡斯塔尼奥。他指出，从文学的角度来看，“玛里娜·卡斯塔尼奥对何塞·塞拉是有害的”。这位哲学家把他的几乎所有的书籍，都用来分析这位诺贝尔文学奖得主，因为他从1955年起就当了他的“私人秘书”。

多年来，桑切斯·萨拉斯一直研究塞拉的文学作品及塞拉本人。他说，他企图用这本书来揭示塞拉的“人道主义方面”，而对于这个方面，他是通过给他当“护士”、“孩子”、“司机”与“文学助手”的 5 年时间得以认识的。人们可以在这部书里看清楚处在横幕之间的塞拉。他还著有其他有关塞拉的书，比如《与塞拉在一起的最好轶事》、《塞拉——我看见哭的人》与《关于塞拉著作批评的笔记》等。

这部书的第二部分的内容是，塞拉遵医嘱在与这位助手晨间散步时，两人之间的对话。他向塞拉提出了一系列感兴趣的问题，如关于毕加索等人的故事。这部作品在分析了塞拉几乎所有类型的作品（小说、诗歌、故事、游记与散文等）之后，肯定地说，塞拉神话般的著作，如果没有他的第一任妻子德尔罗萨里奥 · 孔德的支持，是不可能完成的，因为她是塞拉的好助手。而他对玛里娜 · 卡斯塔尼奥的看法却是另一回事，他说她是个“少智慧”而“有经济野心”的女人。

他还说：“塞拉与玛里娜 · 卡斯塔尼奥结婚后，企图寻觅在散文方面的收获，但是，她没有使他受益，”“我认为她是个贪财的女人”。

（注 1：此段话引自丁文林先生《一位爱说粗话的大师》一文）

怀着同情之心描写社会边缘人物，如妓女、疯子和穷人等。有一次，他在接受一家杂志记者采访时说：“我认为作家本应该永远是一个伟大的孤独者，一个自由分子。”但是他并不主张对文学过于分析。

在西班牙 20 世纪文学史上占据着重要位置的塞拉，除获得过国家文学奖，他还在 1987 年荣获阿斯图里亚斯亲王文学奖，授奖的原因是“他的作品丰富而享誉世界，并在本世纪西班牙语文学中具有特殊意义。”而 1989 年 12 月 10 日，他在瑞典斯德哥尔摩接受了诺贝尔文学奖。获奖之后他说，这种奇迹可能结束他的文学生涯。但是 1995 年，他又获得了被认为是西班牙最高文学奖的塞万提斯文学奖。

# 詹姆斯·托宾

## ——著名的凯恩斯主义经济学家

詹姆斯·托宾
James Tobin

| | |
|---|---|
| 出　生 | 1918 年 3 月 5 日<br>生于美国伊利诺伊州 |
| 职　业 | 经济学家 |
| 国　籍 | 美国 |
| 母　校 | 哈佛大学 |
| 代表作 | 《美国企业准则》与哈里斯等合著、《国家经济政策》、《经济学论文集：总体经济学》《十年后的新经济学》《计量经济学论文集：消费与计量经济学》 |
| 配　偶 | |
| 子　女 | |
| 获奖时间 | 1981 年获经济学奖 |
| 获奖理由 | 获奖的理由是：托宾的贡献涵盖经济研究的多个领域，在诸如经济学方法、风险理论等内容迥异的方面均卓有建树，尤其是在对家庭和企业行为以及在宏观经济学纯理论和经济政策的应用分析方面独辟蹊径 |

詹姆斯·托宾（James Tobin）在 2002 年 3 月 11 日不幸逝世，这是世界

经济学界的一个重大损失。这位由于“阐述和发展了凯恩斯的系统理论与货币政策的宏观模型。在金融市场及相关的支持决定、就业、产品和价格等方面的分析作出了重要贡献”，获得 1981 年诺贝尔经济学奖的经济学家，走完了人生 84 载的历程。他生前是耶鲁大学的教授，并担任过美国肯尼迪总统的经济顾问，被誉为美国最杰出的凯恩斯主义经济学家之一。让我们回顾一下他的不凡经历吧：他于 1918 年 3 月 5 日出生，1939 年成为哈佛大学学士，1940 年获哈佛大学硕士，1947 年获哈佛大学博士学位。1946 年至 1950 年为哈佛大学初级研究员；1950 年至 1955 年为耶鲁大学经济学副教授；1955 年至 1957 年为耶鲁大学经济学教授；1957 年为耶鲁大学史特林经济学教授。他的重要著作有：《美国企业准则》（与哈里斯等合著）、《国家经济政策》、《经济学论文集：总体经济学》、《十年后的新经济学》、《计量经济学论文集：消费与计量经济学》等等。

## 他是如何喜欢上经济学的？

他是如何喜欢上经济学的？回首往事，他在 1985 年 4 月 30 日的一次演说时说：“我生长在一个大学城里，念的是大学的附设中学，我的同窗好友大多数是大学教授或员工的子弟。我一直是成绩特优的学生，拿 A 是家常便饭。不过，现在回想起来，当初我真的从未想过以学术研究为生。我原来很喜欢新闻记者的工作，那正是家父的职业；我从 6 岁开始就自行编制报纸。我也曾想过要念法律，因为我喜欢争辩讨论，而且我在 10 多岁时就对政治着迷。当时我应该知道大学里有经济学这门课，但究竟内容为何，我则一点也不熟悉。当然，有关经济的课题，经常会出现在中学的历史课与公共课里头。因此，我认为，经济学将会是日后自己在大学里所选修社会科学之中的一门学科。”

他一直认定自己会在家乡上大学——伊利诺斯大学读书，但是，他意外地拿到哈佛的奖学金，促成了他进入经济学的领域。对此他父亲功不可没，因为他父亲好学多闻，喜欢阅读各类书籍，他在《纽约时报》上看到，哈佛提供中西部 5 个州每个州 2 名新生的奖学金。他接受家父的建议，提出申请，结果成功了。父母对他的影响很大：透过他的双亲，他能深入感受到当时政治与经济方面的各项问题。他的父亲是一位学识丰富、心思细密的自由派人士；母亲则是位社会工作者，她的一辈子几乎都在处理失业与贫穷的个案。

哈佛促成他进入经济学的领域。因为当时，哈佛已经是北美首屈一指的经济学研究中心。他还是学生的时候，就遇到了两位在经济学界的重要人物：一位是里昂惕夫，当时已任教职；另一位是萨缪尔森，他是担任初级研究员的研究生，无须正式修课。在20世纪30年代哈佛资深教授阵容中，可以说有的是诺贝尔奖的必然人选。

他在大二时，即18岁那年，开始经济学原理的课程，老师波拉德是专攻劳动经济学的研究生，同时也是他的导师。波拉德当时建议他们，讨论由凯恩斯撰写的《就业、利息与货币的一般理论》。一开始阅读，他就被经济学迷住了。其原因不外乎两个：其一，经济理论是一项迷人的知性挑战。他非常喜欢分析与逻辑论证，由小学到大学阶段，代数可能是最令他眼界大开的科目。其二，透过经济学的研究，显然可以对经济大恐慌及其为全球政治走势所造成的可怕影响有所了解，甚至可能提出解决之道。他着迷于凯恩斯理论和正统古典经济学家的抗衡，因为按照凯恩斯理论，罗斯福总统采取的美元贬值，以及政府赤字支出政策，在经济学上都是正确的做法。凯恩斯使他受到了震撼，当时的哈佛已成为凯恩斯学派进军新世界的滩头堡。

## 托宾研究的主要领域

他获奖的学士论文，就是探讨他认为属于凯恩斯及其攻击的古典经济学者双方的中心理论。他获奖的论文就在找寻凯恩斯理论的缺失，这似乎颇令人惊讶。不过，他也不认为凯恩斯有必要在反对者的大本营中坚决争取理论上的全面胜利。不论失业是长期失衡还是短期均衡的现象，凯恩斯务实的论点都不失其重要性。他个人发表的第一项专业著作，就是根据这篇论文改写而成，发表在哈佛编辑出版的《经济学季刊》上。这项议题至今仍相当热门，他也一直对它相当关切，并发表过一些相关论文。

1939年从大学毕业之际，决定成为专业的经济学者。哈佛有一套留住大学部优秀学生的方法，也就是将奖学金的提供延伸至研究所——他的奖学金获得展延，顺理成章地进入研究所就读。从大学部转到研究所的过程中，他并没有碰到多大困难，因为早在大四时，他已选修过若干研究所的课了。这时，需要的是加强选修一些专业研究工具的课程，包括数理经济学理论以及统计学与计量经济学。当时的哈佛，才刚刚要开始迎头赶上这两种分析工具的发展脚步。

他喜欢一般均衡的分析法，这是宏观经济学最吸引人的地方之一。这些把产出视为整体的总产出模型，可以说相当精简而明确，有助于对模型的了解与操作。但他个人从不是所谓数学化的一般均衡理论“迷”，因为它的纯理论性及一般性，丧失了操作性结论中有趣的一面。再者他认为，由于数学的一般均衡模型精致完美，也导致今天许多经济理论家过度相信自由竞争市场会是最好的运作模式。

凯恩斯经济学理论是与传统的经济学理论相对抗的。传统经济学者认为，自由竞争市场可以对资源做有效的配置。凯恩斯却指出：假如有工作意愿也有工作能力的劳工找不到事做，就显示出整个市场制度存在极严重的失灵。再怎么说，最无效的事，莫过于让有生产力的资源闲置。托宾认为，不论失业是长期失衡还是短期均衡的现象，凯恩斯务实的论点都不失其重要性。托宾曾经说过：“凯恩斯是后来所谓‘宏观经济学’的启建者，当时和他共事的年轻经济学家罗宾逊夫人曾以‘整体的产出理论’来形容凯恩斯的理论，这实在是相当贴切的用语。与这种理论恰好形成对比的，是针对特定市场或部门的产出与价格理论，也就是目前通称的‘微观经济学’”。

托宾被认为是将凯恩斯理论革命带到美国的经济学家之一。他把 20 世纪 40 年代所流行的凯恩斯主义原理与模型发展为更成熟的学说，其理论的重点在于，投资人如何在风险、报酬与资金流动性之间取得平衡。他之所以能够取得这一成就，主要是学有所成和潜心研究。1939 年，他从大学毕业之际，就决定成为专业的经济学者，选择到哈佛进入研究所就读。他在研究所的研究过程中，加强选修一些专业研究工具的课程，包括数理经济学理论以及统计学与计量经济学。

这些把产出视为整体的总产出模型，可以说相当精简而明确，有助于对模型的了解与操作。他在 1958 年提出一套新的统计方法，即所谓的托宾分析法。当托宾担任了耶鲁基金会的研究主任后，他把基金会研究的范围加以扩大，纳入总体经济学的题目。主要的研究与写作重点，仍然延续了先前他对凯恩斯及总体经济学的兴趣。致力于改善总体模型的理论基础，使之能契合新古典学派经济学的主要观点，并弄清货币政策与财政政策的角色。他在这方面的努力目标，和其他许多的经济学家是一致的，这时一股新的主流——综合凯恩斯革命以及这项革命所反对的古典经济学——正在酝酿。

凯恩斯的理论架构中有四大基石：工资与就业的关系、消费倾向、流动性偏好与货币需求、刺激投资的诱因。凯恩斯在消费与储蓄“心理法则”中指出，随着每人实质所得逐渐增加，储蓄占所得的比例将持续升高。托宾认为，应该把凯恩斯法则解释为终生消费对终生所得之间的关系，而不是这两个变数在各个年度的关系。同理可以推论，影响短期消费的因素，并非只有当期所得，财富的多寡也会有作用。

20 世纪五六十年代，他的研究重点是摆在总体经济学的货币面。在这方面的研究上，首先，他想为货币需求对利率的敏感性或是货币流通速度与利率的关系，建立一套稳固的理论基础。在他论文模型中的资产，有一项是无风险性资产，后来曾引起人们广泛的兴趣。但他觉得不尽完善的是，在分析中，把安全性资产只和一种风险性资产来配对，以此来代表其他的状况。这种加总的方法是沿袭凯恩斯的，他以一个利率来泛指所有非货币性资产与负债的一般性盈利率。但他曾证明，他的结论能够推广并适用到多种风险性资产，而且其收益与风险各有不同。风险性资产组合的选择，即各种风险性的相对权数如何，基本上和决定风险性资产与安全性，即货币的相对比例应该是多少是毫不相干的。

托宾研究的另一个目标是想把货币导入长期成长理论里。20 世纪 50 年代，经济学界曾尝试综合凯恩斯学派与新古典经济学，其中一项努力就是按照新古典的思路来发展成长理论。有些凯恩斯学派的经济学者倾向同意：在长期内，充分就业会存在，储蓄限制投资，而且“供给创造本身的需求”。不过，短期内仍是凯恩斯学派的天下，也就是劳力与资本可能无法充分就业，投资主导储蓄，而且需求导致供给。托宾 1955 年发表的“动态加总模型”说明在一个成长的经济中，资本存量和货币成长率或通货膨胀率之间，是呈现正相关的关系。

在托宾的研究中，也清楚地纳入储蓄、投资以及资产累积的存量与流量的动态分析，这一点他在1981年诺贝尔奖演说上亦曾提及。这些动态因素被凯恩斯所忽视，因为他认为短期之内，由于新投资的数量有限，资本存量的变动可以不予考虑。但是，流量的确会改变存量的水准。投资的流量会建立起资本存量，政府赤字会扩大政府公债，甚至可能增加货币供应量；贸易的顺差会提升国家净资产相对于其他各国的水准。如果不对这些效果深入分析，有关宏观经济政策或其他相关事件的探讨，都称不上完备。他在担任肯尼迪总统的经济顾问时期主张，当时需要紧缩的预算以及宽松的货币政策，可在充分就业的情况下产生预算剩余，并使利率水准降低，而将政府的盈余导向生产性的资本投资。整个重点是要通过政策的搭配，促成经济的生产能力提升，从而确保充分就业。

1962年9月托宾返回耶鲁。虽然他知道许多从华府政治圈子里退下来的人，通常很难再回到专业的学术领域，但他决定要尽快重返学术界。总之，在50来年经济学的革命中，他从一名充满热情的新兵，目睹了崭新的理论逐渐成为主流与正统，后来又成为某些人攻击的目标。无论是政治的见解或经济学专业领域的潮流，他都问心无愧。因为自称是凯恩斯继承人的他，对金融市场与现金市场间的平衡的总理论作出了贡献。特别是他在1971年提出的国际资金流动税已成为“托宾税”。他建议政府对外汇交易课征小额税赋（0.1%－0.5%），作为对打击投机的手段，并建议将税收用来推动后进国家的发展，以及对付贫困和保护环境。他提倡自由贸易，支持国际货币基金组织、世界银行和世界贸易组织。

统计学与计量经济学

1941年5月托宾离开哈佛，1946年2月才又重返哈佛，然后进入海军服役，于1945年圣诞节正式退伍。在他战后的研究工作中，统计学与计量经济学变得非常重要。在1947年撰写的博士论文，尝试将他从家庭预算调查中得到的横断面资料与总合性的时间序列资料加以结合，来估计所得、财富及其他变数的效果。这项研究是1949年至1950年在英国剑桥大学应用经济学系时所进行的，找希望透过横断面的观察，来解决只按时间序列分析所作的统计推论可能存在的模糊地带。1953 年进入密西根调查研究中心，碰到了卡托纳、摩根以及克莱因，使他获益匪浅。由于在这类资料的分析方面累积了相当的心得，因此他在 1958 年提出一套新的统计方法，即所谓的托比分析法。

对风险与预期收益的资产组合选择理论，他曾进行过相当时间的研究，而流动性偏好的论文正是他在这方面研究的说明与应用。风险性资产组合的选择，即各种风险性的相对权数如何，基本上和决定风险性资产与安全性——即货币——的相对比例应该是多少是毫不相干的。资产组合理论指出，各种资产之间无法完全替代，因为它们各有不同的预期收益，以反映边际风险的不同。我们的研究方向也进一步指出，在货币与非货币资产之间，并没有一道很清楚划分的界线。这种在货币与财务理论上的“耶鲁路线”，已被广泛地应用在资金流动的实证研究以及国际资本流动的模型建构上。

对货币政策而言，最重要的是其对资本投资产生的效果，这些投资包括企业的厂房与设备、住宅、存货等。通常提到的市场利率或是货币数量或信用额，并不能完整表现这些效果。我们对货币经济学与宏观经济学的一贯研究方法，很自然地把我们带到一个完全不一样的方向，基本上比较接近投资决策理论。这就是所谓“托宾寸’（Tobin，s q），即资本资产的市场评价与其重置成本之比，像现有房屋的市价和建筑类似新屋成本之比就是一例。

1960 年夏天，参与肯尼迪总统的竞选活动，当时他的主张是，需要紧缩的预算以及宽松的货币政策，可在充分就业的情况下产生预算剩余，并使利率水准降低，而将政府的盈余导向生产性的资本投资。整个重点是要透过政策的搭配，促成经济的生产能力提升，从而确保充分就业。巧合的是，他对目前情况的主张还是与此类似。

1961 年 1 月初，肯尼迪当选总统后，他和妻子蓓蒂及同事交换了意见，然后才同意接受去经济委员会任职这项邀请。在这个职务上，他总共待了 1 年零八个月的时间。肯尼迪的经济委员会发挥了效果与影响力，这是因为总统及其最亲近的白宫幕僚都重视学术界，也重视思想观念以及学者。

托宾 1962 年 9 月返回耶鲁。虽然他热爱委员会的工作，但他知道自己主要的专业还是在大学从事教学与研究。在华府的工作时间很长，这对他及妻子还有四个年幼的小孩都是相当辛苦的。不过他还继续担任委员会的顾问并积极贡献心力。但他决定要尽快重返学术界，而相信自己是做到了。

在50年前经济学的革命中，他是一名充满热情的新兵，其后又目睹了崭新的理论逐渐成为主流与正统，后来更成为反对派攻击的目标。无论是政治见解或经济学专业领域的潮流，他都不合时宜。今天，许多年轻一辈的经济学者对新的古典宏观经济学趋之若鹜，一如30年代，他与同辈学者纷纷投身成为反对老式古典宏观经济学的先锋。许多主题基本上并没有太大的差异，但整个大环境和当年经济大恐慌时代截然不同。各个参与论争的学派都拥有更完善的装备：在数学、分析及统计学的工具上，已有了长足的进展。他对目前经济学界的意见分歧，并不感到绝望，因为这个学科就是在不断的论争之中茁壮成长的。他说：“我预期，也许在我有生之年，就会有一股新的综合思潮演化而出。”

# 切斯拉夫·米沃什

## ——伟大的波兰诗人

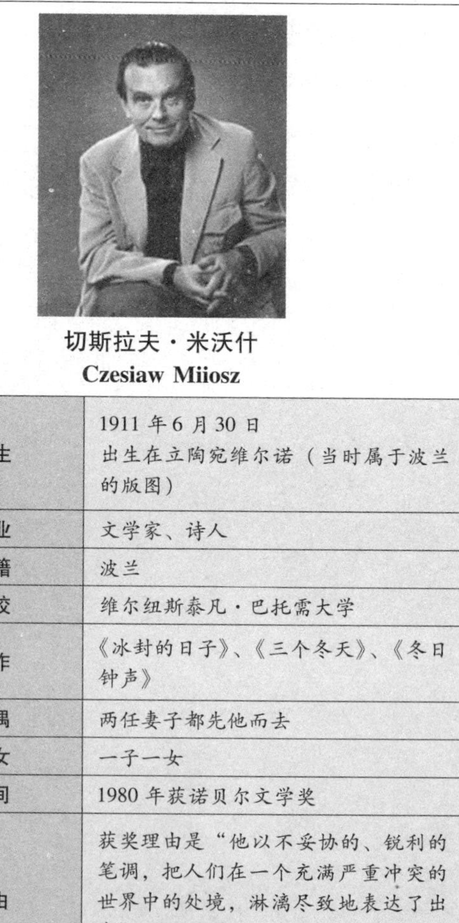

切斯拉夫·米沃什
**Czesiaw Miiosz**

| | |
|---|---|
| 出　　生 | 1911 年 6 月 30 日<br>出生在立陶宛维尔诺（当时属于波兰的版图） |
| 职　　业 | 文学家、诗人 |
| 国　　籍 | 波兰 |
| 母　　校 | 维尔纽斯泰凡·巴托雷大学 |
| 代 表 作 | 《冰封的日子》、《三个冬天》、《冬日钟声》 |
| 配　　偶 | 两任妻子都先他而去 |
| 子　　女 | 一子一女 |
| 获奖时间 | 1980 年获诺贝尔文学奖 |
| 获奖理由 | 获奖理由是“他以不妥协的、锐利的笔调，把人们在一个充满严重冲突的世界中的处境，淋漓尽致地表达了出来”，“他的著作多种、引人入胜，富有戏剧性” |

据波兰通讯社 2000 年 8 月 14 日发自华沙的报道说，波兰诗人、1980 年诺贝尔文学奖获得者切斯拉夫·米沃什是日在家中逝世，享年 93 岁。这个不幸消息是诗人的家属告诉这家通讯社的。与此同时，欧洲通讯社与美联社等

国际大通讯社均对他的去世作了较详细报道。据悉，诗人米沃什生前患有心脏病，但他的助手阿格尼兹卡透露，这并非导致他死亡的真正原因，他表示，“米沃什是自然死的，他已经 93 岁了。令人感到欣慰的是，他是在家人陪伴下静静离开人世间的。”当诗人在南方的家中闭上双目的时候，他的儿子与儿媳等都待在他的身边。他去世的当儿，能被亲近的家人围在身边，也许是对他多年流亡异国他乡孤独生活的一种弥补吧！

## 一位以真实为生命的诗人

当波兰总理马雷克·贝尔卡获悉诗人米沃什逝世的噩耗时，他深感惋惜地说，米沃什是“一位伟大的波兰人”。这位总理还对波兰通讯社说：“他用他的心和笔为我们表明了道路，阐明了现实，并敦促我们做善事。”

诗人切斯拉夫·米沃什 1911 年 6 月 30 日出生在立陶宛维尔诺附近的基日达尼一个贵族家庭，当时立陶宛仍然属于波兰的版图（直到 1940 年归属于前苏联）。第一次世界大战后，他同家人一道移居到波兰。他的父亲亚历山大·米沃什是个土木工程师，由于工作的关系，带着全家走过俄罗斯的许多地方。米沃什的中学时代是在首都维尔诺度过的，他对当时强制推行的天主教教育非常反感，虽然他不反对天主教本身，本人还是个虔诚的天主教教徒。在上高中的时候，他就翻译过维吉尔和贺拉斯的著作。

中学毕业后进入维尔诺大学，读的是法律而不是文学，并取得硕士学位。他在上大学时开始发表诗歌和评论，他的第一批诗歌就是在上大学时发表的。1931 年，他与朋友创办了文学刊物《火炬》，以及文学团体“火炬社”。他们和当时的左派分子自成一派马克思主义者，号称波兰诗坛的“灾难主义诗派”。当他 30 岁的时候，他就成了波兰先锋派诗歌无可争议的领军人物。

第二次世界大战期间，他积极地参加了反对纳粹占领的斗争，目睹了纳粹的种种暴行，参加了抵抗运动，并编辑出版了反对法西斯的诗集《无敌之歌》。在他积极参加反对德国法西斯占领华沙的抵抗运动中，《无敌之歌》与其它作品一道发挥了作用。华沙犹太人在举行反对纳粹大起义时，口里唱的就是《无敌之歌》。而他本人被纳粹分子所俘，但在被送往集中营的路上，他巧妙地逃了下来，被一座修道院的修女保护起来，才得以获救。

第二次世界大战后，他进入国家电台工作，进而从事外交事务。但是，必须说明的一点是，1934 年至 1935 年，他拿奖学金在法国巴黎读书期间，受到天主教徒、诗人奥斯卡·米沃什的影响，他曾这样说过：“他对我文学观的形成有很深的影响。”他还在接受诺贝尔文学奖时的演说辞里说，对他影响最大的两个人，其中之一就是奥斯卡·米沃什——“一位巴黎的隐士和幻想家”；另一位是热爱上帝但拒绝进入教会的西蒙娜·韦伊。

20 世纪 40 年代，他被派往华盛顿从事外交工作。1951 年从波兰驻巴黎大使馆文化参赞任上出走，从而与波兰政府决裂，开始了他的流亡生活，他当时的身份是独立作家。他是位诗人、小说家、散文家和翻译家。1962 年起任美国加州大学伯克利分校斯拉夫语言文学系教授（荣誉退休教授）。1978 年获得有小诺贝尔奖之称的诺斯达特国际文学奖。据悉，这位持不同政见者，对于共产主义与斯大林有自己的看法。他在法国与美国流亡 30 多年，当“铁幕”降下后，他才于 1989 年回到自己的家乡，一直住在克拉科夫。

研究学者认为，米沃卡的流亡并非政治流亡，他不是一位政治人物，也不是为了贪恋西方的生活方式，而仅仅是写作上的必然选择。作为一位以真实为生命的诗人，他必须摆脱思想上和写作上的禁锢，必须更为自由、客观地审视和记录历史与现实。

## 最伟大的时代诗人之一

诺贝尔文学奖得主约瑟夫·布罗茨基曾在 1978 年对米沃什有过这样的评价。他说：“我郑重而毫不犹豫地认为，米沃什是我们时代的最伟大的诗人之一，也许是最伟大的。”

2004 年 3 月在布拉格作家节期间，另一位诺贝尔文学奖获得者纳丁·戈迪默在与大会组织者迈克尔·马奇对话时，从另一个侧面证明了米沃什的心境。马奇问：切斯拉夫·米沃什表达了这样一种困难的选择，“不安于暴政，不安于共和，在前者中期望自由，在后者中走向堕落的尽头。”现在我们在哪里？纳丁·戈迪默回答说：“我们也在期望和伟大的米沃什在一起，期望堕落的尽头。它表现出来的是自由的状态之一。”

由于他曾是个流亡的知识分子，他的作品只有在他获得诺贝尔文学奖后，才在他的故国得以出版。他虽然精通多种语言，但他只用波兰语写作，因为在他的心里只装着自己的祖国——波兰。他曾经说过：“我是一个波兰诗人，不是立陶宛诗人。”但是，冷战期间，他用波兰语所写的作品到不了他的同胞手里，在其他世界了解其作品的人也很少。这一度使他陷于非常困惑的境地，甚至产生自杀的念头。得到诺贝尔文学奖之后，他的作品才在国内“解禁”，进而在国外渐渐被重视。我国诗人西川说：死亡和发生在波兰、东欧、苏联的事，把米沃什塑造成一个充满“意识形态激情”的诗人。

1980 年，瑞典文学院在研究授奖时这样认为，米沃什的作品“是来自一个流亡者痛苦期待自由的颂歌”，“米沃什在他的诗歌、散文和杂文中所描绘的世界，是人们从天堂中被抛出之后所生活的那个世界。”他在作品中“以不妥协的鲜明观点说出了人们在许多严重冲突中的真实情况”，而授予他本年度的诺贝尔文学奖。

对授奖当之无愧的米沃什是一位不知疲倦的诗人，一直到他 90 岁那年，他仍然喜欢半夜起床写诗。他还说：“在我这样的年纪，我仍然在努力寻找一种形式、一种语言来表达这个世界。”可以说，在将离开人世间的时候仍在写诗的他，不愧为生命不息、探索不止的诗人。

## 作品表达对人类的感恩之情

他的著作颇丰，早在上大学时候，他就发表了诗作《三个冬天》(1936)。他的重要作品《伊萨谷》(1955)，描写的是他的童年生活。他的力作之一是《权力的攫取》，描述了二战后波兰知识分子的困境，他凭这部小说赢得了国际声誉。他的另一部主要作品是《旧金山海湾一瞥》(1969)，陈述了他在美国的遭遇，用他自己的话来说，他在那里的处境——继续是个“贱民”。

自 1951 年留居国外后，他发表了 20 多部诗集和小说。其主要作品有《冬日之钟》(诗集)、《面向河流》(诗集)、《拆散的笔记簿》(诗文集)、

《被禁锢的头脑》（政论集），以及《波别尔王和其他的诗》、《中了魔的古乔》、《没有名字的城市》、《太阳从何处升起，在何处下沉》、《收割集》、《诗的论文》、《波兰文学史》，还有中国诗人西川、北塔合译的传记《米沃什的词典》等等。

米沃什在谈到自己的诗歌价值时说："诗最重要的特质是给人生经验一种肯定的评价，我们这个世纪的诗，包括我自己的作品，都有着过多的否定和虚无。想到这一点，我就感到很悲哀，每当人类的历史经验和个人生存充满恐怖和苦难时，诗人们眼中的世界便成为黑暗一团，聚集着各种冷漠残暴的力量。然而，在个人的人生历程中，我常看到人类的崇高和善良，在危险时刻发挥了激浊扬清的作用。我的作品多少表达出我对人类的感恩之情，因此，我的诗还有点价值。"

他对往事的追忆和对时间的思索构成了他的诗歌的特色，而在他早年的抒情诗里，他似乎就注意到了时间和由此带来的变化。瑞典文学院在颁给他诺贝尔文学奖时也提到这一点，评语说，米沃什认为，作家最重要的任务之一就是"向读他作品的人，展示一个能使其生活变得更热情的空间。"



## 诗人在争论之中安息

据法新社 8 月 27 日发自华沙的报道说，于 8 月 14 日因病逝世的切斯拉夫·米沃什已被安葬在波兰伟人公墓；但是，这家通讯社还说，他是在对其关于为国家与天主教成就的一片争论中进入先贤祠的。可是，他的葬礼还是相当隆重的，因为据国家电视台发布的消息说，在圣母大教堂举行的弥撒是由大主教主持的，参加者达数千人。

在参加葬礼的要人当中，有波兰前总统、1983 年诺贝尔和平奖获得者瓦文萨。当做完弥撒后，米沃什的棺材被抬进（skalka）先贤祠，与波兰的其他伟大的艺术家们长眠在一起，虽然波兰的极端主义天主教组织与民族主义组织反对把他葬在伟大人物所在的先贤祠里。但是，波兰大主教在葬礼时却宣读了罗马教皇保罗二世寄来的一封信，信中说，他最近与米沃什交换过信件，米沃什曾说："最近几年，他与天主教正教接近"，又说，他与波兰教皇"持有同样目标。”

尽管对于米沃什有不同的看法，但是，许多波兰知识分子在新闻界公开发表的信里，都维护“这位 20 世纪最伟大的波兰诗人”。米沃什有两个孩子。但遗憾的是，他的两任妻子都先他而去。他的第一任妻子死于 1986 年；第二任美国籍妻子死于 2003 年。

# 欧内斯特·海明威

## ——在古巴生活与写作的故事

欧内斯特·海明威
**Ernest Miller Hemingway**

| | |
|---|---|
| 出　生 | 1899 年 7 月 21 日<br>生于美国芝加哥市<br>卒于 1961 年 7 月 2 日 |
| 职　业 | 记者、作家 |
| 国　籍 | 美国 |
| 母　校 | 中学毕业 |
| 代表作 | 《老人与海》、《太阳照样升起》《永别了，武器》《丧钟为谁而鸣》 |
| 配　偶 | 一生经历四次婚姻 |
| 子　女 | 儿子，约翰·哈德莉·海明威（1923－2000）、儿子，帕特里克·海明威（1928－）、儿子，格利高里·海明威（1931－2001） |
| 获奖时间 | 1954 年获诺贝尔文学奖 |
| 获奖理由 | 获奖原因是："因为他精通于叙事艺术，突出地表现在他的近著《老人与海》中，同时也由于他在当代风格中所发挥的影响。" |

美国著名作家欧内斯特·海明威不愧为世界大文豪，由于"精通叙事艺

术”和“他在当代风格中所发挥的影响”，瑞典文学院将1954年诺贝尔文学奖授予了他。他的获奖作品《老人与海》是在古巴写就的，并在那里长期居住，因此他与古巴有着千丝万缕的联系，所以他在古巴的故事也特别多。这里仅举几例，以飨读者。

## 海明威物品展及生平作品研讨会

海明威的一生有三分之一的时间是在古巴度过的，他与古巴结下了不解之缘，这也成了古巴与美国人民之间的不可或缺的纽带。古巴举办的海明威物品展和其生平与作品研讨会，使前所未有的美国学者来古巴参观和出席研讨会。据美联社2002年5月20日发自哈瓦那的消息说，属于欧内斯特·海明威的房子——“比希亚庄园”打开了大门，展览这位作家的鲜见之物：他获得的诺贝尔文学奖证书、电影剧本和照片等。

海明威从1940年至1961年住在美丽的“比希亚庄园”里，庄园距首都哈瓦那市区市中心只需半小时路程。海明威留下的物品就保存在这座枝叶茂盛、芒果树亭亭玉立的庄园里。备受世界学者推崇的展览会，是在由海明威第三任妻子玛丽·海明威所建造的塔楼里开幕的。博物馆专家贝尔克斯·塞德尼奥说：“这些都是很少展出的物品。”其中有斯德哥尔摩文学院1954年签发的授予海明威的红色诺贝尔奖证书、一本装有诺贝尔奖纪念章形象照片的相册。还有海明威于1956年3月26日完稿的影片《老人与海》的原始脚本，以及他1952年撰写的第一个版本等。

在这些珍品中，有9000本书籍与画册，包括毕加索的一件瓷塑和800张唱片，特别是爵士音乐，以及礼物、小册子、家具、猎物制品和装饰品。这些物品令人对这位伟大作家的生活心驰神往。在作家的盥洗室里有一台量体秤，上面留有用铅笔作的记号和这位小说家的笔迹：他1955年4月所记的体重为240磅，1960年最后记的一次是190磅。博物馆保管员劳尔·查戈因说：“我们企图把一切都按原来的样子保管好。”他还特别强调这里保管的近22000件文物的重要性。

海明威由于捕鱼的缘故于1928年第一次来到古巴。1939年在"比希亚庄园"定居。庄园是在海明威逝世一周年后的1962年由其妻子玛丽赠送而变成博物馆的。来庄园参观的有海明威的侄女希拉里·海明威、女出版家苏珊·伯杰和海明威的孙女珍妮·菲利普斯等。庄园负责人曼努埃尔·萨迪尼亚斯对美联社记者说:"这是一次为纪念博物馆50周年而举行的展览。"参加为期3天海明威生平与作品研讨会的有海明威的侄女希拉里(海明威小弟弟之女),以及60多位来自美国与波多黎各大学、文化与出版界的知名人士,他们均在会上发表了自己的见解。

古巴文化部部长阿韦尔·普列托在研讨会闭幕式上说:"我感谢美国学者这种友好与团结的象征。我们很重视这一象征,因为我们两国人民之间的友好关系是绝对可能的。自1960年以来,我们的出版政策就是优先出版海明威的作品,以及美国文学的优秀作品,甚至大量出版。"近期古巴还同波士顿约翰·肯尼迪图书馆领导人签署协议,得到价值75000美元的现代设备和其他材料,来挽救和保护现在勉强储存在哈瓦那市区海明威博物馆里的那些珍贵文件。

在研讨会上,海明威的侄女希拉里及其合著者布伦南推出了她们的著作《海明威在古巴》,希拉里·海明威在谈到这部书说:"在写这部书的时候……我想从我的透视法处理自己的立场,并希望像我叔叔所反应的那样来描写,因为对他经历的那些事情我不了解,我想以后把这些事加以虚构。"

希拉里·海明威说:"我的态度是,不从任何概念涉及政治问题。我想并且希望未来继续得到美国政府允许,使学者们继续来古巴进行学习与研究。"她还说,"古巴文化的影响已反映在他的著作里,包括音乐、舞蹈、群众语言以及人们。我叔叔欧内斯特的形象作为作家继续散发出政治气息,因为他生命中至少三分之一的岁月是在古巴度过的,这是不可能忘记的。"

## 卡斯特罗关心海明威作品和文献保护

古巴主席菲德尔·卡斯特罗在古巴同美国一家机构签署保护海明威作品

和文献协议时说，如果海明威还活着的话，他会支持古巴革命的。这一消息是美联社 2002 年 11 月 11 日从哈瓦那报道的。

签字仪式是在位于哈瓦那东郊的海明威故居“比希亚庄园”里举行的，菲德尔·卡斯特罗意外地来到这个博物馆之家。这里现在保存着 22000 件海明威的作品与文献。美国马萨诸州社会与科学研究中心与古巴文化遗产委员会的负责人分别在文件上签字。出席仪式的卡斯特罗、美国国会议员麦戈文，以及海明威的部分亲属作为证明人也在文件上签了字。在这个庄园博物馆里保存着数千份资料与照片，并藏有 8000 多部图书，在某些图书上有海明威的亲笔批注。

麦戈文在仪式上说：“这是一项历史性的合作协议。我们大家来分享海明威对社会、工作和文学的热忱。”据他所称，由于“政治、争辩和缺少信任”的原因，两国人民已分离 40 年，这项协议也将使古美两国人民接近。他还说，“我没有推倒这种壁垒的激情，但这种类型的协议可成为其他接触的‘样板’”。根据这项协议，美国方面将提供整理与修复海明威作品文献的资金，古巴将提供工作室和博物馆收藏的文字资料。双方还将利用微缩技术保存海明威的作品和文献，并将复制一份赠予美方收藏。

菲德尔·卡斯特罗在主持闭幕式时说，他最喜欢海明威书中的地方是独白，特别是《老人与海》中的独白，因为那是“人物在和自己说话、反思与斗争”的时候。他还透露，在他的办公室里如今还保存着海明威与他捕鱼的大罗盘的照片及题词。当卡斯特罗于 1959 年夺取政权后，他曾几次会见海明威。在海明威于 1961 年逝世后，他的遗孀玛丽将“比希亚庄园”及其所属转让给菲德尔·卡斯特罗年轻的革命政府，后来成为博物馆。

时至今日，已离开我们 40 多年的海明威之所以名存于世，其原因之一是：他是一位给人以极大启发的良师益友。他那“电报式语言”给人提供了最好的样板；他为了使《永别了，武器》这部长篇小说最后一页的氛围令人感到满意，竟然尝试了 40 个不同的结尾，终于把一个简单的战时意大利的场面变成了充满诗意的散文，并把这种气氛保持到小说的最后一句话。

# 海明威与古巴孩子们

据美联社2003年7月1日从哈瓦那报道，在古巴焊接工奥斯卡·布拉斯·费尔南德斯的眼里，美国著名作家、诺贝尔文学奖得主海明威的形象，与那些宣传者和传记作家们对他的指责截然不同：他们称《老人与海》的作者卖弄学问，有大男子主义气，并且粗鲁；而焊接工费尔南德斯则认为，海明威是“北美人里最好的人”。

费尔南德斯与海明威保持数年的友谊，他说：“我生于1930年2月3日，我现在73岁。当我认识海明威的时候，我才10岁。”当时，费尔南德斯与当地12个普通的小伙子，于1940年夏天的某一天，在“比希亚庄园”的门口见到了海明威。他在这个庄园里生活了很长一段时间，一直住到1960年7月他回到美国为止。但回国后没过多久，他于1961年7月2日，在爱达荷州凯查姆的家中饮弹自杀了。

费尔南德斯回忆说：“我们这批喜欢玩垒球的孩子们常常会合在一起玩。在那个时代，我们与大人谈话是被禁止的。但是，海明威下了他的汽车，便和我们说起话来。”这对费尔南德斯一伙孩子们来说是一种惊喜，因为在附近的绿树荫里也住着另外几个美国人，他们没有一个注意到这些孩子们。费尔南德斯还说：“海明威还问我们，过去是否在比希亚庄园里玩，我们回答他说，‘不，先生，那里有狗，它们会咬我们’。他对我们说：‘当我买下庄园后，你们就能玩了，并且还有水果吃’。”

没过多久，海明威就实现了他的诺言，买下了“比希亚庄园”，庄园的大门敞开了。然后他又让人去寻找那些孩子们，并把他的两个儿子格利高里和帕特里克介绍给他们。费尔南德斯说：“海明威会说流利的西班牙语。我们都有自己的外号，我们自我介绍，我叫卡尤科。他让人找来击球棒和全队每个位置用的手套。可我们过去从来也没有这样玩过！我们都是用粗布做的劣质手套玩垒球。”

这个著名的庄园越来越向孩子们开放。费尔南德斯说：“在庄园的入口处有一个铺着草皮的运动场。他把所有的孩子分成两个小组，并将大小孩子合理搭配好。”在炎热的下午，孩子们在那里不但可以吃到水果，而且他们不停地跑来跑去。“他总是很谦虚，我从来没看到他烦恼过。”

孩子垒球队取得了可喜的成绩后，一天，海明威让孩子们乘上他的汽车，把他们带到猎人俱乐部参加比赛，比赛后，海明威还请他们吃冷饮。垒球队还有个名字，叫“吉吉之星”，吉吉这个名字是海明威小儿子的外号。古巴孩子同海明威的友谊一直保持到20世纪中叶，甚至当这位作家的孩子们已经不住在庄园时，这种友谊还延续未断。

费尔南德斯最后说：“对我来说，那是最幸福的日子。我当时是一个非常普通的儿童，既没有手套，也没有玩具……我对他的记忆如何？作为一个爱微笑的男人，孩子们都非常喜爱海明威。”

## 海明威又回到古巴

据路透社发自哈瓦那的一则消息说，美国作家海明威又回到他在哈瓦那偏爱的酒吧柜台前，端起一杯他爱喝的戴基里斯酒品尝着。可人们都知道，诺贝尔文学奖得主海明威早已去世，怎么可能重生呢？原来是这样的：

古巴老一代人经常回忆起海明威在古巴时的情景：他很长一段时间都是在那里度过的，又特别爱喝古巴的酒，一直到他1961年去世以前，海明威总是爱坐在那里的神话佛罗里达酒吧里，将他的胳臂肘撑在酒吧的柜台上品酒。他又格外爱喝鸡尾酒、戴基里斯酒（用甘蔗酒、柠檬、苦樱桃酒和糖勾兑而成），以及莫霍——古巴另一种有名的饮料。

古巴人民怀念海明威，为了纪念他在神话佛罗里达酒吧新建起一座铜塑像。塑像的大小和传奇的饮者海明威一样。这家酒吧公共部的负责人说：“我们希望他像他过去所喜欢的那样，永远坐在这里，坐在他坐过的酒吧的柜台前。”神话佛罗里达酒吧是1817年以“金球果”的名字开业的。佛罗里达酒吧和海明威在古巴的“比希亚庄园”一样，都是海明威的许多崇拜者云集的地方。这里是古巴的一个旅游点，海明威的铜像将吸引更多的游人。铜像是古巴雕塑家比利亚·索韦龙根据海明威的画像与照片雕塑而成的。

# 阿尔伯特·爱因斯坦

## ——现代物理学的开创者和奠基人

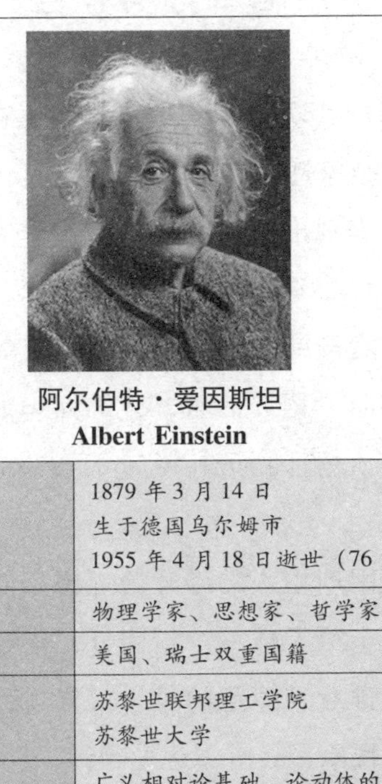

阿尔伯特·爱因斯坦
**Albert Einstein**

| | |
|---|---|
| 出　　生 | 1879 年 3 月 14 日<br>生于德国乌尔姆市<br>1955 年 4 月 18 日逝世（76 岁） |
| 职　　业 | 物理学家、思想家、哲学家 |
| 国　　籍 | 美国、瑞士双重国籍 |
| 母　　校 | 苏黎世联邦理工学院<br>苏黎世大学 |
| 代 表 作 | 广义相对论基础、论动体的电动力学 |
| 配　　偶 | 第一任妻子米列娃，第二任妻子爱尔莎 |
| 子　　女 | 不详 |
| 获奖时间 | 1921 年获诺贝尔物理学奖 |
| 获奖理由 | 爱因斯坦因在光电效应方面的研究，而被授予 1921 年诺贝尔物理学奖 |

对于爱因斯坦，我们怎样评论他都不过分，因为他是现代物理学的开创者和奠基人。我们身边的事物和他的关系太密切了，如果没有爱因斯坦在多个领域里树立的科学里程碑，就不会有今天的原子能发电站、宇宙飞船和所有电子设备，甚至整个科学文明时代都会来迟！但是，爱因斯坦却谦虚地说：

“大家都认为，当我回忆自己一生的工作时，会感到坦然和满意。但事实恰恰相反。在我提出的概念中，没有一个我确信坚如磐石，我也没有把握自己总体上是否处于正确的轨道。”然而，正是如此坦诚的爱因斯坦早在一百多年前的1905年发表5篇论文，彻底改变了传统的物理学，所以联合国决定将2005年定为世界物理学年，以纪念这个“奇迹之年”。

## “丑小鸭”变为“白天鹅”

阿尔伯特·爱因斯坦1879年3月14日出生在德国乌尔姆市一个中产阶级犹太人家庭。次年，全家迁往慕尼黑。

爱因斯坦幼年并未表现出过人的才华。父母为他起了一个很有希望的名字：阿尔伯特·爱因斯坦。看着他那可爱的模样，父母对他寄托了全部的期冀。然而，没过多久，父母就开始失望了：人家的孩子都开始学说话了，已经3岁的爱因斯坦才咿呀学语。后来，爱因斯坦的妹妹，比他小2岁的玛伽已经能和邻居交谈了，爱因斯坦说起话来却还是支支吾吾，前言不搭后语……

看着举止迟钝的爱因斯坦，父母开始忧虑。他们担心他的智能是否会不及常人。他5岁时，父亲给了他一个指南针，指针在磁力的无形作用下转动的情景让他惊讶。像牛顿看到掉落的苹果一样，爱因斯坦产生了一种奇怪的感觉，认为自己看到的现象是具有深远意义的。

爱因斯坦10岁那年，父母把他送去上学。可是在学校里，爱因斯坦受到了老师和同学的嘲笑，大家都称他为“笨家伙”。学校要求学生上下课都按军事口令进行，由于爱因斯坦反应迟钝，经常被教师呵斥、罚站。还有的老师甚至指着他的鼻子骂：“这鬼东西真笨，什么课程都跟不上！”

在一次工艺课上，老师从学生的作品中挑出一张做得很不像样的木凳对大家说：“我想，世界上也许不会有比这更糟糕的凳子了！”在哄堂大笑中，爱因斯坦红着脸站起来说：“我想，这种凳子是有的！”说着他从课桌里拿出两个更不像样的凳子说：“这是我前两次做的，交给您的是第三次做的，虽然还不行，却比这两个强得多！”一口气讲了这么多话，爱因斯坦自己也感到吃惊。老师更是目瞪口呆，坐在那里不知说什么好。

在讥讽和侮辱中，爱因斯坦慢慢地长大了。升入慕尼黑的卢伊特波尔德中学后，他喜欢上了数学课，却对其余脱离实际和生活的课不感兴趣。孤独的他开始在书籍中寻找寄托和精神力量。就这样，爱因斯坦在书中结识了阿基米德、牛顿、笛卡尔、歌德、莫扎特……书籍和知识为他开拓了一个更广阔的空间。视野开阔了，爱因斯坦头脑里思考的问题也就多起来。

一天，他对经常辅导他数学的舅舅说："如果我用光在真空中的速度和光一道向前跑，能不能看到空间里振动着的电磁波呢？"舅舅用异样的目光盯着他看了许久，目光中既有赞许，又有担忧。因为他知道，爱因斯坦提出的这个问题非同一般，将会引起出人意料的震动。此后，爱因斯坦一直被这个问题苦苦折磨着。1895 年秋天，经过深思熟虑，爱因斯坦决定报考瑞士苏黎世大学。可是，不幸的是却失败了，因为他的外文不及格。

但是落榜后的爱因斯坦并没有气馁，他参加了中学补习。一年以后，他获得了中学补习合格证书，考入了苏黎世联邦理工学院。于是他开始为自己的未来做准备，把几乎全部的精力都用在课外阅读和实验室里。教授们发现他读些与学习无关的书、做和考分无关的试验，非常不满和生气。

爱因斯坦大学毕业时，正赶上经济危机爆发，由于他是犹太人血统，没有关系可走，又没有钱，所以只好失业在家。为了生计，他只好到处张贴广告，靠讲授物理获得每小时 3 法郎的生活费。这段失业的时间，给了爱因斯坦很大的帮助。在授课过程中，他对传统物理学进行了反思，促成了他对传统学术观点的猛烈冲击。经过高度紧张又兴奋的 5 个星期奋斗，爱因斯坦写出了 9000 字的论文《论动体的电动力学》，于是狭义相对论便由此产生。可以说，这是物理学史上一次决定性的、伟大的宣言，是物理学向前迈进的又一里程碑。

尽管还有许多人对此表示反对，甚至还有人在报上发表批评文章，但是，爱因斯坦毕竟还是得到了社会和学术界的重视。在短短的时间里，竟然有 15 所大学授予他博士证书，法国、德国、美国、波兰等许多国家的著名大学也想聘请他做教授。当年被人们称为"笨蛋"、"笨东西"，认为无法成才的爱因斯坦，终于成了全世界公认的、当代最杰出的聪明人物。由"丑小鸭"变为“白天鹅”!

## 五篇划时代的论文

由于不认同权威，爱因斯坦一度被人认为注定一事无成，当他于 1900 年毕业于瑞士苏黎世联邦工业大学时就失业了。1902 年只能在瑞士伯尔尼专利局做个临时审查员。可谁会知道，就是在那里，爱因斯坦那种被正规教育扼杀的科学激情重新迸发出来，而轻松的工作使他得以继续致力于科学研究。他于 1905 年获苏黎世大学博士学位，也是在 1905 年，年仅 26 岁的爱因斯坦连续发表了四篇重量级论文，在物理学不同领域取得了历史性成就；特别是狭义相对论的提出，使人类对于空间、时间和物质运动的认识发生了革命性变化，标志着物理学新纪元的到来。

他的第一篇论文《论光的产生和转化的一个启发的观点》为他赢得了诺贝尔奖；他的第二篇论文《分子热运动论所要求的平静液体中悬浮粒子的运动》，通过统计数字说明如何用微粒的无规律碰撞解释水中物体的布朗运动，从而证实了分子和原子的存在；第三篇《论动体的电动力学》论文中，他首次提出了狭义相对论；第四篇论文《物体的惯性与它所含有的能量有关吗?》是最与人类密切相关的，爱因斯坦通过它推导出著名的质能关系式 E = mc 2，阐明原子在衰变过程中会释放出惊人的能量，为原子能的开发利用奠定了理论基础。第五篇论文是《分子大小的新测定法》，使他取得博士学位。

1905 年，爱因斯坦在狭义相对论、光电效应和布朗运动三个不同领域里取得了重大成果，表现出惊人的才智。但是，当时科学界对此作出响应者却寥寥无几，法国著名科学家朗之万曾对爱因斯坦说，全世界只有几个人知道什么是相对论。大多数人是怀疑的，面对那么多成就卓越的人，也许你会自惭形秽地说：“我这么笨，怎么可能成才呢?”，“我太平凡了，根本不是成为伟人的料!”

## 爱因斯坦神奇的成功等式

爱因斯坦的经历不平凡：1909 年任苏黎世大学理论物理学副教授，1911

年任布拉格大学教授，两年后任德国威廉皇家物理研究所所长、柏林大学教授，并当选为普鲁士科学院院士。1914 年，爱因斯坦返回德国，进入普鲁士科学研究所从事科学研究，兼任柏林大学教授。1915 年，爱因斯坦发表广义相对论。这是继狭义相对论之后，近代科学的又一个重大成就。1919 年，英国天文学家爱丁顿的日全食观测结果证实了爱因斯坦所作的光线经过太阳引力场会弯曲的预言。爱因斯坦由此声名鹊起，相对论成为人们家喻户晓的名字。

爱因斯坦在物理学的许多领域都有贡献，比如研究毛细现象、阐明布朗运动、建立狭义相对论并推广为广义相对论、提出光的量子概念，并以量子理论完满地解释光电效应、辐射过程、固体比热，发展了量子统计。1921 年，爱因斯坦因在光电效应方面的研究而被授予诺贝尔物理学奖。1933 年由于德国纳粹反犹太主义狂潮，爱因斯坦被迫移居美国，同年 10 月开始在普林斯顿高等研究院任教。1940 年获得美国国籍。

爱因斯坦除在光电效应、相对论等方面作出举世皆知的杰出贡献外，他关于布朗运动的研究成果，由于对大量无序因子的规律性把握，成为当今最热门的金融数学的基础；他提出的激光受激辐射的概念，在几十年后的今天得到了广泛的应用；他与玻尔进行的论战中提出的 EPR 佯谬，至今仍是理论物理学和科学哲学界不断探讨的话题……

当许多年轻人缠住爱因斯坦要他说出成功的秘诀时，他信笔写下了一个公式：$A = x + y + z$，并解释道：“A 表示爱因斯坦成功，x 表示勤奋，y 表示正确的方法，那么 z 呢，则表示务必少说空话。”许多年来，爱因斯坦的这个神奇的成功等式一直被人们传颂着。从爱因斯坦的奋斗历程中，我们不难看出，正是勤奋、正确的方法和少说空话使爱因斯坦由笨头笨脑变为巨人的。

可见，一个人不聪明并不可怕，可怕的是自己先泄自己的气。只要你肯为你的目标付出艰辛的劳动，并配合正确的方法，就一定会得到成功女神的酬劳。许多在事业上有成就的人，在童年时代、少年时代并不一定能显出锋芒毕露的优势，相反，他们却太平凡，甚至显出迟钝、愚笨的样子，常常要被周围的人嘲笑、讥讽。如果因为自己所谓的笨就灰心丧气，不再努力，那不是将自己潜在的才华、能力都扼杀在摇篮中了吗？

其实，每一个人都有不同的才能，每一个人在生命的长河中都会找到属于自己的星座。如果你觉得自己笨，那是因为你还没有寻找到你自己的星座。正如爱因斯坦对别的事物迟钝，却对物理和数学特别喜爱一样，当你找到自己的星座时，你一定会放射出与众不同的异彩。

## 和平是人类的首要问题

爱因斯坦不仅是一位伟大的科学家，而且他目睹了两次世界大战对人类文明的摧残，认为和平是人类的首要问题。1955 年 4 月，弥留之际的爱因斯坦签署了《罗素—爱因斯坦宣言》，呼吁人们团结起来，防止新的世界大战爆发。1955 年 4 月 18 日，爱因斯坦因主动脉瘤破裂在美国普林斯顿逝世。

爱因斯坦曾经因为怕希特勒在原子研究方面抢先成功，于 1939 年 8 月 2 日致函美国总统罗斯福。此信译英文后，由爱因斯坦签字，10 月到达罗斯福手中。罗斯福看后，驱动了美国进行曼哈顿计划，由欧本海默总领军，把原子弹制造出来。爱因斯坦没有参加“曼哈顿计划”的工作。据陈之藩先生在一文中引用此信中的一段是这样说的：“我得知德国现今对占领的捷克铀矿所出产的铀实际上已经禁售。德国之所以采取先发制人的行动，各种原因可这样理解：即是德国国务官员之子 Von Weizsker 牵涉到柏林的威廉大帝研究所，而在该研究所正在进行那些美国对铀所做的研究。”这封信的署名是：忠实的阿尔伯特·爱因斯坦。但是，爱因斯坦在这封信上签字后不久，又怕因原子弹出现使人类回到棍棒混乱的原始时代而有些后悔在信上签字。

爱因斯坦一生中发表的最多的言论是：认为战争与和平的问题是当代的首要问题。他对政治问题第一次公开表态，就是 1914 年签署的一个反对第一次世界大战的声明。他对政治问题的最后一次发言，即 1954 年签署的《罗素—爱因斯坦宣言》。

## 世纪伟人与世界物理学年

美国《时代》周刊曾经将爱因斯坦评为“世纪伟人”。在爱因斯坦发表重要论文的百年之际，联合国大会决议，2005 年为世纪物理学年，以纪念这个“奇迹之年”。但是，人们对美国《时代》周刊关于爱因斯坦的评语大概有点儿记不清楚了，这里让我们回顾一下。

1999 年 12 月 27 日出版的 20 世纪最后一期的《时代》周刊认为，作为天才，爱因斯坦比任何其他一个人都能代表 20 世纪这一科学技术高速发展的世纪。爱因斯坦生前就被公认为人类历史中最具创造性才智的人物之一。

《时代》周刊称赞爱因斯坦是一名天才、一名人道主义者、一名开启原子和宇宙秘密的解锁人。“作为本世纪最伟大的思想家，作为一名逃离纳粹迫害奔向自由的犹太人，作为一名政治理想主义者，在爱因斯坦的身上最能体现历史学家所认为的那种 20 世纪最耀眼的东西。”

爱因斯坦在 20 世纪初的 15 年中，提出了一系列的科学理论，最先断言物质和能量的相对性；给空间、时间和引力都赋予了完整的新概念。他的相对论远比牛顿物理学先进，并对科学与哲学作出了革命性的探索。

在爱因斯坦的五篇论文发表 100 周年及他逝世 50 周年之际，包括中国在内的世界不少国家与地区都在研究他的遗产，以便推动世界物理学与科学技术不断向前发展。

# 巴勃罗·聂鲁达

## ——聂鲁达和他的爱情诗

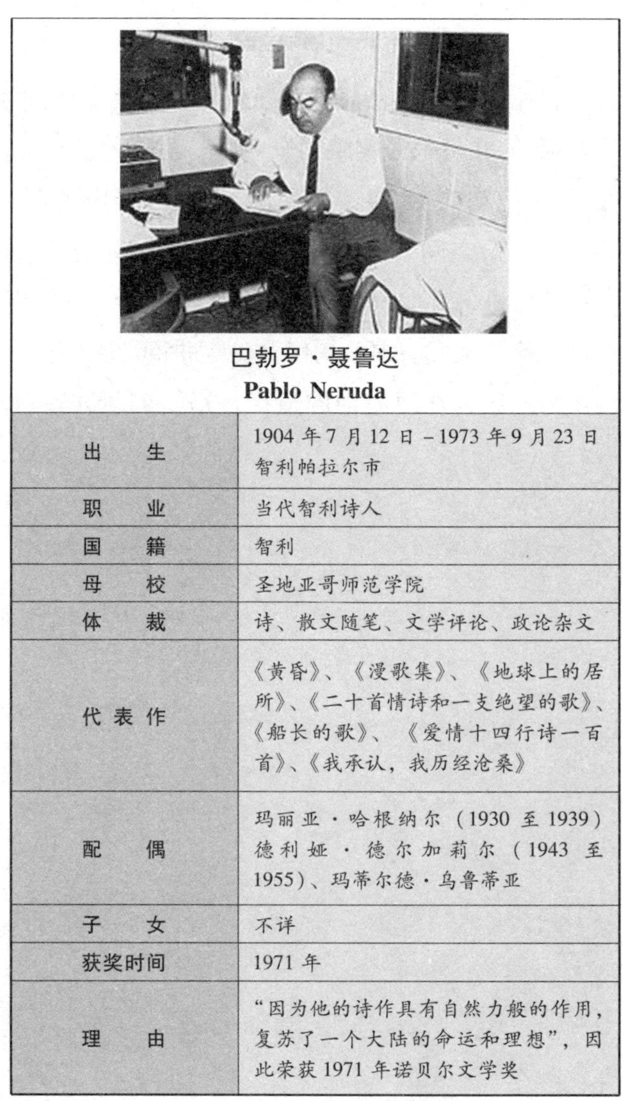

巴勃罗·聂鲁达
**Pablo Neruda**

| | |
|---|---|
| 出　生 | 1904 年 7 月 12 日 – 1973 年 9 月 23 日<br>智利帕拉尔市 |
| 职　业 | 当代智利诗人 |
| 国　籍 | 智利 |
| 母　校 | 圣地亚哥师范学院 |
| 体　裁 | 诗、散文随笔、文学评论、政论杂文 |
| 代表作 | 《黄昏》、《漫歌集》、《地球上的居所》、《二十首情诗和一支绝望的歌》、《船长的歌》、《爱情十四行诗一百首》、《我承认，我历经沧桑》 |
| 配　偶 | 玛丽亚·哈根纳尔（1930 至 1939）德利娅·德尔加莉尔（1943 至 1955）、玛蒂尔德·乌鲁蒂亚 |
| 子　女 | 不详 |
| 获奖时间 | 1971 年 |
| 理　由 | “因为他的诗作具有自然力般的作用，复苏了一个大陆的命运和理想”，因此荣获 1971 年诺贝尔文学奖 |

巴勃罗·聂鲁达于1904年7月12日出生在智利的帕拉尔市。智利著名诗人和诺贝尔文学奖获得者。他的作品深受世界读者的喜爱，曾被德国《诗歌》杂志评选为20世纪世界最重要的十大诗人之一。哥伦比亚著名作家加西亚·马尔克斯早就对聂鲁达有过这样的评论："……我认为他是20世纪最伟大的诗人……他的诗质量总是很高……聂鲁达简直是弥达斯王，他能把所有的东西都变成金。"聂鲁达开创了拉美诗歌的新阶段，奠定了拉美20世纪诗歌创作的基础，"因为他的诗作具有自然力般的作用，复苏了一个大陆的命运和理想"，因此荣获1971年诺贝尔文学奖。

聂鲁达（1904－1973）是继鲁文·达里奥之后拉美诗坛上最灿烂的明星，他一生写下了许多优秀诗篇。早期诗歌的代表作是《二十首情诗和一支绝望的歌》；中期的诗歌，即他的诗歌的黄金时代，代表作为《大地上的居所》、《漫歌集》、《遐想集》；晚年的主要作品有《黑岛纪事》、《船工号子》和《孤独的玫瑰》等。他是一位不知疲倦的旅行家，一位多产的诗人。他歌唱与拉丁美洲社会现实深刻相关的世界。作为外交官，他曾经代表自己的国家出使缅甸、锡兰（斯里兰卡）、爪哇（印度尼西亚）、新加坡、阿根廷、西班牙、墨西哥和法国。他那丰富的文学工作使他荣获重要的国际大奖，特别是1971年获得的诺贝尔文学奖。

聂鲁达写了大量的政治诗、抒情诗。但是我们在这里重点谈谈他的爱情诗，即《二十首情诗和一支绝望的歌》（1924）、《船长的歌》（1952）、《爱情十四行诗一百首》（1959）、《塔蒂特拉花之歌》和《黑岛集》。

## 爱情诗《二十首情诗和一支绝望的歌》

1924年第一次出版的《二十首情诗和一支绝望的歌》，是聂鲁达的成名作。这是他继《黄昏》之后的第二部诗集，这本书使聂鲁达成为勿望所归的作家，也是他最受公众欢迎的作品之一。同时意味着聂鲁达在讲西班牙语的美洲国家的文学中的地位得到。这部著作的人性如此真实，就像被公认的他的文学高峰一样，在这部书里，现代主义遗产的残余被聂鲁达以一种可以接受的方式，在一系列感情奔放的抒情诗句里与富于表现力的新先锋派结合起来，其具有对生命力的赞美，使泛神论的抒情主义重音让了路，在痛苦与分离的时候让给了忧伤的音调——与浪漫主义遗传相协调一致。在聂鲁达高不可攀的代表诗歌里，毫无疑问，《二十首情诗和一支绝望的歌》是西班牙语爱情诗歌中最高峰之一。

此时，诗人正在摆脱现代主义诗歌的种种束缚，表现出和大自然融为一体、形象新颖、比喻生动和节奏崭新的诗风；题材再也不是“天鹅”一类的遐想，而是有血有肉的人和智利美好的风物。然而，长期以来，无人知道聂鲁达的这些爱情诗是写给谁的。直到近年才发现，这些诗是为阿尔贝蒂娜而作的。当时 18 岁的聂鲁达是位来自外省的苦学生，而比他大一岁的阿尔贝蒂娜却是个大家闺秀。诗人在诗中对他的情人倾吐了纯洁的爱慕之情，阿尔贝蒂娜是他在圣地亚哥师范学院的学友；两人在上法文课时一见钟情，他和这位大家闺秀相爱一年半之久。聂鲁达出国后，曾给她写过许多信，她都未复。

## 爱情诗《船长的歌》

《船长的歌》是一部抒情诗歌大全，汇集的这些诗篇里激励人的有：《大海与沃土》《祖国和她的堡垒》，以及《大自然温暖的景观》。全书共由 7 部分组成：爱情、渴望、寒冷、生活、颂歌与萌动、贺婚诗、路上的信。聂鲁达在这部优美的诗集里，赞美爱情与生命力，描写了诗人与玛蒂尔德的爱情生活。聂鲁达对语言的掌握和抒情的敏感度，使他成为拉美文学最重要、最具有人性的诗人之一。

关于这部诗集的出版还有一段故事：1949 年，聂鲁达在流亡期间，秘密地爱着他的情人玛蒂尔德，因此写出不少记录他跟玛蒂尔德恋爱的情诗。但是，当时聂鲁达还没有和夫人德尔加莉尔离婚，同时又不希望她突然受到打击，于是就把这一时期的爱情诗归纳为《船长的歌》，于 1952 年匿名出版。1955 年，聂鲁达与夫人德尔加莉尔离婚后，他开始和玛蒂尔德一同生活，长期在世界各地旅行。这部诗可以说是他们爱情故事的记录。

## 爱情诗《十四行爱情诗一百首》

1957 年，聂鲁达开始创作《十四行爱情诗一百首》，并携玛蒂尔德游遍他以前曾去过的地方。1966 年，聂鲁达和玛蒂尔德正式办理结婚手续。《爱情十四行诗一百首》写的是他与其第三任妻子玛蒂尔德的恋情及其美好追求。他们情投意合，同甘共苦，憧憬着幸福的未来和希望。

哥伦比亚黑绵羊出版社于 1982 年出版的《爱情十四行诗一百首》时，选用聂鲁达《致玛蒂尔德・乌鲁蒂亚》的信作为序言："我挚爱的妻子，当我在写这些糟糕的所谓十四行诗时，心里怀着极大的苦楚，而我又是易于感伤的。但是，我把这些诗歌献给你的喜悦却比一片大草原还要大。我在作这些诗的时候便清楚地知道，为了使它们被人爱好并使之优美，历代诗人都让抒情诗清脆动听，就像银器、流水与炮声一般。我怀着分外的柔情写下这些粗糙的十四行诗，并赋予它们忧伤的音响和纯粹的内容，让它们这样送到你的耳朵里。"

从序言里可以证明，聂鲁达的《爱情十四行诗一百首》是写给他的第三任妻子玛蒂尔德・乌鲁蒂亚的。聂鲁达还说，这是站起来的木材十四行诗，因为你赐给了它们生命。

## 爱情诗《塔蒂特拉花之歌》

过去，人们只知道聂鲁达写了三部爱情诗，直到最近才发现他的第四部爱情诗。这则消息是美联社 2002 年 10 月 3 日从智利圣地亚哥发出的。消息说，智利诗人聂鲁达的一部未发表的诗集将于 11 月份面世，并且出版豪华本，仅印 1500 本。这部诗集描写的是聂鲁达与他当时的女友玛蒂尔德的爱情故事，是他的第四部爱情诗。这部由植物而生情的诗集，名为《塔蒂特拉花之歌》，是聂鲁达和当时的情侣玛蒂尔德・乌鲁蒂亚的爱情结晶，因为他俩于

1954 年在乌拉圭的阿特兰蒂生活了一个月。但当时聂鲁达和他的妻子德利娅·德尔加莉尔尚未离婚。

该诗集是聂鲁达的养子拉米罗·因松萨和支持拉美艺术与科学发展的辛特因斯公司的劳动成果。因松萨对《最后消息报晚刊》记者说，这部诗集之所以直到现在还处于“地下”，是因为“它反映的爱情也是地下的。”当聂鲁达和乌鲁蒂亚的爱情关系开始时，他与德利娅·德尔加莉尔还保持着夫妻关系。

因松萨还说，这些诗曾被放在一个活页夹子里，因为这对情侣曾把采集到的鲜花、种子与叶子贴在这个夹子里，聂鲁达就在其中用他熟悉的绿墨汁写下了这些尚未出版的诗篇。因松萨又说，聂鲁达“总希望这些诗歌以一个完整的单行本出现”，如今他的愿望实现了。这部诗集将于 11 月份在圣地亚哥、布宜诺斯艾利斯、哈瓦那和巴黎同时面世，每一本的定价在 7 万至 10 万比索之间，约合 93 美元至 134 美元。

## 爱情诗《黑岛集》

已故智利大诗人、1971 年诺贝尔文学奖得主巴勃罗·聂鲁达一系列从未出版的遗作终被披露，这些作品描写了他与自己太太之小侄女阿丽西亚·乌鲁蒂亚（AliciaUrrutia）的罗曼史，后者小他 40 余岁。

其中的一首诗是这样写的：

蓝蓝的波浪在你梦里泛起
我将其保留在丢失的书里
我又收集起你的泪水
它们全都飞进一个盒子
我将盒子藏在花园
只要你的影子进去

专事聂鲁达遗物的收藏家努里埃尔丁·埃莫西利亚（NurieldinHermosilla）不久前通过书商，从一位匿名卖家处购得一本聂鲁达诗集《黑岛集》，其中便有上述 14 首诗的手稿。黑岛是聂鲁达与第三任也是最后一位太太玛蒂尔德·乌鲁蒂亚（MatildeUrrutia）的安家之地，阿丽西亚亦曾在此长住。

诗作是聂鲁达用喜爱的绿墨水手写的，大约作于 1969 年，还有绿色的题词：“我亲爱的阿丽西亚，请你航行在我的诗里。巴勃罗·聂鲁达。黑岛。”

## 诗人不平凡的身世

聂鲁达 1904 年 7 月 12 日出生在智利中部的帕拉尔城，早年丧母，父亲是铁路工人。他是在慈祥、可亲的继母呵护下长大的。6 岁进入当地特墨科男子学校。在那里，遇到了对他的生活和日后的文学创作都产生了重大影响的启蒙老师：加夫列拉·米斯特拉尔，是智利著名的女诗人、拉丁美洲第一位诺贝尔文学奖获得者。13 岁时，他就在特墨科《晨报》上发表了第一篇文章《热情与恒心》。不过，他的诗歌创作却时常遭到父亲的反对，有时还当场奚落他，使他感到难堪，不得不化名在报刊上发表诗歌。14 岁那年，他读了捷克诗人扬·聂鲁达的短篇小说，给他留下很深的印象，于是，他就取“聂鲁达”为自己的笔名；15 岁时，他的诗歌《理想小夜曲》参加了玛乌莱省举行的诗歌竞赛，获得三等奖；16 岁时，他离家来到首都圣地亚哥求学，进入智利教育学院学习法语。

聂鲁达是个外交家、政治家、诗人和文学家兼并一身的巨人。除写诗外，由于求知欲和对人生的探索，使他进入了外交部，历任过驻一些国家的使节。他在担任驻曼谷领事期间，所见所闻尽是殖民地社会里的贫困、落后和腐败现象，这使他的情绪低落，思想暗淡，内心充满寂寞和痛苦。因此创作上进入了超现实主义的死胡同。他将这段生活发为诗情，写出了诗集《大地上的居所》。

外交工作虽然枯燥乏味，但使他有机会目睹世界各地的风土人情与世间炎凉。当他从亚洲被调到欧洲，担任驻西班牙马德里的领事期间，有幸接触了西班牙著名诗人加西亚·洛尔卡和阿尔贝蒂等。也正是在这里，他的诗歌达到全盛时期，因为这时，西班牙人民进行着反对法西斯的野蛮罪行、保卫祖国的伟大斗争。诗人聂鲁达唱出了人民的心声，写出了《西班牙在我心中》的伟大诗篇。如他自己所说："这本书的确包含了对人类世界，对苦难血腥的现实的关心。"

聂鲁达 1945 年加入智利共产党后，便经常到群众中朗诵他的诗歌，鼓舞人民，教育群众。同年当选为国会议员，并荣获国家文学奖。1949 年，智利共产党被当局宣布为非法，聂鲁达受到国内反动政府的迫害，不得不秘密地逃离到国外。之后，他来到中国、前苏联和意大利等国，参加到世界人民反对帝国主义斗争的行列中，从事保卫和平运动。1950 年他获得了加强国际和平列宁奖金。他是中国人民的好朋友，伟大的中国给他留下十分美好的印象。当他 1957 年第三次来华访问时，曾写下了赞美中国的壮丽诗篇《中国大地之歌》。1952 年本国政府取消对他的通缉令，得以返回祖国。1957 年担任智利作家协会主席。

1967 年，智利又开始了政治上的民主时期，聂鲁达被推选为总统候选人。在选举失败后，他便全力支持阿连德竞选成功。1971 年被阿连德政府任命为驻法国大使。1973 年，智利发生军事政变，阿连德以身殉职，给聂鲁达心灵上带来巨大的创伤，旋即于 1973 年 9 月 23 日在圣地亚哥与世长辞，终年 69 岁。聂鲁达逝世后，他的著名回忆录《我承认，我曾历尽沧桑》出版，概括了他的生平和创作，也是对他的诗歌之所以能达到如此境界的回答。

诗人之死这一天抑制了恐怖，播下了希望的种子。因为此时刚刚推翻阿连德合法政府、建立了以皮诺切特为首的独裁政权，人们的心头笼罩着可怕的阴影。诗人的女友、聂鲁达基金会负责人菲格罗亚回忆说，她与诗人的夫人玛蒂尔德目睹了聂鲁达之死的全过程：诗人临终时住进了一家圣地亚哥诊所，他很快就去世了。其尸首被晾在走廊整整一夜，之后被运到他在圣地亚哥的家里，由警察监视着。尽管军方非难，还是有人为诗人守灵。25 日出殡那天，开始只有少数人跟着，街角由军人监视，摩托队紧跟其后，静悄悄的。但是，奇迹慢慢出现了，随行的人越来越多。当通过马坡丘河时，人们增加了几倍，并且大家手挽着手，唱起了《国际歌》。同时听到口号声："巴勃罗·聂鲁达，过去、现在、永远是战友！"

# 胡安·拉蒙·希门尼斯

——西班牙最著名的抒情诗人

胡安·拉蒙·希门尼斯
Juan Ramón Jimenéz

| | |
|---|---|
| 出　　生 | 1881 年 12 月 24 日<br>生于西班牙安达卢西亚的摩格尔村 |
| 职　　业 | 西班牙诗人 |
| 国　　籍 | 西班牙 |
| 母　　校 | |
| 体　　裁 | 诗、散文随笔、文学评论、政论杂文 |
| 代 表 作 | 《白睡莲和紫罗兰的灵魂》、诗体童话故事《小银崽儿与我》与长诗《一个新婚诗人的日记》等 |
| 配　　偶 | 妻子塞诺维亚 |
| 子　　女 | |
| 授奖时间 | 1956 年获诺贝尔文学奖 |
| 获奖理由 | “由于他那西班牙语的抒情诗为高尚的情操和艺术的纯洁提供了范例”而获得 1956 年度诺贝尔文学奖 |

胡安·拉蒙·希门尼斯（1881 至 1958）是西班牙最著名的抒情诗人之一，也是继大诗人洛佩·德·维加之后西班牙第二位最多产的作家。就是

“由于他那西班牙语的抒情诗为高尚的情操和艺术的纯洁提供了范例”而获得1956度诺贝尔文学奖。由于他的诗歌与人品，他的名字迄今仍在世人中间传颂。

## 一

今天，人们之所以怀念这位西班牙大诗人，因为他的诗歌对西班牙与世界的影响太大了！他写的抒情诗歌不仅具有美学价值，而且数量特别多，最近又偶然发现了他的几首未出版的诗：据法新社2004年2月2日发自西班牙马德里的消息说，胡安·拉蒙·希门尼斯基金会在整理与编制这位诗人的私人图书馆的过程中，偶然发现了他的14首未曾发表过的诗歌。基金会的经理安东尼奥·阿尔曼萨在记者招待会上宣布上述消息时说，这14首诗歌是在不同时间写作的，其中的几首作于1914年，另外的几首写于1916年，还有几首作于1918年。

这些诗歌的发现地点是在诗人希门尼斯家中的书柜里，这里位于韦尔瓦省莫格尔市。安东尼奥·阿尔曼萨经理说，这些诗也许是诗人对抒情诗歌的“绝对不知晓的”贡献。他还说，这次共发现20首诗歌，但是，对其他6首诗正进行考证，以便证实它们是否也未出版过。胡安·拉蒙·希门尼斯是继大诗人洛佩·德·维加之后，西班牙第二位最多产的作家。

据安东尼奥·阿尔曼萨说，他大约写了6700首诗。胡安·拉蒙·希门尼斯基金会的有关人员还宣布，胡安·拉蒙·希门尼斯在莫格尔的博物馆之家，将于今年夏天或秋天对外开放。由此看来，诗人离开人们越久，人们对他的怀念之情越浓厚，越是对他的诗歌进行深入的研究。

## 二

希门尼斯西班牙美洲诗歌奖也让人们常常想起他。2003年度的这项大奖由46岁的墨西哥诗人阿图罗·达维拉获得。他的获奖作品是《在地铁里阅读的诗歌》，奖金为1.2万欧元。他这次荣获胡安·拉蒙·希门尼斯西班牙美洲诗歌奖的诗集《在地铁里阅读的诗歌》，是从300多部西班牙和拉丁美洲的诗歌著作中挑选出来的。这届评委会的5位评委都看好达维拉的诗歌，都强调获奖者作品的讽刺性语调和它的经典性内容。评委胡利娅说，“它的质量给我们留下深刻印象，它的语言十分流畅而雅致。另一位评委卢斯·玛丽亚强调：“达维拉的一些短诗既充满讽刺又深刻，还包含着重要的文化知识与文化背景。”

达维拉于1958年出生在墨西哥，现在是美国加利福尼亚伯克利大学的西班牙语言和文学教授；由于他擅长写具有讽刺意味的诗歌，因此被称为“讥讽诗人”。在诗歌创作方面，他受到希门尼斯诗歌的影响；由于成就卓著，他曾多次获诗歌大奖。比如：1995年被墨西哥文化研究院授予“索尔·胡安娜·德拉克卢斯”全国诗歌奖；1998年获第二届“安东尼奥·马查多”诗歌奖。

希门尼斯西班牙美洲诗歌奖自1981年设立以来，只有5次没有颁奖，即第一年和1987、1993、1995和2001年。2002年的获奖者是37岁的西班牙诗人拉蒙·巴斯库尼亚纳。胡安·拉蒙·希门尼斯西班牙美洲诗歌奖，均在每年的5月29日颁奖，因为这一天是这位诺贝尔文学奖得主的忌日，每年都在诗人的故乡莫格尔镇举行纪念活动。

## 三

胡安·希门尼斯的身世，不妨用诗人自己的话来说明。他曾经说过：“我于1881年的圣诞之夜出生在莫格尔。我的父亲是卡斯特利翁人，他有一双蓝眼睛；我的母亲是安达鲁西亚人，她有一双黑眼睛。我村庄的美好景象还留在童年里，我的童年是在一个拥有大厅与绿色院子的旧房子里度过的。”（胡安·拉蒙·希门尼斯在莫格尔市努埃瓦街的家现在已成为博物馆。）

1896年夏天过后，他离开家乡，来到塞维利亚市，希望成为一名画家，并在大学里攻读法律。1900年4月13日，希门尼斯应邀并收到尼加拉瓜著名诗人鲁文·达里奥的函件，来到首都马德里。然而，由于病魔缠身，他于5月底又回到莫格尔。但是，祸不单行，他的父亲突然病逝，这在精神上给了他很大的打击。他说："……我父亲的去世震动了我的灵魂。一天夜里，我感到他抛弃了我，我便跌倒在地。"

家庭的不幸使他病情加重，他不得不去法国的保斯卡特城疗养院疗养。不久他回到马德里，住进罗萨里奥疗养院。就是在养病期间，他也不断组织诗人聚会。经常与会的诗人有马亚多兄弟、瓦列·因格兰和贝纳文特等。疗养生活给他留下了很深的印象，他对此曾这样描写："白蓝相间的罗萨里奥疗养院，格外乐善好施的姐妹们，在这花园似的宜人环境里，我度过了生命中最美好的两年。"

1913年是诗人生活发生巨变的一年，这一年，他在大学城里结识了一位美丽可爱的姑娘，她就是瑟维诺亚·坎普鲁维·艾玛。后来艾玛成了诗人的未婚妻，他们恋爱了3年，于1916年在纽约的一家天主教堂里结了婚，当时他们正在美洲旅行。就是这第一次在美洲的旅行，使希门尼斯的诗歌创作开始了一个新阶段。这个阶段的诗歌特点是寻觅纯粹的诗。他的这首小诗为此做了诠释："她首次纯洁来了，/着一身的无瑕，/我像个孩童爱她。/然后她穿着衣去啦……"

## 四

胡安·拉蒙·希门尼斯的创作活动大致可以分为以下几个阶段：从大学期间开始创作到1915年是他的创作初期阶段。这个时期的代表作有《白睡莲和紫罗兰的灵魂》（1900年），这本诗集里的诗篇带有鲜明的现代主义色彩，因为他的这些诗歌受尼加拉瓜诗人鲁文·达里奥的影响，他是现代主义诗歌的代表。他这个时期的重要作品还有《迷宫》以及中篇诗体童话故事《小银崽儿与我》与长诗《一个新婚诗人的日记》等。

特别有影响的《小银崽儿与我》，不仅是一部诗人的自传，还是一首优美的安达鲁西亚的挽歌。在那些充满感情的故事里，揭露了诗人的灵魂，表现了他的幻想，并具有浓厚的地方色彩，使人产生无限的遐想。他在美国写的《一个新婚诗人的日记》是描写爱情与大海的诗体日记，内容丰富多彩，诗句流畅自由，不仅改变了他的诗歌风格，而且对整个西班牙诗歌产生了很大的影响。从美国回来后，他又创作了《精神的十四行诗》等。

1935 年，希门尼斯被选为西班牙文学院院士。1916 年至 1936 年的 20 年间，诗人不停地进行严肃认真的创作活动，出版了诗集《永恒》、《石头与天》、《诗与美》，以及散文集《三个世界的西班牙人》等。

1936 年，西班牙内战爆发。佛朗哥法西斯向新生的共和国发动疯狂进攻，人民遭受到残酷地镇压，诗人忧心如焚，心灵受到莫大的创伤，他为西班牙人民与共和国的命运担忧。不久，他被共和国派往美国担任文化参赞。到纽约后不久，一批古巴年轻诗人便邀请他去古巴，他们对他十分热情，并围绕他组织了起来。但是，当他从古巴返回美国的迈阿密后，不幸患了严重的抑郁症，他不得不住院 8 个月。

从 1939 年起，希门尼斯居住在佛罗里达和迈阿密，从事拉丁美洲的研究工作，其间，他写出不少优秀诗篇，其代表作长诗《空间》是一首充满哲理的抒情诗。这首诗被评论界认为是 20 世纪最出色的象征主义代表作。诗人认为，生命是空间的运动，这种运动停止了，生命也就结束了。晚年的希门尼斯，主要是进行文艺理论和文学流派的研究活动，写出一系列有独到见解的论文。并从事历史调查和对新旧世界的现代主义诗歌的分析研究等。

## 五

为了继续疗养，他们夫妇于 1950 年来到波多黎各。可来到这里不久，他的妻子塞诺维亚因为鼻癌动了手术。他当时非常痛苦，便写下这首小诗：“当我亲吻你的时候，/晃动金色阳光的树把那声音给我们，/太阳逃走时，把树即失的宝贝赠予你，/这棵树，就是我的爱情树。”

由于病情不断恶化，塞诺维亚于 1956 年 10 月 28 日去世，而在她去世的前 3 天，希门尼斯获得了诺贝尔文学奖。妻子客死他乡，给了希门尼斯无以复加的打击，他本来就身患忧郁症并且多愁善感，爱人撒手西去，他写下这首小诗，以表达他当时的痛苦心情：

……
我也要去。鸟儿将留下歌唱，
我的园子跟它的绿树也将留守，
还有它的那眼白色的水井。
所有下午，天空将蔚蓝恬静，
但是钟楼的小钟照样敲响，
像今天下午正在敲响一样。
爱过我的物什将要死亡，
而人民将年年呈现新模样；
……

1958 年 5 月 29 日，胡安·拉蒙·希门尼斯在波多黎各桑图尔塞的一家医院逝世。6 月 6 日，他的侄子佛朗西斯科·埃尔南德斯按照他叔婶的遗愿，把塞诺维亚与拉蒙·希门尼斯的遗体运回了西班牙。在回到祖国西班牙后，人们哀悼了几天，才将他们的遗体安葬在莫格尔的赫苏斯墓地。

## 六

附诗：这傍晚的道儿……

### （一）

这傍晚的道儿，
和夜融为一体，
我沿着道儿寻觅你，
爱情，你藏得真美。

我沿着道儿寻觅你，
像山脉的光辉，
像海洋的轻风，
像花卉的芳菲。
陶醉的玻璃河
河谷甜蜜蜜，
河岸多么美，
杨白，柳绿……
梦与爱的河谷
幻想又善于
用梦奏一支
长笛短诗曲……
我心常梦见
河岸与谷地
徘徊宁河边
登舟去游弋：
但一上了道
却为爱情泣，
还用唱歌的老样子，
不知谁在那谷地。

（二）

田野甜蜜忧郁。
傍晚姗姗来迟。
由新割的草地
送来清香一缕。
松林沉沉入睡。
紫红的天空

吻着小丘的脊背。
清醒的夜莺奏着小曲。
我尾随着道上的歌儿
声调惨惨凄凄，
这哭泣的歌儿
携着此刻的芳息；
这哭泣的歌哦
我不知心肝咋逝，
九月的其他傍晚
也闻到牧草的香气。

# 加夫列尔·加西亚·马尔克斯

## ——青少年时代是这样度过的

加夫列尔·加西亚·马尔克斯
**Gabriel Garcia Marquez**

| | |
|---|---|
| 出　生 | 1927年3月6日<br>哥伦比亚马格达莱纳省阿拉卡塔卡镇 |
| 职　业 | 作家 |
| 国　籍 | 哥伦比亚 |
| 母　校 | 国立哥伦比亚大学<br>卡塔赫纳大学 |
| 体　裁 | 小说、剧本、散文随笔、诗、文学评论、政论杂文 |
| 代表作 | 《枯枝败叶》《没有人给他写信的上校》《百年孤独》《家长的没落》《霍乱时期的爱情》《迷宫中的将军》《关于魔鬼与爱情》《番石榴飘香》 |
| 配　偶 | 梅塞德斯·巴尔恰（1958年3月—） |
| 子　女 | 贡萨洛<br>罗德里戈 |
| 授奖时间 | 1982年被授予诺贝尔文学奖 |
| 授奖理由 | 因为他在小说中能够运用丰富的想象力，把幻想与现实融为一体，勾画出一个丰富多彩的想象中的世界，反映拉丁美洲大陆的生活与斗争 |

加西亚·马尔克斯的代表作——《百年孤独》，在2011年6月由南海出版公司出版之际，我想向中国青少年读者介绍一下这位大作家的青少年时代。他于1927年出生在哥伦比亚马格达莱纳海滨小镇阿拉卡塔卡。童年与外祖父母一起生活。1936年随父母迁居苏克雷。1947年考入波哥大国立大学。1948年因内战辍学进入报界。上世纪60年代初移居墨西哥。他的《百年孤独》被世界文坛誉为魔幻现实主义文学高峰的小说，反映了拉丁美洲一个世纪以来风云变幻的历史。

他的父亲是个电报员，母亲是大家闺秀。他父母的爱情故事是非常感人的，因此曾使他产生了创作伟大著作《霍乱时期的爱情》的灵感。他认为，他的这部书和目前世界上流行的爱情小说非常不同。他把《百年孤独》比作哥伦比亚北部海岸的乐曲“巴列纳托曲”，而把《霍乱时期的爱情》比作“波利乐舞曲”。这部小说不是一部以自杀、悲剧或不顺心的爱情而告终的悲剧，而是一部以幸福为结局的喜剧。

加西亚·马尔克斯的大家庭是个幸福之家，他的父母共生了11个子女，他是老大，他们如今都在自己的岗位上从事着自己热爱的工作。他的母亲一直与他们生活在一起，活了97岁。他的小家庭也非常美满幸福。他与一个有埃及血统的哥伦比亚姑娘梅塞德斯结婚，生有两个儿子，大儿子是哈佛大学历史系毕业生，但他没有从事历史研究，而是干着自己喜爱的摄影；他的小儿子从事的是设计工作。他和妻子从来不对孩子施加压力，让他们从事自己喜爱的事业。如今上了年纪的马尔克斯夫妇，经常来往于儿子们的所在地——墨西哥城与洛杉矶之间。

这位享誉世界的大作家，于1996年5月2日被瑞士《周刊》评为“在世的最伟大作家”。《周刊》说，1982年诺贝尔文学奖得主加西亚·马尔克斯是一个“魔幻现实主义大师”，他的代表作《百年孤独》自1967年出版后已经销售2000多万册。他还是荣获诺贝尔文学奖时最年轻的作家之一，他的名字已响遍全世界！

## 年少有志酷爱文学

在外祖父母无微不至的呵护下，加西亚·马尔克斯自幼酷爱文学。两位慈祥的老人先教他绘画，再教他读书。他 7 岁时便读完了《一千零一夜》，又阅读《格林童话》。文学作品仿佛阳光雨露，自幼就滋润着他的心田。特别是他的外祖母总是有讲不完的神奇故事，使他每每产生无限的遐想，而且外祖母讲故事的语言又好像碑文一样准确。后来马尔克斯说，他书中的人物讲话要像他外祖母那样。

当他刚刚 8 岁的时候，敬爱的外祖父就不幸告别了人世，给他幼小的心灵留下一道难以愈合的深深创伤。随后，他在外地工作的父母把他接到身边，他恋恋不舍地离开那个神奇而温暖的“故事王国”。他的父母不但生活不富裕，而且还养了好几个孩子，他们就很少有时间来照管他这个长子，使他常常郁郁寡欢，闷闷不乐。他被送到港口城市巴兰吉利亚读小学时，少小有志的加西亚·马尔克斯，虽然远离亲人，却更加刻苦学习，1940 年以优异的成绩读完了小学。

当他刚 12 岁时就来到西帕吉拉国立中学读书，成为一名领助学金的寄宿学生。学校的周围是一片莽莽无边长满碧草的原野，每当想家思亲的时候，便想到父母对自己的殷切期望，于是就倍加努力，决不让父母失望。学校离家很远，每年只有放假时才乘坐马格达莱纳河上的船只回家探亲。

热爱文学的加西亚·马尔克斯，在西帕吉拉中学与 12 个少年文学爱好者组成一个文学中心，因为他们一共 13 人，就起名为“十三人文学中心”。这 13 个风华正茂的少年同学，经常聚在一起，开怀畅谈；除讨论他们喜爱的文学作品外，还商谈办一本名为《地平线》的杂志。大家都认可加西亚·马尔克斯的才华，就一致推选他当《地平线》的主编。

学生办杂志首先要解决经费来源问题，其次是印刷困难。他们经过千辛万苦的努力，克服了经济方面的困难，印刷就拿到首都波哥大去印，奋斗的心血终于开出了艳丽的花朵，首期《地平线》与读者见面了。加西亚·马尔克斯与他的文友们欢喜若狂，奔走相告，庆祝自己的努力没有白费。然而正在他们兴奋若狂的当儿，时任总统阿方索·洛佩斯却下令将《地平线》全部没收并且烧掉，因为他看不惯那篇篇有正义感的文章。长时间的努力被付之一炬，《地平线》无疑成了加西亚·马尔克斯生活中生命最短的杂志。

但是，暂时的挫折遏止不住加西亚·马尔克斯对文学的酷爱。当他的大多数同学专心致志地学习物理、化学与数学的当儿，他却躲在小图书馆的角落里，如饥似渴地一遍又一遍地阅读从某种渠道进来的新书。也正是在这所中学里他开始练习写诗和故事的。因为他已经迷上了西班牙浪漫主义诗人努涅斯·德阿尔塞的诗歌，后来又发现了法国早慧又早夭的天才诗人，象征主义运动典范的兰波和智利大诗人聂鲁达的诗歌。接着，他又沉醉于以诗人豪尔赫·罗哈斯为首的哥伦比亚“石天派”的诗歌。

早在20世纪三四十年代，在哥伦比亚文坛上崛起的青年文学小组“石天派”的成员，受到拉美现代主义文学的代表、拉丁美洲第一位职业诗人鲁文·达里奥、西班牙抒情诗人胡安·拉蒙·希门尼斯和智利诗人聂鲁达的影响，他们对传统诗歌进行了大胆地革新，提出在唯有“石头与天空”的世界里创造新的诗歌天地。多年以后，当加西亚·马尔克斯回忆起“石天派”对他的影响时说：“如果没有‘石头与天空’的帮助，我真不敢说我会成为作家。”

## 痴迷诗歌 如醉如魔

加西亚·马尔克斯的文学修养是从诗歌开始的。他从小时候起就开始读诗歌，到中学时他便爱上了诗歌。当他成名后他还语重心长地说：“我对文学的兴趣，我对文学的赞赏和迷惑是从诗歌开始的，我是诗歌的伟大读者。我认为，小说的情节是虚构的。但从写小说的修辞方法来看，那是一种纯诗化的语言；如果不是这样的话，一个人就不可能去关心语言和语言的含义，也不去关心语言的美。”

加西亚·马尔克斯对诗歌的特别爱好一直延续到他考入波哥大国立大学以后，当时他对诗歌的爱好简直达到狂热的程度。这里可以在他的《番石榴飘香》这本书里一目了然。他说：“星期天，在无轨电车里度过令人忧伤的下午……而我在这种放任兜风的旅途中唯一所做的事情，就是读诗、读诗、读诗……直到夜雨霏霏，华灯初上的时刻。然而，我跑遍老城里寂静无声的咖啡馆，去寻找一位仁人君子行个好，陪我一起谈论谈论我刚刚读完的那些诗篇，那些诗篇，那些诗篇。”

据雅虎网2002年10月7日曾经报道说，加西亚·马尔克斯的一首十四行诗，多年前在一次游玩的晚上丢失了，但后来被当天晚上的一个游玩者捡到。2002 年 10 月 7 日，哥伦比亚蜗牛电台的一位记者在电台朗诵了这首诗。经加西亚·马尔克斯本人证实，这首手写的十四行诗就是他写的。他还对媒体回忆说，在那次游玩时把这首诗拿给几位朋友看后便丢失了。原来诗落在本国北部村庄的一位先生手里，多年后又出现在参加当晚聚会的另一位伙伴的手里。诗的题目是




## 致一位女生的十四行晨诗

她向我致意后随风而去
声音里呼出清晨的哈气
一扇窗户的亮光进到屋里
失去光的不是玻璃是气息

这起早的姑娘与时钟相似
又像个故事难以置信地消失
当她将这一时刻的线剪断
清晨溢出她那白色的血液

她若身着蓝衣上学去
分不清她是在走还是飞
恰似股微风这般轻轻的

在蓝色清晨里难知悉
过去的三者哪是微风呢
哪是姑娘，哪是晨曦

加西亚·马尔克斯谈到他在巴兰基利亚求学时的情形说：“刚进学校的时候，我就享有诗人的称号，这首先因为我善于记忆和大声朗读课文里的西班牙古典与浪漫主义诗歌，其次由于我把押韵的讽刺诗献给我的同学。”他的这

些诗歌后来发表在学校的杂志上，他还说："这些幼稚的诗歌——不管喜欢与否——严格说来，它们是我优秀的歌剧。"

## 大学期间　爱上新闻

1947 年 18 岁的加西亚·马尔克斯进入哥伦比亚国立大学攻读法律，并加入了自由党。但是 1948 年哥伦比亚爆发内战，保守党与自由党为权力之争导致全国大乱，加西亚·马尔克斯不得不中途辍学，迁居到卡塔赫纳。他一边在那里继续学习法律，一边为《宇宙报》撰写新闻报道，从此开始了漫长的新闻事业。在卡塔赫纳居住了一年，经朋友赫尔曼的介绍来到巴兰基利亚，进了赫尔曼所在的《先驱报》，负责一个名为《长颈鹿》的专栏，使用的笔名是塞普蒂穆斯。但他这时的生活是很苦的，住在 4 层楼的阁楼上。一楼是公证处，其余三层都是妓院。在他的房间里只有一张床和一张破桌子便是他这位编辑兼作家的家当。1954 年，他由巴兰基利亚回到阔别多年的首都波哥大，被《旁观者报》聘为专职记者。这为他成为作家铺平了道路，如今当他坐下来写回忆录时，他把那一段经历作为回忆录全集的主要部分，并给这部书命名为《世界上最好的职业》。

他回顾当年在《旁观者报》工作的情形时，有一席对哥伦比亚一批学新闻学生的精彩谈话。他说："我们在编辑部里侃侃而谈的时候，实际上正不知不觉地准备第二天的报纸。过去没有任何中间环节，消息都是热的、及时的，可以写出一条两小时以前发生的消息，尽管在印刷方面有一定的条件限制。在我青年时代，记者对发生的事从不发表看法，这要放在编辑部里，但编辑部也不发表评述，只公布事实，读者便了解发生的事情了。现在将消息和评述混为一谈，这就需要一种程度极高的专业了。"加西亚·马尔克斯还说，"多亏了新闻工作，我才学会脚踏实地！"他针对眼下的实际情况发出如下感慨："使我感到惊奇的是，总是要求采访我，而从来不去写一篇通讯……通讯是美国记者发明的一种体裁，我认为它是一种最好的体裁。可以叙述发生的事情，以便让读者了解，使发生的事情活起来。"

众所周知，加西亚·马尔克斯是位著作等身的大作家，但是他说，他最喜爱的自己写的一部书不是别的，而是一篇长篇通讯，即《一个遇难者的故事》。他是如何写作这本书的呢？他说："我当时正在波哥大的一家报纸工作，即《旁观者报》。报社让我接待一艘船遇难后在海上幸存了10天的人。我坐在他的身边，我们一天又一天地重复他的经历，到了第三天，他慢慢地记起了自己的职业。开始的时候，他跟我叙述当时的情景，或他认为的英雄行为的那些细节，接着他意识到，使我感兴趣的是，他在木筏上日常生活的小细节。这个故事每天都在报上发表，到了第六天，这个故事的主人公不能不问我，这是小说还是真实故事。我当时回答他说：'是小说，也是真实的'。……我极高兴它是这样一部书，并且是我偏爱的一部书。"

加西亚·马尔克斯说，他没有任何秘方。新闻的主要任务是交流经验，使现有的经验更臻于完善。每个记者都设法运用他的职能与天赋使自己成为一个胜利者。他还批评记者的现状并提出自己的看法，他说："我认为，对现在的记者来说，最坏的弊端之一是，他们没有时间读书，连报纸也不看。记者的工作需要时间，尽管对个别人可另当别论。但是，一定的时间会使工作的效果更好……记者的产生，就像诗人、画家或音乐家的产生一样。"

我们这里不妨回顾一下加西亚·马尔克斯的记者生涯。1955年，哥伦比亚《旁观者报》委任他为驻欧洲记者，他住在罗马，先后到过法国、波兰、捷克、匈牙利和苏联，并在伦敦度过一段美好的时光。1957年，他在挚友门多萨的帮助下，得以随哥伦比亚民乐团访问苏联和东欧国家，后来他将访问时写的文章汇集成《铁幕后的九十天》。1959年，当菲德尔·卡斯特罗领导的反帝、反独裁的革命取得胜利后，加西亚·马尔克斯被聘任为古巴新政府的拉美社驻波哥大记者。1961年，他作为拉美社记者赴美工作，任该社纽约分社副社长兼常驻联合国记者。但是，当他的朋友、拉美社社长何塞·玛塞蒂被革职时，他愤然辞职。当他携带妻儿来到美国南方时墨西哥时，身上仅剩100美元，只好在墨西哥住下。至此，漫长的记者生涯告一段落。但是，从40多年前到今天，新闻记者这个神圣的名字一直在加西亚·马尔克斯的脑海里盘旋。1999年初，他买下了业务亏损的新闻周刊《改革》，成为董事之一，也是主要股东，负责审稿与照片。可以说他回到了"初恋"——新闻工作的岗位，他的感觉是"简直太美妙了！"

## 从记者到作家

风华正茂的大学生加西亚·马尔克斯，一天在波哥大国立大学图书馆里翻阅报刊时，一条广告消息闯入眼帘：《旁观者报》准备为青年作者开辟一个文学创作之页，欢迎投稿。他读罢这条不可多得的消息，喜不自禁，因为这为他提供了最好的写作园地。他从小就受到有文学修养、会讲故事的外祖母的影响，又酷爱诗歌与小说，早就试着写诗作文，如今有了施展文学才华的天地，怎能不无比兴奋呢？于是，他怀着喜悦的心情，试着写了一篇题为《第三次辞职》的短篇小说，投出后很快就在《旁观者报》上发表了。是年他 19 岁。一石激起千层浪，自此一发不可收拾，他一连发表了 14 篇短篇小说。

对加西亚·马尔克斯来说，1954 年是决定他人生历程中最关键的年份。这一年他面对严酷的社会现实，经过深思熟虑，不顾家人竭力反对，放弃继续学习法律成为律师的初衷，毅然应聘去《旁观者报》担采访记者。在报社里，他白天忙着为报纸写消息，晚上一回到自己的小天地里，便孜孜不倦地敲起打字机来，进行他所偏爱的文学创作。对于创作格外严格的他，要求自己打出来的每一行字都要精益求精，毫不含糊。这是他的创作规范，他一直坚持到今天，虽然他早已成为举世闻名的文学大师。

常言道："人非生而知之者"。加西亚·马尔克斯也不例外，他除了从世界级的文学大师那里吸取文学精华，还不失时机地向身边的同事学习。使他最难忘的就是《旁观者报》文学副主编萨拉梅亚·博尔达。这位哥伦比亚先锋派文学的创始人，不但教会他如何写报道，而且还引导他如何进行文学创作，给他指明了一条文学创作之路，让他在新闻的夹缝里开始文学创作生涯。

加西亚·马尔克斯是位伟大的作家，但他首先是个卓越的记者。他勇于深入生活，勤于写作，他曾经写过许多生动而有影响的新闻报道，或报告文学。比如《一个遇难者的故事》就是一个有力的证据，也是他的得意作品之一。难怪当他得知他的这部力作要在中国出版中译本时，他这样说："应该说《一个遇难者的故事》是我本人满意的作品之一，它给我留下了深刻的印象。

它译成中文，我感到高兴，希望中国读者也能喜欢它。”

但是，加西亚·马尔克斯永远不会忘记，正是因为他在这部书里揭露了哥伦比亚海军“卡尔答斯”号军舰的走私活动，激怒了统治当局，因此查封了《旁观者报》，使该报被迫停办。而为躲避统治当局的追究被《旁观者报》派到欧洲去的加西亚·马尔克斯中断了薪水的来源。这时他只好被迫流亡巴黎，过了两年衣不暖体，食不果腹的乞丐般生活。

在巴黎的困苦流亡中，加西亚·马尔克斯从一个地方跑到另一个地方，去寻找种种写作机会，并试图认识社会现实，尤其是拉丁美洲的现状。正如他自己所述：“流亡使我理解了其他国家，而这对我的文学也是一个重要的贡献。”据悉，正是他在巴黎过着乞丐般的生活时，他才能酝酿、构思出他的最得意之作《没有人给他写信的上校》。这部反复修改共9遍的中篇小说，他认为比《百年孤独》更令他感到满意。

《没有人给他写信的上校》自1961年发表以来在文学界引起强烈的关注。而这部小说写的是，一位在哥伦比亚内战期间立过战功的上校，吃了上顿没有下顿，总是等待着附有支票的来信，但总是见不到信的踪影。加西亚·马尔克斯当时的处境正与这位上校一模一样。他在巴黎的旅馆等待着久违的报社汇款，生活无着，处境狼狈不堪。他在写作时再也没有笑意，即使偶尔脸上挂点儿笑容，也像上校那样强颜欢笑，以此来应付房东强逼房租或抵御饥寒交迫的威胁。尽管加西亚·马尔克斯在这部小说中的不少场所采用了幽默、诙谐的笔触，但心情仍十分忧郁而沉重。正是上校这种面带笑容迎接死亡的个性，使这部小说产生了极大的感染力。

旅欧期间，加西亚·马尔克斯住在巴黎一家旅馆的爬满蜘蛛网的小阁楼里，他除写作之外，还阅读了许多著名的欧洲文学名著，开阔了视野，扩大了知识宝库。使他从拉丁美洲走上了世界，又从世界的范围加深了对祖国哥伦比亚乃至整个拉丁美洲的认识。这时的加西亚·马尔克斯，由于几部中短篇小说的出版，已名震本国文坛，但在世界文坛上仍属无名作家。可是人们并不知道他早在酝酿一部巨著——《百年孤独》！

在那夜阑人静的时候，加西亚·马尔克斯孤灯只影，伏案疾书《枯枝败叶》，将美国的香蕉公司描绘得如同人类的渣滓。这部小说是《百年孤独》的前奏和习作。但是，直到1958年《枯枝败叶》在秘鲁被收集到一本印刷25万册的集子里才使加西亚·马尔克斯出了名。

加西亚·马尔克斯在1966年至1967年滞留墨西哥城的时候潜心创作《百年孤独》，尽管他穷困潦倒、靠典当与借债度日，但由于创作热情的驱使，仍一往无前。构思16年，专注写作花了整整540个日日夜夜这部巨著到底花费了作者多少心血，只有作者本人知道。瓜熟蒂落，1967年阿根廷南美出版社出版了《百年孤独》。但仅印了8千册，半月之内被抢购一空……出版社竟一时找不到纸张重印。这时的加西亚·马尔克斯便犹如红杏出墙，跨过国界与洲界，从拉美文坛走上了世界文学的广阔天地。

《百年孤独》的出版立即在拉美引起一次不小的“文学地震”，评论家说“它完全可以与西班牙古典名著《堂吉诃德》媲美”。瑞典文学院曾说，1982年度诺贝尔文学奖不能不授予加西亚·马尔克斯，因为“他创造了一个独特天地……自20世纪50年代末，他的小说就把我们引进了这个奇特的地方。那里汇集了不可思议的奇迹和纯粹的现实生活。”阿根廷小说家、魔幻现实主义文学主要创始人之一豪尔赫·路易斯·博尔赫斯称赞加西亚·马尔克斯为“哥伦比亚的莎士比亚”。

# 大江健三郎

## ——记他最近两次访华

大江健三郎
おおえ けんざぶろう

| | |
|---|---|
| 出　生 | 1935 年<br>出生于日本四国岛的爱媛县喜多郡大濑村 |
| 职　业 | 作家 |
| 国　籍 | 日本 |
| 母　校 | 大濑国民学校、东京大学 |
| 体　裁 | 小说、剧本、散文随笔、诗、文学评论、政论杂文 |
| 代表作 | 著有《广岛日记》(1965 年)、《作为同时代的人》(1973 年) 和《小说方法》(1978 年) 等作品和文论 |
| 配　偶 | 1960 年 2 月与伊丹缘结婚 |
| 子　女 | 儿子大江光 |
| 授奖时间 | 1994 年被授予诺贝尔文学奖 |
| 授奖理由 | 1994 年，瑞典文学院宣布，大江健三郎以“诗的力量创造了一个想象的世界，并在这个想象的世界中将生命和神话凝聚在一起，刻画了当代人的困惑和不安”，认为大江健三郎“深受以但丁、巴尔扎克、艾略特和萨特为代表的西方文化的影响”，“开拓了战后日本小说的新领域，并以撞击的手法，勾勒出当代人生百味”，因此决定授予他诺贝尔文学奖 |

## 一

根据中国社科院外国文学研究所介绍，应中国社会科学院邀请，诺贝尔文学奖获得者、外国文学研究所名誉研究员大江健三郎先生于 2006 年 9 月 8 日至 15 日访问中国。笔者在国家发改委国际合作中心内刊《国际借鉴》上对他与他在北京的两次演说做了介绍。

大江是中国人民的老朋友，这是他的第五次中国之行。他第一次访华是 1960 年，当时见到了毛泽东主席、周恩来总理、陈毅副总理，以及社科院的首任院长郭沫若等中国领导人和巴金、老舍、茅盾、赵树理等作家。1984 年第二次访华，见到了胡耀邦总书记。

## 一

大江及其作品在中国受到广泛的喜爱和阅读。这不仅因为大江是诺贝尔文学奖得主，更因为他用小说家观察事物的独特角度和表述事物的独特方式，通过作品表现了对社会、历史、国家、民族、心灵，以及青少年成长的思考和关怀，体现出知识分子的社会批评、文化批评和良知，还因为他对中国及中国文学所怀有的诚挚而善意的关心。大江从 12 岁起开始阅读鲁迅的作品，对鲁迅作品风格与灵魂有深刻的理解与感佩，对鲁迅的“绝望之于虚妄，正与希望相同”——始自于绝望的希望——产生强烈共鸣。

小说家大江同时是尊重历史事实、热爱和平、保卫和平的战士，是日本维护和平宪法的斗士，致力于维护中日两国及整个亚洲来之不易的和平与友谊。在“北京讲演 2000”中，大江曾这样讲道：“我认为，我们应当面向未来，坚持不懈地赎罪，并为此而不断努力，这才是日本人对中国以及亚洲诸国的基本态度。”

大江此次访华，在中国社会科学院做主题讲演：“北京讲演 2006”。在北大附中以“走的人多了，也便成了路”为题做了讲演等。大江还专程前往南京大屠杀纪念馆，与幸存者见面，与历史研究者座谈。

他在“走的人多了，也便成了路”这一题目下讲的主要是：大江先生本人是读着鲁迅的作品长大的，而且鲁迅的书是他不识字的母亲千方百计找来的，所以他说“70 年前去世的鲁迅显然是 20 世纪最伟大的小说家之一”。他希望年轻的日本人能阅读鲁迅的书。他说自己“是一个无力而又年迈的小说家”，但非常关心日本与中国的关系，批判日本现在的政治领导人不但不进行反省和谢罪，而且还采取了将侵略战争正当化的行动，比如小泉首相一意孤行参拜靖国神社。他认为，在目前这种状态下，对于日本和中国这两国年轻人之间的未来而言，真正意义上的和解，以及建立在该基础之上的合作，当然还有因此而构建出的美好前景，无论怎么说都是非常必要的。

他在始自于绝望的希望——北京讲演 2006 里谈到：他第一次访华是个刚满 25 岁的年轻作家。对于热衷阅读中国现代史的他来说，细细眺望中国的历史伟人，觉得他们犹如茂密森林中的参天大树。他特别想告诉大家的是他个人最爱的就是书和树。“……毛泽东、周恩来、许广平、陈毅、郭沫若，还有文学家茅盾、老舍、巴金、赵树理……，那是多么茂密的森林啊！”大江从少年时代开始，六十多年来一直崇敬着一位中国的文学家，那就是思维最敏锐、民族危机感最强烈的鲁迅。12 岁时已经可以读《孔乙己》、《故乡》的他，还专门把《故乡》的最后一段抄写下来：“我想：希望本是无所谓有，无所谓无的。这正如地上的路，其实地上本没有路，走的人多了，也便成了路。”作为一名对中国知识界抱着敬意的作家，最近的 8 月 15 日，小泉首相强行参拜靖国神社，当天晚上，早有预感的大江和他所信赖的知识界人士组织了大型抗议集会。

由此可见，大江先生是一位极富正义感的大作家，他对于新中国和她的领导人极其尊重。我对大江先生的了解是从 2001 年 1 月正式开始的。因为他的作品《大江健三郎自选集》此时在中国由河北教育出版社出版，我有幸在北京图书大厦出席了这部选集的首发式，得到了选集，还同大江先生合了影。

包括《燃烧的绿树》（上下集）、《小说的方法》和《迟到的青年》在内的四部书内容丰富，可读性很强，读后使人受益匪浅，应该感谢大江先生。

## 二

大江健三郎是一位独特的大作家。2000 年 9 月 26 日至 30 日，这位日本著名作家应中国社会科学院外文研究所的邀请，来中国进行了为期 4 天的友好学术访问。这是他 1994 年获诺贝尔文学奖后第一次公开来华，曾先后到清华大学演讲，为新书签售，逛北京的胡同及在北京外国语大学日本学中心作专题演讲等。他还与中国著名作家王蒙、莫言、余华和铁凝等围绕中国文学和日本文学的有关问题进行了探讨。他走了，带着中国美好秋季的金色硕果，而把对中国人民的深情留在了我们的心里。

9 月 27 日，大江先生向我国最高学府——清华大学的莘莘学子发表了热情洋溢的演讲。在他发表的题为《致北京的年轻人》的讲话里，开头的第二句话就是：我听说大家对我从一个“学生作家”起步的生活历程颇为关心，关于这个问题……可以具体地、轻松愉快地展开。

大江先生的长篇演讲极其详尽地道出了他的生活轨迹。他那感人至深的生活路途催人泪下，他那布满荆棘的创作道路，能够使人看到他是如何由学生作家成长为大作家的。

大江 1935 年生于爱媛县一个森林山谷的小村庄，大自然的绿韵抚育了他的童心。他在绿色摇篮里读了马克·吐温的《哈克贝里·费恩历险记》、格拉洛芙的《尼尔斯历险记》。关于这两部作品对他的影响，他颇为动情地说过，它们“占据了我的内心世界”，滋润着他的文学想象力。

在战争年代度过小学生活的大江，在县城读高中时，开始爱好文学；并利用中学期间的寄宿生活来编辑学生文艺杂志《掌上》。当他 1954 年考进东京大学文学系后，先选修教育专业，后改为攻读法国文学。这时他对加缪、萨特、福克纳和安部公房等文学大师的作品着了迷，如痴如狂地读着，并练习写作。终于他的习作小说《奇妙的工作》于 1957 年在校刊上发表了，接着他的处女作《死者的奢华》和《饲育》又在《文学界》上发表了。他从此便走上了文学创作之路，并以极大的热情更新文学的观念，构筑特异的文体，走进自己独特的文学世界。

日本著名作家川端康成，也是另一位诺贝尔文学奖得主，他称赞《死者的奢华》显露了作者的“异常才华”。这部小说是日本文学界最为推重的“芥川文学奖”的候选作品。他1993年创作的长篇三部曲《燃烧的绿树》，获意大利蒙特罗文学奖。1994年获瑞典文学院颁发的诺贝尔文学奖。

# 玛丽·斯克沃多夫斯卡·居里夫人

## ——两项诺贝尔奖获得者的杰出女科学家

玛丽·斯克沃多夫斯卡·居里夫人
Marie Sk odowska – Curie

| | |
|---|---|
| 出　　生 | 1867 年 11 月 7 日<br>出生于波兰华沙<br>1934 年 7 月 3 日去世 |
| 职　　业 | 物理学家、化学家、科学家、哲学家 |
| 国　　籍 | 法国 |
| 母　　校 | 索邦大学，巴黎大学理学院 |
| 体　　裁 | |
| 代 表 作 | 《放射性专论》与博士论文《放射性物质的研究》 |
| 配　　偶 | 丈夫比埃尔·居里 |
| 子　　女 | 长女伊伦娜、次女艾芙 |
| 授奖时间 | 1903 年获诺贝尔物理学奖；1911 年获诺贝尔化学奖 |
| 授奖理由 | 因发现了放射性元素镭和钋，1903 年获诺贝尔物理学奖；因测定了一些放射性元素的半衰期，1911 年获诺贝尔化学奖 |

玛丽·居里夫人是世界上最伟大的科学家之一。她曾经两次荣获诺贝尔奖，成为诺贝尔奖颁奖历史上一个美丽的佳话。她为科学献身的精神激励着

一代又一代后人，她的形象在人们的心里始终是高大的，她是人们学习的好榜样。居里夫人的丈夫比埃尔是位伟大的物理学家、原子时代的开创者、一代科学巨匠，曾与居里夫人共同荣获诺贝尔物理学奖。早在 100 年前的 1898 年的 7 月，居里夫妇发现了钋元素；同年 12 月 16 日，他们又发现一个新元素——镭。镭元素发现 100 周年的 1998 年 2 月 16 日，法国和世界其他地方都在纪念这个伟大的日子。



## 相见恨晚　一见钟情

1998 年 7 月 6 日晚 9 时许，当我打开电视机时，闯入眼帘的是一幅求爱的场面：只见一位身材魁武、年轻英俊、胡须乌黑的男子站在那里，情意深深地向一位美发披肩、容貌秀丽的女子求爱。当他的切切爱心被那位小姐接受后，便慢慢地离开房间，但是，立刻又回来了。他来到小姐身边，深深一吻之后，这才放心地离开。这位英俊的男子就是法国著名科学家比埃尔·居里，而那位小姐正是原籍波兰、当时正在法国求学的玛丽·斯克沃多夫斯卡。

当时，也许为了纪念居里夫妇发现镭元素 100 周年，我国中央电视台专门播放了描写居里夫妇的黑白电影片。观后给人留下久久难以忘怀的印象。然而，比埃尔和玛丽是在一个偶然的机会下相遇的。当时，玛丽正在法国大学索尔本理学院求学，由于在研究钢的特性上遇到困难，无法解决，便请教正在巴黎大学讲学的波兰籍物理教授柯瓦尔斯基，他把玛丽介绍给很有才华的皮埃尔·居里。他决定请他们到他家喝茶。

那是个 4 月的夜晚，皮埃尔先到。玛丽一进门就看到相貌堂堂、有一双无与伦比眼睛的皮埃尔在注视着她，她也看了他一眼。虽然科学家皮埃尔当时已经 35 岁了，但是仍然显得年轻、潇洒。他原来认为女人对他没有用处，现在却被风度优雅的玛丽所打动；而这时已经 27 岁的玛丽曾坦言她生平只有一个爱，就是爱科学。现在却对这个年轻的男人皮埃尔产生了信任感。

爱神就这样使这两位对科学怀着共同志向的学者走到了一起，他们于 1895 年结婚。皮埃尔和玛丽的婚礼既简朴又颇有意义。婚礼上既没有牧师也没有律师，在居里的院子里，欢乐的人们围着一对新人有说有笑，表示美好的祝福。然而给人印象最深的是，皮埃尔在婚礼上仍带着一叠书，他的母亲夺过来抱在手上，而皮埃尔和玛丽对饮一杯葡萄酒骑着自行车绕场一周时，皮埃尔来到母亲身边伸手来抢书，欢笑着和玛丽扬长而去。自行车是他们为结婚添置的唯一礼物。

他们在乡下度蜜月时仍然念念不忘科学研究。在乡间小道，在渡船之上，在一切可能的时候，他们都不停地讨论感兴趣的放射性物质。

## 志同道合　你中有我

玛丽·居里原名玛丽·斯克沃多夫斯卡，1867 年 11 月 7 日出生在波兰一个普通知识分子的家庭里，她是家里第五个孩子。父亲是华沙一所中学的数学和物理教师，母亲也受过良好的教育。而当时的波兰在俄国沙皇的统治下，玛丽生活在这样一个多子女的家庭里，是十分清寒贫苦的，但是这并没有影响她的学习和进步。

在沙皇统治下的波兰，玛丽在学校里只能读俄语，目语波兰语不能公开阅读，只能背着俄国警官偷偷地读。因此，玛丽和小朋友们就想了个办法，请看门的监视着警官。有一次，门铃响了，玛丽和同学们立刻将波兰文的书都藏了起来，把规定的“正课”拿出来，巧妙地骗过了俄国警官。但是，玛丽老是想不通：俄国有那么大的国土，为什么还要欺负一个小小的波兰呢?自此，在玛丽幼小的心灵里就深深播下憎恨外敌的种子，在这颗种子萌发的同时，玛丽边更加热爱自己美丽的祖国波兰。

为了长大以后能够报效祖国，就必须有丰富的知识，所以玛丽从小就格外用功读书。在家里，她怕受兄弟姐妹的干扰，总是一个人藏在角落里，静悄悄地读呀写呀；在学校里，她不但把老师教的功课读得滚瓜烂熟，而且尽量多读些课外书籍，增加知识量，所以她每次考试的时候，成绩往往是全班第一，被称为全校最有名的好学生。

当玛丽以优异成绩中学毕业时，她本想继续深造，进大学读书。无奈，由于她的大姐和母亲不幸先后去世，她只好留在家里帮忙操持家务。但是，好学的玛丽并没有放松自学，她在自学的同时，还参加了反对沙皇侵略的革命活动。

在这个时候，她又得知她的二姐因为不能去法国学医而感到痛苦，于是，她告诉二姐说，她要去给人家当家庭教师，挣钱来供她上学。二姐听了她的这番话，十分感动。自这以后，玛丽就白天教书，晚上自学，用了整整 5 年时间挣钱来供姐姐读完大学。二姐大学毕业后，当上了医生，她想起了帮助过自己的妹妹玛丽，于是，就请玛丽去法国报考索尔本理学院。自这一天起，玛丽便开始了为理想而奋斗的大学生活。

在大学里，玛丽衣食无着，因为二姐的生活也不富裕，所以她只好靠给学校干杂活挣钱，用面包和茶水充饥。冬天被子太薄，她就把所有的衣裳都盖在上面御寒。尽管她瘦得弱不禁风，但她仍然顽强地刻苦学习，仅仅两年就取得了物理学学士和数学学士的学位。

皮埃尔·居里于 1859 年出生在巴黎一个医生家庭。父亲欧文·居里酷爱自然科学，但因家贫，只好求医。于是就把希望寄托在皮埃尔和比他大 3 岁的哥哥身上。他对两个儿子实行一种比较开放的学习方法，除让他们按照计划学习外，还鼓励他们学习历史、文学、到乡下去郊游。智力超人的皮埃尔少年时代就立下“把生命化作梦想，再把梦想化作现实”的雄心壮志。皮埃尔 16 岁获科学学士学位，18 岁成了科学硕士，19 岁在巴黎大学理学院当助教。在他 24 岁时被任命为巴黎市市立理化学校物理实验室主任。

由此可见，皮埃尔·居里和玛丽志同道合，你中有我，我中有你。他们在科学研究的道路上，不约而同的走在一起了。

## 非凡实验　同获诺奖

在前进的道路上，玛丽·居里和皮埃尔·居里在既没有像样的实验室，又无资料可查的情况下，在 1898 年从沥青铀中发现了一种新的放射性元素。为了纪念她的祖国波兰，玛丽就给它取名“钋”，皮埃尔赞成玛丽的意见。

玛丽·居里夫妇已取得辉煌成就，但是，他们并没有停步不前，而是继续努力，苦心钻研，又发现了另一种元素——镭。1898 年 12 月 16 日，玛丽在提交法国科学院的报告中宣布放射的新元素——镭。这一发现把当时在物理领域中信奉了几个世纪的整个理论翻了个底儿朝天，所以，一切保守的科学家都提出“镭在哪里?”的疑问。

居里夫妇为了回答保守派提出的这一疑问，决心拿出事实让他们看看。但是，必须用大量的矿物才能获得纯镭，测出它的元子量。然而，谈何容易！这么多矿物从哪儿来，谁来支付这些矿物的钱，弄来以后把它们放在何处?

皮埃尔和玛里夫人考虑之后认为，首先从沥青矿中提炼镭是不可能的，因为它的价钱太贵。于是他们就想起一位奥地利教授，他那里有廉价的沥青铀矿渣。想到这里，居里夫妇就变卖了所有值钱的家产。甚至到处借款，终于借够了购买矿渣的钱。但是，把这些宝贝放在哪里呢? 他们就向学校求救。求救的结果是把一个年久失修、风雨无拦的破仓库租给了他们。皮埃尔本来很不愿意接受，经玛丽劝说才接受下来。当一辆马车在居里夫妇那个简陋的工作室门口停下来时，居里夫人像迎接客人般兴高彩烈地把一麻包一麻包矿渣卸下来。矿渣里有镭，这是他们的希望所在。没有仪器，他们因陋就简。那里只有一个破炉子、一块皮埃尔用来演算的小黑板。工作开始了，居里夫人两手握着一根铁棒，在炉子旁吃力地搅拌着，汗珠儿从她脸上滚下来，她也顾不上擦；有时累得筋疲力尽昏倒了，皮埃尔立刻过来把她扶住，让她稍稍休息一下。他们的分工是：皮埃尔负责研究镭的特性，玛丽干些体力活。她必须加工 20 公斤的矿渣，把沸腾的熔液从一个缸里倒进另一个缸里。这里，夏天热得像火炉，冬天冷得似冰窖。这座漏雨飘雪的工棚使他们吃尽了苦头。

功夫不负有心人。居里夫妇于 1902 年，即他们宣布发现镭 45 个月后，他们的宝贝终于诞生了：黑暗中隐约出现一丝蓝色的光线——那就是纯镭发出来的光！它是那块小黑板上写的 5677 次实验的结果。他们初步测出镭的原子量为二二五，这给了那些责备他们的权威们一个有力的回答。1903 年 12 月 10 日，瑞典皇家科学院把本年度诺贝尔物理学奖授予居里夫妇和认识放射性的鼻祖贝克勒尔。

诺贝尔奖引来记者的来访，有一位记者来到居里家里，其父告诉记者，居里夫妇累啦，他们已去乡下。当记者来到乡下，遇到一位中年妇女，她告诉记者：巴黎大学决定把一个实验室送给居里夫妇，4 月 19 日举行移交仪式。这时记者突然察觉到他面前的女子正是诺贝尔奖得主居里夫人。

## 融化悲痛　再创辉煌

4 月 19 日下午，皮埃尔回到家里，没有看见玛丽，他的父亲告诉他，玛丽正在房间里打扮，以便参加晚上举行的实验室移交仪式。皮埃尔进到房里，发现玛丽正在试穿一件漂亮的黑色连衣裙。他上前端详了半天，发现玛丽没有戴耳环。于是便告诉玛丽他要出去一下，可能很晚才能回来。玛丽恋恋不舍地目送着皮埃尔离开了。

皮埃尔来到首饰店，精心为玛丽选了一副耳环。他拿着首饰盒。走在街上在穿越马路时还不停地打开看看，马路又湿又滑，当他想在一辆大车后边穿过码头与马路叉口时，没想到又一辆两匹马拉的沉重大车从另一方向奔过来，他来不及躲撞在一匹马上，脚底下一滑摔倒在地上。只听一声尖叫，车祸发生了，大车的后轮碾碎了他的头颅，死时皮埃尔·居里才 47 岁。他就这样离开了人间！

正当他们的科研事业蓬勃发展的时候，居里夫人的丈夫皮埃尔·居里的不幸逝世，给玛丽造成极大的痛苦。她不但身体瘦弱，而且还要抚育两个幼女。然而以科学为己任的她，慢慢地从失夫的痛苦中解脱出来，又投入了对镭元素的进一步研究，因为当时她和丈夫还没有测定出镭的准确的元子量，所以那些所谓的权威对此持怀疑态度。居里夫人单枪匹马，在极端困难的条件下，从数吨镭中提炼出一公分纯铀，1907 年她又提炼出纯氯化镭，精确地测出镭的元子量。1910 年提炼出纯镭元素，并测出它的各种特性，写出名著《论放射性》一书。因此，居里夫人 1911 年被授予诺贝尔化学奖，成为世界上两次荣获诺贝尔奖的少有的杰出女科学家。

居里夫妇完全有条件凭借自己的科学成果成为世界上最富裕的人。可是，居里夫人和她的丈夫一致决定把他们的科研成果公诸于世，献给人类。正如居里所说的那样：“镭然是济世救人的仁慈物质，这东西就应该是属于世界的。”

居里夫人还在丈夫去世后办起了镭学院，培养出一批又一批科学家。伟大的科学家爱因斯坦被居里夫人的精神所感动，他备加赞赏地说：“在所有的著名人物中，居里夫人是唯一不为荣誉所颠倒的人。”

居里夫人在纪念发现镭元素25周年的大会上曾经这样说：让我们举起知识的火把，去迎接明天的美好变化。今天，这句话更有现实意义。

## 巾帼英雄　教育有方

居里夫人不仅是一位伟大的科学家，而且是一位有一套家教艺术的伟大母亲。她善于因材施教，由浅入深，循循善诱，把自己的两个女儿都培养成对人类有杰出贡献的人才。

居里夫人的两个女儿，大的叫伊伦娜，小的叫艾芙。她首先把握住孩子智力发展的年龄优势，当她们刚刚一岁时，就让她们广泛接触新鲜事物，提前开发她们的智力。如让她们去动物园观赏动物，去公园看绚丽的花草和人群。当她们再大一点时，就教她们唱儿歌和讲童话；再大一点，就开始智力练习，让她们弹琴、画画；陪她们散步，散步时给她们讲有趣的故事。这种全方位幼儿智力教育，使她的两个女儿从小时候起就在智力、能力、性格和心理上都受到良好的训练。

居里夫人对女儿教育最成功的一点就是：言传身教，利用各种机会培养她们高尚的道德品格。她对女儿们说：“一个人真正需要担心的是丢失自己的人格。”她还处处以自己为榜样影响她们，当她带着两个女儿赴美国接受总统赠予她的一公分镭时，她告诫她们说：“镭必须属于科学，不属于个人。”后来，当她们的生活遇到困难时，有人劝居里夫人把镭卖掉，她却把自己与丈夫分离出来的一公分镭献给了实验室。

第一次世界大战爆发后，居里夫人不但与大女儿伊伦娜商量把她的诺贝尔奖金献给了法国政府，还带着她走上前线，用 x 光机帮助检查受伤病员。由于伊伦娜表现出色，战争结束时，法国政府给她颁发了一枚勋章，因此使她受到很大的鼓舞。

居里夫人总是不失时机地培养女儿对科学的爱好和向往。她把 14 岁的伊伦娜带进瑞典颁发诺贝尔奖的圣殿，让她注视母亲面对学者发表演讲，鼓励她立志献身科学。当伊伦娜刻苦学习，对科学感兴趣时，她就收她为助手，同时让她在大学里继续深造。后来约里奥少尉复原到居里夫人的实验室和伊伦娜一道工作，在居里夫人的指导下，约里奥进步很快。同时，因为共同的事业和深刻的了解，使这两位青年人相爱了，居里夫人知道后也很高兴。他们于 1924 年 10 月 4 日结婚，约里奥婚后改称约里奥——居里。他们两人都从事放射性研究工作，因发现人工放射性物质共同获得 1935 年诺贝尔化学奖。这是居里家族第三次荣获这一世界性的荣誉。

居里夫人的小女儿艾芙天真活泼，对艺术有着浓厚的兴趣，特别喜爱文学、舞蹈与钢琴，她就给艾芙请来优秀的音乐、舞蹈老师教师，辅导她学习；后来又让她进艺术学校，开阔眼界，增长学识，艾芙终于成了音乐家和传记作家。其丈夫曾以联合国儿童基金会组织总干事的身份接受瑞典国王于 1965 年授予该组织的诺贝尔和平奖。

居里夫人的两个女儿都成了对人类有贡献的人物，她还培养出一个又一个的接班人。而她正如中国的一句古诗“春蚕到死丝方尽”，由于长期接触放射性物质，居里夫人的血液受到破坏，不幸得了恶性白血病，医治无效，于 1934 年 7 月 4 日把生命献给了人类的科学事业，人们将永远怀念她！

# 罗伯特·芒德尔

## ——欧洲单一货币奠基人

罗伯特·芒德尔
**Robert A. Mundell**

| | |
|---|---|
| 出　　生 | 1932 年<br>生于加拿大安大略省金斯顿市 |
| 职　　业 | 教授、经济学家 |
| 国　　籍 | 加拿大 |
| 母　　校 | 加拿大不列颠哥伦比亚大学 |
| 体　　裁 | 经济学 |
| 代表作 | 《国际货币体系：冲突与改革》(1965)《人与经济》(1968)《国际经济学》(1968)《货币理论：世界经济中的利息、通胀和增长》(1971)，1968 年的两本著作有中译本 |
| 配　　偶 | 芒德尔教授结过两次婚。芒德尔和现在的太太于 3 年前生下一个儿子 |
| 子　　女 | 他和前妻生有 3 个孩子，都已长大成人 |
| 授奖时间 | 1999 年 |
| 授奖理由 | “因他对在不同汇率制度下的货币和财政政策的分析和对最佳货币区域的分析”，被瑞典皇家科学院授予 1999 年度诺贝尔经济学奖 |

1999 年诺贝尔经济学奖获得者、被誉为“欧元之父”的国际著名货币理论大师、美国哥伦比亚大学经济学教授罗伯特·芒德尔，早在 2000 年 12 月 13 日，就被我国南京大学聘为名誉教授，并在南京大学作了题为《受经济史影响的经济理论对经济政策的作用》的学术报告，受到全校师生的热烈欢迎。

芒德尔教授“因他对在不同汇率制度下的货币和财政政策的分析和对最佳货币区域的分析”，被瑞典皇家科学院授予 1999 年度诺贝尔经济学奖。他的理论鼓舞了几代研究人员，因为他的研究工作回答了诸如货币和财政政策如何影响了国际货币市场的一体化、这些影响如何取决于一个国家是否固定其货币或者允许其自由浮动以及一个国家是否甚至应拥有自己的货币等问题。



## “我很高兴，并感到意外”

当瑞典皇家科学院宣布芒德尔获得经济学奖的消息时，巧得很，他正在前往斯德哥尔摩的途中，准备参加一场讨论会。不过这时他并没有得到获诺贝尔经济学奖的消息。后来他在接受美联社记者采访时说：“我很高兴，并感到意外，也不完全是意外，而是有一点点意外。”

芒德尔在芝加哥大学的前同事约翰逊说，芒德尔在该校期间的研究思想已经被证明具有先见之明。他作出了重要贡献，世界已经朝着他所谈论的方向发展。他还说，这位诺贝尔奖得主“想象力丰富、和蔼可亲、讲起话来滔滔不绝。”

芒德尔教授还对国际贸易理论作出了持久的贡献。他阐明了劳动和资本在国际上如何流动如何使各国的商品价格均等化，尽管国际贸易受到贸易壁垒的限制。瑞典皇家科学院说，1963 年，芒德尔就开发经济中货币政策和财政政策的短期影响发表了一篇富于开拓性的文章。“虽然这一分析很简单，但其结论却很多，很有说服力，也很明确。”

四十多年来，他一直从事国际货币问题的研究工作，其著作硕果累累。其中包括 100 多篇发表在学术刊物上的论文和下列专著：《国际货币体系：冲突与改革》（1965），《人、经济学和国际经济学》（1968），《货币理论：世界经济中的利息、通货膨胀和增长》（1971）。此外，合著的有：《世界经济的货币议程》（1983），《全球性失衡》（1990），《债务、赤字和经济绩效》（1991），《建设新欧洲》（1992），《中国的通货膨胀和增长》（1996）等。

经济学奖是诺贝尔诸奖项中最“年轻”的奖项，它是由瑞典银行在该行成立三百周年之际为纪念诺贝尔而创设的。芒德尔是诺贝尔经济学奖自 1969 年首次颁奖以来，第 31 位获奖者，也是 20 世纪最后一位获奖者。当问到他如何使用这笔奖金时，芒德尔回答说，他会把 96 万美元诺贝尔奖金的一部分用来修理他在意大利的一个古堡。“我肯定会花部分钱来修理那个我在三十多年前买下的古堡。”他很喜欢这个古堡，并抱着他的幼子在妻子的陪伴下在古堡前合影留念。

## “欧元之父”之说“太过了”

芒德尔 1932 年出生在加拿大，先后就读于加拿大不列颠哥伦比亚大学、美国华盛顿大学，后在伦敦经济学院读研究生，1956 年获麻省理工学院博士学位，1974 年进美国哥伦比亚大学教书。除学习深造和教书外，他还曾于 1961 年至 1963 年期间，就任于国际货币基金组织的理论研究部门，这为他日后的课题选项及理论研究奠定了基础。

正如瑞典皇家科学院所说，芒德尔最重要的工作是在 60 年代完成的，当时他在国际货币基金组织内任职，“显然促进芒德尔对研究问题的选择，并使他的研究工作在经济决策者当中分外有影响力”。“他在货币动力与最适度货币区方面的研究，启发了几代的研究者。芒德尔的贡献超越现在，构成了国际宏观经济教学的核心。”

芒德尔因研究各种税收与货币政策而闻名于世，并著有《最适度货币领域理论》一书。1963 年，他就开放经济中货币政策和财政政策的短期影响发表了一篇有开拓性的文章。此后，他一直从事国际货币的咨询和研究工作。瑞典皇家科学院对他当时的研究成果倍加赞扬地说：“他在几十年前的见解似乎同今天有莫大的关系”，他的分析对欧洲单一货币有重要的含意。

学者们也认为，芒德尔获得诺贝尔奖的部分原因归功于他在共同货币方面发表的预言性理论，这为欧洲单一货币欧元奠定了基础，因而有人称他为

“欧元之父”，但他对这种说法不以为然，他说：“这种说法太过了——我也许是欧元之父，也许只是几位欧元之父中的一位。”

尽管芒德尔认为称他是“欧元之父”太过了，但是，他建立的作为开放宏观经济理论基础的“芒德尔－弗莱明模型”，对各国经济政策运作作出了重大贡献。正是这一理论导致欧洲单一货币单位欧元的诞生，因此他被认为是“欧元之父”，当之无愧。





## 最佳货币区域论

现在世界各国实行着各种各样的货币制度，但是至于哪一种制度是最理想的则很难下结论。而芒德尔给有关货币制度的讨论制定了一个判断标准，这就是最佳货币区域论。专家们认为，芒德尔的理论是建立一个可行的欧洲经济与货币联盟的关键因素。至于欧盟的相关地区是否能构成芒德尔实验中提出的最佳货币区域，历史将对此作出回答。到底地区经济应在什么条件下才适何采取单一货币政策，欧元便是个成功的例子。芒德尔的理论特征可以简单地概括为：不能以国家为单位而应该以地区为单位来考虑货币区域。他的最佳货币区域论从理论上支持了欧洲的联合。

自 1999 年 1 月，欧元作为新生的欧洲单一货币单位在欧元区 11 国成功启动以来，已经两年多了。芒德尔曾针对欧元疲软的具体情况指出，这正是他所希望的。欧盟经济本身正处于健康发展状态，欧元与美元汇率下跌只是一种短期现象，对欧盟经济增长并不构成严重影响，欧元与美元汇率维持在一定的幅度内反而有利于欧元区的商品出口。从发展的角度来看，欧元将为欧洲经济发展注入活力。由欧元带来的市场透明度可促进企业竞争，使价格趋降，从而有利于消费者。

此外，亚太金融危机，使芒德尔的理论在那里受到学术界的重视，尽管亚太地区是否适合于芒氏的理念有待于研究。但是芒德尔理论及其在欧洲的实践已经引起拉丁美洲一些国家的重视。在巴西的雷亚尔 1999 年初贬值后，拉丁美洲经济界人士已考虑是否应在拉美实行单一货币。拉美储备基金会主席瓜尔涅里认为，要使拉美地区能够真正实现持久的一体化，必须奠定实行统一货币的基础。如果有一个超国家的货币机关，可在必要时给予各国政府和央行应有的支持，这有利于地区的经济稳定。然而也有人认为，不要相信“货币的魅力”。

厄瓜多尔在2000年中成为实行官方美元化的第一个拉美国家，但美元化能否拯救它，还有待观察。在厄瓜多尔政府看来，美元化的益处是显著的，初步显示出有助于稳定经济，外汇市场也相对稳定。美元化加上物价上升，使该国的经济得以温和上升。但在民众眼里，美元化却不那么受欢迎。一些人认为，美元化同时带来不少负作用。这不仅可能会引起“价格震荡”，而且会使伪钞泛滥成灾，更令百姓感情上不能接受的是，认为这是“以主权换稳定”，让以民族英雄苏克雷名字命名的本国货币永远不复存在。难怪法国《世界报》曾在一篇文章中惊呼：在选择美元化的同时厄瓜多尔也就成了美国的某种附庸了!

但是，芒德尔认为他的共同货币理论可以在南美洲实现，即建议建立南美共同货币。他特别关注由巴西、阿根廷、乌拉圭和巴拉圭组成的南方共同市场，他宣称，南方共同市场如果从现在就开始趋同进程，5年内就可以拥有自己的货币。因此他认为他的货币理论发现了新天地——南美洲。

芒德尔说，拉美应建立以美元为基础并与美元挂钩的统一货币，但是，拉美经济界领袖在这个地区经济美元化问题上意见不统一。芒德尔说：“试图创造一种独立的货币并控制它在理论上是可行的，但我认为，这会比围绕美元实现一体化慢得多。”这就是说，拉美国家最好使用以美元支持的统一货币。针对芒德尔的看法，巴西央行行长弗拉加认为，像巴西这样的国家，“使经济美元化是没有意义的”。智利前财长阿尼纳特指出，在考虑使其经济美元化或建立一种地区货币之前，拉美还有更迫切的任务要完成。

## 主要贡献与爱好

在欧洲统一货币欧元的诞生上，芒德尔起了很大的作用。许多人都称芒德尔为“欧元之父”。早在1961年，芒德尔就提出了统一货币的理论。芒德尔促使人们认识到：没有一个共同的货币而只是实行固定汇率，是非常困难的。芒德尔说：多年以前，他就认识到，欧洲将会越来越融合到一起，一个共同的货币对欧洲来说将会是有好处的。在过去多年的时间里，芒德尔参与了为欧洲统一货币做准备的工作，并为联合国、世界银行、美国和加拿大政府以及欧洲和拉丁美洲国家一些政府担任经济政策顾问。

瑞典皇家科学院评论说：芒德尔在货币理论方面的研究，引导了几代学者进入这一领域，在宏观经济学方面作出了巨大贡献。他在伦敦经济学院的同事们也说：芒德尔毫无疑问是国际货币经济学方面的巨人；他早在 20 世纪六七十年代就彻底改变了这一领域。芒德尔教授的第一本著作《人类与经济学》，出版于 1968 年。至今，他已经出版了数十本专著，也发表了许多文章。

业余时，芒德尔教授热爱油画艺术。他的油画作品大多，色彩鲜明。朋友们说：欣赏他那大胆的抽象艺术风格，就好像是感到梵高发疯了一样。在哥伦比亚大学教书之余，芒德尔教授和夫人常到他们在意大利的乡间别墅去。那座古城堡是芒德尔三十年前从意大利天主教会手里买下的。从那时起，芒德尔开始慢慢地对这座古堡进行修整，使这座古堡逐渐展现出文艺复兴时期的辉煌。

芒德尔表面看上是有点儿严肃，但是实际上比较随和。有一次，在我国召开的一次会上，茶歇的时候有人与他攀谈，有人与他合影留念。他都表现得很愉快。我也上前和他合了影，至今还留有很深的印象。

# 附录　各类获奖者按国籍分类统计表

1. **诺贝尔物理学奖**（表中人名前带+号者，为外裔科学家，其他各科同此）

| 国 名 | 获奖者及得奖年份 | 小 计 | 备 注 |
|---|---|---|---|
| 美国 | 迈克尔逊（1907）、密立根（1923）、康普顿（1927）、C. D. 安德森（1936）、戴维逊（1937）、劳伦斯（1939）、+斯特恩（1943）、+拉比（1944）、布里奇曼（1946）、+F布洛赫（1952）、珀塞尔（1952）、兰姆（1955）、库什（1955）、巴丁（1956）布拉顿（1956）、肖克利（1956）+李政道（1957）、+杨振宁（1957）、O. 张伯伦（1959）、+塞格雷（1959）、格拉泽（1960）、霍夫斯塔特（1961）、+维格纳（1963）、+梅耶（1963）、汤斯（1964）、费曼（1965）、许温格（1965）、+贝特（1967）、阿尔瓦雷兹（1968）、盖尔曼（1969）、巴丁（1972）、库珀（1972）、施里弗（1972）、+贾埃弗（1973）、雷恩瓦特（1975）、里克特（1976）、丁肇中（1976）、P. W. 安德森（1977）、+彭齐亚斯（1978）、R. W. 威尔逊（1978）、格拉肖（1979）、温拜格（1979）、菲奇（1980）、克罗宁（1980）、肖洛（1981）、+布洛姆伯根（1981）、K. G. 威尔逊（1982）、+钱德拉塞卡（1983）福勒（1983）、莱德曼（1988）、施瓦兹（1988）、+斯坦博格（1988）、+拉姆齐（1989）、+德默尔特（1989）、J. I. 弗里德曼（1990）、H. W. 肯德尔（1990）、赫尔斯（1993）、J. H. 泰勒（1993）、沙尔（1994）、佩尔（1995）、莱因斯（1995）、D. M. 李（1996）、奥谢罗夫（1996）、R. C. 理查森（1996）、<br>朱棣文（1997）、W. D. 菲利普斯（1997）、劳克林（1998）、斯特默（1998、崔琦 | 90人 | |

续表

| 国　名 | 获奖者及得奖年份 | 小　计 | 备　注 |
|---|---|---|---|
| 美　国 | (1998)、康奈尔（2001）、维曼（2001）、雷蒙德·戴维斯（2002）、里卡尔多·贾科尼（2002）、阿列克谢·阿布里科索夫（2003）、安东尼·莱格特（2003）、戴维·格罗斯（2004）、戴维·普利策（2004）、弗兰克·维尔泽克（2004）、罗伊·格劳伯（2005）、约翰·霍尔（2005）、约翰·马瑟（2006）、乔治·斯穆特（2006）、南部阳一郎（2008）、威拉德·博伊尔（2009）、乔治·史密斯（2009）、索尔·珀尔马特（2011）、布赖恩·施密特（2011）、亚当·里斯（2011）大卫·维因兰德（2012） | 90 人 | |
| 德　国 | 伦琴（1901）、+勒纳德（1905）、布劳恩（1909）、维恩（1911）、劳厄（1914）、普朗克（1918）斯塔克（1919）+爱因斯坦（1921）+夫兰克（1925）、G. L. 赫芝（1925）、海森堡（1932）、+玻恩（1954）、博特（1954）、穆斯堡尔（1961）、詹森（1963）、冯克利青（1985）、宾尼希（1986）鲁斯卡（1986）、贝德诺尔茨（1987）、保罗（1989）、克罗默（2000）、克特勒（2001）、特奥多尔·亨施（2005）、皮特·克鲁伯格（2007） | 24 人 | |
| 英　国 | 斯特拉特（即瑞利，1904）、J. J. 汤姆逊（1906）、W. H. 布拉格（1915）、W. L. 布拉格（1915）、巴克拉（1917）里查森（1928）、狄拉克（1933）、查德威克（1935）、G. P. 汤姆逊（1937）、阿普顿（1947）、布莱克特（1948）、鲍威尔（1950）、科克罗夫特（1951）、+伽玻（1971）、约瑟夫森（1973）、赖尔（1974）、赫威斯（1974）、莫特（1977）、+高锟（2009）、安德烈·海姆（2010）、康斯坦丁·诺沃肖洛夫（2010）、彼得·希格斯（2013） | 23 人 | |
| 法　国 | 贝克勒尔（1903）、P. 居里（1903）、+M. 居里（1903）、李普曼（1908）、+纪尧姆（1920）、佩兰（1926）、德布罗意（1929）、卡斯特勒（1966）、尼尔（1970）、德热纳（1991）、夏帕克（1992）、科昂·塔努吉（1997）、艾尔伯·费尔 2007）、塞尔日·阿罗什（2012） | 23 人 | |
| 苏　联 | 切伦可夫（1958）、弗兰克（1958）、塔姆（1958）朗道（1962）、巴索夫（1964）、+普罗雷罗夫（1964）、卡皮查（1978） | 7 人 | |

续表

| 国名 | 获奖者及得奖年份 | 小计 | 备注 |
|---|---|---|---|
| 荷兰 | 洛伦茨（1902）、塞曼（1902）、范德瓦尔斯（1910）、昂内斯（1913）、泽尼克（1953）、范德梅尔（1984）、H·霍夫特（1999）、韦尔特曼（1999） | 8人 | |
| 瑞典 | 达伦（1912）、K. M. G. 塞格巴恩（1924）、阿尔文（1970）、K. M. B. 塞格巴恩（1981） | 4人 | |
| 意大利 | 马克尼（1909）、+费米（1938）、鲁比亚（1984） | 3人 | |
| 奥地利 | 薛定谔（1933）、+V. F. 赫斯（1936）、+泡利（1945） | 3人 | |
| 丹麦 | N. 玻尔（1922）、A. 玻尔（1975）、+莫特尔森（975） | 3人 | |
| 日本 | 汤川秀树（1949）、朝永振一郎（1965）、江畸玲于奈（1973）、小柴昌俊（2002）、小林诚（2008）、利川敏英（2008）、赤崎勇、天野浩（2014）中村修二（2014） | 8人 | |
| 瑞士 | 罗雷尔（1986）、K. A. 米勒（1987） | 2人 | |
| 苏格兰 | C. T. S. 威尔逊（1927） | 1人 | |
| 爱尔兰 | 瓦尔顿（1951） | 1人 | |
| 印度 | 喇曼（1930） | 1人 | |
| 巴基斯坦 | 萨拉姆（1990） | 1人 | |
| 加拿大 | 布罗克豪斯（1994） | 1人 | |
| 俄罗斯 | 阿尔费罗夫（2000）、维塔利·金茨堡（2003） | 2人 | |
| 比利时 | 弗朗索瓦·恩格勒特（2013） | 1人 | |

注：获得诺贝尔物理学奖者共计194人

## 2. 诺贝尔化学奖

| 国名 | 获奖者及得奖年份 | 小计 | 备注 |
|---|---|---|---|
| 美国 | W. R. 理查茨（1914）、兰茂尔（1934）、尤里（1934）、萨姆纳（1946）、斯坦利（1946）、诺斯罗普（1946）、吉奥克（1949）、麦克米伦（1951）、西博格（1951）、鲍林（1954）、维格诺德（1955）、吉奥克（1949）、利比（1960）、卡尔文（1961）伍德沃德（1965）、马利肯（1966）、+翁萨格（1968）、 | 68人 | |

**续表**

| 国名 | 获奖者及得奖年份 | 小计 | 备注 |
| --- | --- | --- | --- |
| 美国 | 安芬森（1972）、穆尔（1972）、斯坦（1972）、p. j. 弗洛里（1974）、利普斯科姆（1976）、布朗（1979）、伯格（1980）、吉尔伯特（1980）、+霍夫曼（1981）+陶布（1983）、梅里菲尔德（1984）、豪普特曼（1985）、卡尔（1985）、+李远哲（1986）、克拉姆（1987）、+佩德森（1987）、奥尔特曼（1989）、切赫（1989）、科里（1990）、鲁道夫·马库斯?（1992）、卡里·穆利斯（1993）、乔治·欧拉（1994）、罗兰（1995）、莫利纳（1995）、罗伯特·F·柯尔（1996）、理查德·E·斯（1996）、保罗·博耶（1997）、沃特尔·科恩（1998）、艾哈迈德·泽维尔（1999）、艾伦·黑格（2000）、艾伦·马克迪尔米德（2000）、威廉·诺尔斯（2001）、巴里·夏普莱斯（2001）、芬恩（2002）、彼得·阿格雷（2003）、罗德里克·麦金农（2003）、伊尔温-罗斯（2004）、伊夫·肖万（2005）、罗伯特·格拉布（2005）、理查德·施罗克（2005）、罗杰科恩伯格（2006）、+钱永健（2007）、马丁·沙尔菲（2007）、托马斯-施泰茨（2009）、查德·海克（2010）、罗伯特·莱夫科维茨（2012）、马丁·卡普拉斯（2013）、迈克尔·莱维特（2013）、亚利耶·瓦谢尔（2013）、埃里克·贝齐格（2014）、威廉·莫纳（2014） | 68人 | |
| 德国 | 费雪（1902）、冯·贝耶尔（1905）毕希纳（1907）、+奥斯特瓦尔德（1909）、瓦拉赫（1910）、威尔斯泰特（1915）、哈伯（1918）、能斯脱（1920）、魏兰德（1927）、温道斯（1928）、H. 菲舍尔（1930）、波斯（1931）、贝吉乌斯（1931）、库恩（1938）、布泰南特（1939）、哈恩（1944）、第尔斯（1950）、阿尔德（1950）施陶丁格尔（1953）、齐格勒（1963）、艾根（1963）、E. O. 费舍尔（1973）、维提希（1979）、戴森霍弗（1988）、休伯（1988）、米歇米（1988）、吉哈德-艾尔特（2007）、斯特凡·黑尔（2014） | 28人 | |
| 英国 | 卢塞夫（1908）、索迪（1921）、阿斯顿（1922）、哈登（1929）、霍沃思（1937）、鲁宾逊（1947）、马丁（1952）、辛格（1952）、欣谢尔伍德（1956）、托德（1957）、桑格（1958）、+佩卢茨（1963）、肯德鲁（1962）、霍奇金 | 26人 | |

续表

| 国 名 | 获奖者及得奖年份 | 小 计 | 备 注 |
|---|---|---|---|
| 英 国 | (1964)、诺里什 (1967)、G. 波特 (1967)、巴顿 (1969)、威尔金森 (1973)、康福思 (1975)、米切尔 (1978)、桑格 (1980)、+克鲁格 (1982)、哈罗德·W·克罗托 (1996)、约翰·沃克 (1997)、约翰·波普尔 (1998)、万卡特拉曼－莱马克里斯 (2009) | 26 人 | |
| 法 国 | 莫瓦桑 (1906)、+M. 居里 (1911)、格林尼亚 (1912)、萨巴蒂埃 (1912)、J. 约里奥－居里 (1935)、I. 约里奥－居里 (1935)、莱恩 (1987) | 7 人 | |
| 瑞 士 | 维尔纳 (1913)、卡雷 (1937)、+鲁齐卡 (1939)、+普赖洛格 (1975)、恩斯特 (1991)、诺尔斯 (2002) | 6 人 | |
| 瑞 典 | 阿列纽斯 (1903)、斯维德伯格 (1926)、+奥伊勒－歇尔平 (1929)、蒂塞留斯 (1948) | 4 人 | |
| 加拿大 | 赫茨伯格 (1971)、波拉尼 (1986)、迈克尔·史密斯 (1993) | 3 人 | |
| 荷 兰 | 范特霍夫 (1901)、+德拜 (1936)、乔治·欧拉 (1995) | 3 人 | |
| 奥地利 | 普瑞格 (1923)、席格蒙迪 (1925) | 2 人 | |
| 荷 兰 | 魏尔塔南 (1945) | 1 人 | |
| 挪 威 | 哈塞尔 (1969) | 1 人 | |
| 意大利 | 纳塔 (1968) | 1 人 | |
| 比利时 | +普里格金 (1977) | 1 人 | |
| 苏格兰 | 拉姆塞 (1944) | 1 人 | |
| 苏 联 | 谢苗诺夫 (1956) | 1 人 | |
| 匈牙利 | +赫维西 (1943) | 1 人 | |
| 捷 克 | 海洛弗斯基 (1959) | 1 人 | |
| 阿根廷 | 莱洛伊尔 (1970) | 1 人 | |
| 日 本 | 福井谦一 (1981)、野依良治 (2001)、田中耕一 (2002)、下村修 (2008)、根岸荣一 (2010)、铃木章 (2010) | 6 人 | |
| 丹 麦 | 延斯·斯科 (1997) | 1 人 | |
| 以色列 | 阿龙－西查诺瓦 (2004)、阿弗拉姆－赫尔什 (2004)、阿达－尤纳斯 (2009)、丹尼尔·舍特曼 (2011) | 4 人 | |

注：获得诺贝尔化学奖获得者共计 167 人

## 3. 诺贝尔生理学或医学奖

| 国 名 | 获奖者及得奖年份 | 小 计 | 备 注 |
| --- | --- | --- | --- |
| 美 国 | +兰德斯坦纳（1930）、摩尔根（1933）、迈诺特（1934）、墨菲（1934）、惠普尔（1934）、多伊西（1943）、厄兰格（1944）、加塞（1944）、缪勒（1946）、+柯里（1947）、+柯里夫人（1947）、亨奇（1950）、E. C. 肯德尔1950）、瓦克斯曼（1952）、F. A. 李普曼（1953）、恩德斯（1954）、罗宾斯（1954）、韦勒（1954）、+库尔南（1956）、D. W. 理查兹（1956）、比德尔（1958）、莱德伯格（1958）、塔特姆（1958）、科恩伯格（1959）、+奥乔亚（1959）、+冯·贝克西（1961）、沃森（1962）、K. E. 布洛赫（1964）、+哈金斯（1966）、劳斯（1966）、哈特林（1967）、沃尔德（1967）、霍利（1968）+科拉纳（1968）尼伦伯格（1968）、赫尔希（1969）、+卢里亚（1969）、+德尔布吕克（1969）、阿克塞尔罗德（1970）、萨瑟兰（1971）、埃德尔曼（1972）、+克劳德（1974）、+帕拉德（1974）、巴尔的摩（1975）、+杜尔贝克（1975）、特明（1975）、布卢姆伯格（1976）、盖达塞克（1976）、+吉耶曼（1977）、+沙利（1977）、耶洛（1977）、内森斯（1978）、史密斯（1978）、+科马克（1979）+贝纳塞拉夫（1980）、斯内尔（1980）、+休伯尔（1981）、斯佩里（1981）、+维厄塞尔（1981）、+麦克林托克（1983）、布朗（1985）、戈德斯坦（1985）、科恩（1986）、+莱维－蒙塔尔契尼（1986）、+利根川进（1987）、伊莱昂（1988）、希钦斯（1988）、毕晓普（1989）、瓦穆斯（1989）、默里（1990）、托马斯（1990）、费希尔、克雷布斯（1992）、夏普（1993）、吉尔曼、罗德贝尔（1994）、刘易斯（1995）、维绍斯（1995）、罗伯·佛契哥特（1998）、费瑞·慕拉德（1998）、路伊格纳洛（1998）、普鲁西纳（1997）、甘特·布洛贝尔（1999）、保罗·格林加德（2000）、利兰·哈特韦尔（2001）、保罗·劳特布尔（2003）、理查德·阿克塞尔（2004）、琳达·巴克（2004）、安德鲁·菲尔（2006）、克雷格·梅洛（2006）、马里奥·卡佩基（2007）奥利弗·史密斯（2007）、伊丽莎白－布赖克本（2009）、卡罗尔 | 96 人 | |

续表

| 国名 | 获奖者及得奖年份 | 小计 | 备注 |
| --- | --- | --- | --- |
| 美国 | －格雷德（2009）、杰克－绍斯塔克（2009）、布鲁斯·博伊特勒（2011）、詹姆斯·罗斯曼（2013）、兰迪·舒克曼（2013） | 96人 | |
| 英国 | 罗斯（1902）、希尔91922）、霍普金斯（1929）、艾德里安（1932）、谢灵顿（1932）、戴尔（1936）、＋蔡恩（1945）、＋克雷布斯（1953）、梅达沃（1960）、克里克（1962）、威尔金斯（1962）、霍奇金（1963）、赫胥黎（1963）、卡茨（1970）、波特（1972）、＋廷伯根（1973）、豪斯菲尔德（1979）、范恩（1982）、耶纳（1984）、＋米尔斯坦（1984）、布莱克（1988）、罗伯茨（1993）、蒂莫西·亨特（2001）、保罗·纳斯（2001）、悉尼·布雷内（2001）、约翰·苏尔斯顿（2002）、罗伯特·霍维茨（2002）、彼得·曼斯菲尔德（2003）、马丁·埃文斯（2007）、爱德华兹（2010）、约翰－戈登因（2012）、约翰·奥基夫（2014） | 31人 | |
| 德国 | 贝林（1901）、科赫（1905）、埃利希（1908）、科塞尔（1910）、＋迈尔霍夫（1922）、瓦尔堡（1931）、施佩曼（1935）、＋洛韦（1936）、多马克（1939）、福斯曼（1956）、吕南（1964）、＋冯·弗里希（1973）、柯勒（1984）、内尔（1991）、萨克曼（1991）、福尔哈德（1995）、哈拉尔德·楚尔·豪森（2008）、托马斯－C·苏德霍夫因（2013） | 18人 | |
| 法国 | 拉弗兰（1907）、卡雷尔（1912）、里歇（1913）、尼考尔（1928）、雅各布（1965）、雷沃复（1965）、莫诺（1965）、杜塞（1980）、弗朗索瓦丝·巴尔－西诺西（2008）、吕克·蒙塔尼（2008）、朱尔斯·霍夫曼（2011） | 11人 | |
| 瑞典 | 格尔斯特兰德（1911）、＋巴雷尼（1914）、泰奥雷尔（1955）、＋格朗尼特（1967）、冯·奥伊勒（1970）、贝格斯特罗姆（1982）、萨米尔松（1982）、阿尔维德·卡尔松（2000） | 8人 | |
| 瑞士 | 科歇尔（1909）、P. H. 米勒（1948）、W. R. 赫斯（1949）、＋赖希施泰因（1950）、阿尔伯（1978）、青克纳格尔（1996） | 6人 | |
| 丹麦 | 芬森（1903）、克劳（1920）、菲比格（1926）、达姆91943） | 4人 | |

续表

| 国名 | 获奖者及得奖年份 | 小计 | 备注 |
| --- | --- | --- | --- |
| 澳大利亚 | H. W. 弗洛理（1945）、伯内特（1960）、埃克尔斯（1963）、多尔蒂（1996）、巴里·马歇尔（2005）、罗宾·沃伦（2005） | 6人 | |
| 比利时 | 博尔德（1919）、海曼斯（1938）、迪韦（1974） | 3人 | |
| 奥地利 | 瓦格纳－姚雷格（1927）、K. Z. 洛伦兹（1973）、埃里克·坎德尔（2000） | 3人 | |
| 荷兰 | 爱因托芬（1924）、艾克曼（1929） | 2人 | |
| 苏联 | 巴甫诺夫（1904）、梅契尼克夫（1908） | 2人 | |
| 意大利 | 戈尔季（1906）、＋博韦（1957） | 2人 | |
| 西班牙 | 拉蒙·卡哈尔（1906） | 1人 | |
| 葡萄牙 | 莫尼兹（1949） | 1人 | |
| 匈牙利 | ＋森特－焦尔季（1937） | 1人 | |
| 加拿大 | 斑廷（1023）、拉尔夫·斯坦曼（2011） | 2人 | |
| 阿根廷 | 豪瑟（1952） | 1人 | |
| 南非 | 泰勒（1951） | 1人 | |
| 日本 | 山中伸弥（2012） | 1人 | |
| 挪威 | 爱德华·莫泽（2014）、梅－布里特·莫泽（2014） | 2人 | |

注：1901至2014年获得诺贝尔生理或学奖获得者共计203人

## 4. 诺贝尔经济学奖

| 国名 | 获奖者及得奖年份 | 小计 | 备注 |
| --- | --- | --- | --- |
| 美国 | 保罗·萨缪尔森（1970）、约瑟夫·阿罗（1972）、库普曼斯（1975）、弗里德曼（1976年）、赫伯特·西蒙（1978）、舒尔茨（1979）、克莱因（1980）、托宾（1981）、斯蒂格勒（1982）、罗拉尔·德布鲁（1983）、布坎南（1986）、索洛（1987年）、默顿·米勒（1990）、哈里·马科维茨（1990）、威廉·夏普（1990）、加里·贝克尔（1992）、道格拉斯·诺斯（1993）、罗伯特·福格尔（1993）福布斯·纳什（1994）、约翰·海萨尼（1994）、小罗伯特·卢卡斯（1995）、威廉·维克瑞（1996）、罗伯特·默顿（1997）、迈伦·斯科尔斯（1997）、詹姆斯·赫克曼（2000）、麦克法登（2000）、乔治·阿克尔洛夫（2001）、迈克尔·斯宾塞（2001）、 | 48 | |

续表

| 国 名 | 获奖者及得奖年份 | 小 计 | 备 注 |
|---|---|---|---|
| 美 国 | 约瑟夫·斯蒂格利茨（2001）、丹尼尔·卡纳曼（2002）、史密斯（2002）、罗伯特·恩格尔（2003）、普雷斯科特（2004）、托马斯·克罗姆比·谢林（2005）、菲尔普斯（2006）、赫维茨（2007）、罗杰·B. 迈尔森（2007）、马斯金（2007）、保罗·克鲁格曼（2008）、彼得·戴蒙德（2010）、戴尔·莫特森（2010）、托马斯-萨金特（2011）克里斯托弗-西姆斯（2011）、埃尔文·罗斯（2012）、罗伊德·沙普利（2012）、尤金·法玛（2013）、彼得·汉森（2013）、罗伯特—希勒（2013） | 48 | |
| 英 国 | 希克斯（1972）、米德（1977）、斯通（1984）、罗纳德·科斯（1991）、詹姆斯·莫里斯（1996）、克莱夫·格兰杰（2003） | 3 人 | |
| 瑞 典 | K. G. 米达尔（1974）、俄林（1977） | 2 人 | |
| 挪 威 | F. R. 弗里希（1969）、哈维尔莫（1989）、芬恩·基德兰德 | 2 人 | |
| 法 国 | 阿莱（1988）、让·梯若尔（2014） | 1 人 | |
| 荷 兰 | J. 廷伯根（1969） | 1 人 | |
| 奥地利 | 哈耶克（1974） | 1 人 | |
| 苏 联 | 康托罗维奇（1975） | 1 人 | |
| 圣卢西亚 | W. A. 刘易斯（1979） | 1 人 | |
| 德 国 | 莱因哈德·泽尔腾（1994） | 1 人 | |
| 印 度 | 阿马蒂亚·森（1998） | 1 人 | |
| 加拿大 | 罗伯特·蒙德尔（1999） | 1 人 | |
| 以色列 | 罗伯特-奥曼（2005） | 1 人 | |
| 塞浦路斯 | 克里斯托弗·皮萨里德斯（2011） | 1 人 | |

注：1970—2014 年诺贝尔经济学奖获奖总人数为 66 人

## 5. 诺贝尔文学奖

| 国 名 | 获奖者及得奖年份 | 小 计 | 备 注 |
|---|---|---|---|
| 法 国 | 普鲁多姆（1901）、F. 米斯特拉尔（1904）、罗兰（1915）、法朗士（1921）、柏格森（1927）、马丁、杜伽尔（1937）、纪德（1947）、莫里亚克（1952）、加缪（1957）、佩斯（1960）、萨特（1964）西蒙（1985）、高行健（2000）、勒克莱·奥（2008）、帕特里克·莫迪亚诺（2014） | 15 人 | |

续表

| 国名 | 获奖者及得奖年份 | 小计 | 备注 |
|---|---|---|---|
| 美国 | H. S. 刘易斯（1930）、奥尼尔（1936）、赛珍珠（1938）、福克纳（1949）、海明威（1954）、斯坦贝克（1962）、+贝娄（1976）、+辛格（1978）、+米洛什（1980）+部罗茨基（1987）、莫里森（1993） | 11人 | |
| 英国 | 吉卜林（1907）、高尔斯华绥（1932）、+艾略特（1948）、罗素（1950）、丘吉尔（1953）卡内蒂（1981）、戈尔丁（1983）、奈保尔（2001）、哈罗德·品特（2005）、多丽丝·莱辛（2007） | 10人 | |
| 瑞典 | 拉耶勒夫（1909）、海顿斯坦（1916）、卡尔菲特（1931）、拉耶克维斯特（1951）、+萨克斯（1966）、约翰逊（1974）、马丁逊（1974） | 7人 | |
| 德国 | 蒙森（1902）、欧肯（1908）、海泽（1910）、霍普得曼（1912）、+托马斯·曼（1929）、伯尔（1972）、格拉斯（1999）、赫塔·穆勒（2009） | 7人 | |
| 意大利 | 卡杜齐（1906）、德莱达（1926）、皮兰德娄（1934）、夸西莫多（1959）、蒙塔莱（1975）、达里奥·福（1997） | 6人 | |
| 西班牙 | 埃切加赖（1904）、马丁内斯（1922）、希门尼斯（1956）、梅洛（1977）、塞拉（1989） | 5人 | |
| 苏联 | 布宁（1933）、帕斯捷尔纳克（1958）、肖洛霍夫（1965）、索尔仁尼琴（1970） | 4人 | |
| 挪威 | 比昂逊（1903）、哈姆生（1920）、+温塞特（1928） | 3人 | |
| 丹麦 | 盖勒卤普（1917）、彭托庇丹（1917）、扬森（1944） | 3人 | |
| 爱尔兰 | 叶芝（1923）、肖伯纳（1925）、贝克特（1969）、爱尔兰1995） | 4人 | |
| 希腊 | 塞弗里斯（1963）、埃利蒂斯（1979） | 2人 | |
| 瑞士 | 斯皮特勒（19190、+黑塞（1946） | 2人 | |
| 智利 | G. 米斯特拉尔（1945）、聂鲁达（1971） | 2人 | |
| 波兰 | 显克微支（1905）、莱蒙特（1924）、希姆博尔斯卡（1996） | 3人 | |
| 比利时 | 梅特林克（1911） | 1人 | |
| 南斯拉夫 | 安德里奇（1961） | 1人 | |
| 捷克 | 塞弗尔特（1984） | 1人 | |

续表

| 国　名 | 获奖者及得奖年份 | 小　计 | 备　注 |
|---|---|---|---|
| 澳大利亚 | 怀特（1973） | 1人 | |
| 冰　岛 | 拉克斯奈斯（1955） | 1人 | |
| 芬　兰 | 西兰帕（1939） | 1人 | |
| 危地马拉 | 阿斯图里涯斯（1967） | 1人 | |
| 墨西哥 | 帕斯（1990） | 1人 | |
| 哥伦比亚 | 加西亚·马尔克斯（1982） | 1人 | |
| 以色列 | +阿格农（1966） | 1人 | |
| 尼日利亚 | 索因卡（1986） | 1人 | |
| 南　非 | 戈迪默（1991） | 1人 | |
| 中　国 | 莫言（2012） | 1人 | |
| 印　度 | 泰戈尔（1913） | 1人 | |
| 日　本 | 川端康成（1968）、大江健三郎（1994） | 2人 | |
| 埃　及 | 马哈福兹（1988） | 1人 | |
| 圣卢西亚 | 沃尔科特（1992） | 1人 | |
| 葡萄牙 | 萨拉马戈（1998） | 1人 | |
| 匈牙利 | 凯尔泰斯（2002） | 1人 | |
| 南　非 | 库切（2003） | 1人 | |
| 奥地利 | 耶利内克（2004） | 1人 | |
| 土耳其 | 帕慕克（2006） | 1人 | |
| 秘　鲁 | 巴尔加斯·略萨（2010） | 1人 | |
| 加拿大 | 艾丽斯·芒罗（2013） | 1人 | |

注：1901至2014年诺贝尔文学奖得主总人数为109人

## 6. 诺贝尔和平奖

| 国　名 | 获奖者及得奖年份 | 小　计 | 备　注 |
|---|---|---|---|
| 瑞　士 | 琼·亨利·杜南（1901）、埃利·迪科门（1902）、夏尔莱·阿尔贝特·戈巴特（1902） | 人 | 3 |
| 法　国 | 弗雷德里克·帕西（1901）、路易·勒诺（1907）、保罗·德康斯坦（1909）、莱昂·布尔热瓦（1920）、阿里斯蒂德·白里安（1926法国）、费迪南·爱德华·比松（1927）、列翁·茹奥（1951）、René Cassin（1958） | 人 | 8 |
| 英　国 | 威廉·兰德尔·克里默（1903）、奥斯丁·张伯伦（1925）、诺曼·安吉尔（1933）、阿瑟·亨德森（1934）、罗伯特·塞西尔（1937）、约翰·博伊德·奥尔（1949）、菲利普·J·诺 | 人 | 10 |

续表

| 国　名 | 获奖者及得奖年份 | 小　计 | 备　注 |
| --- | --- | --- | --- |
| 英　国 | 尔（1998）埃尔－贝克（1959）、Betty Williams，Mairead Corrigan（1976）、Joseph Rotblat（1995）、大卫·特林布 | 人 | 10 |
| 国际组织 | 国际法研究院（1904）（总部当时位于比利时）、英国教友会（1947）与美国教友会（1947）、联合国难民署（1954 瑞士日内瓦）、联合国儿童基金会（1965 美国纽约）、国际劳工组织（1969 瑞士日内瓦）、国际特赦组织（1977 英国伦敦）、联合国难民署（1981 瑞士日内瓦）、国际医师预防核战组织（1985 美国波士顿）、联合国维持和平行动（1988 美国纽约）、欧盟获诺贝尔和平奖（2012）、禁止化学武器组织（2013） | 人 | 12 |
| 奥地利 | 贝尔塔·弗赖茹劳·冯·苏特纳（1905） | 人 | 1 |
| 美　国 | 西奥多·罗斯福（1906）、伊莱休·鲁特（1912）、伍德罗·威尔逊（1919）、查理士·格茨·道成斯（1925）、弗兰克·凯洛格（1929）、珍妮·亚当斯（1931）、尼古拉斯·默里·巴特勒（1931）、考代尔·霍尔（1945）、爱米莉·巴尔奇（1946）、约翰·瑞利·马特（1946 美国）、拉尔夫·本奇（1950）、乔治·卡特莱特·马歇尔（1953）、莱纳斯·鲍林（1962）、马丁·路德·金（1964）、Norman E. Borlaug（1970）、亨利·基辛格 1973）、Elie Wiesel（1986）、International Campaign to Ban Landmines（ICBL），Jody Williams（1997）、吉米·卡特（2002）、阿尔－戈尔及政府间气候变化专门委员会（2007）、奥巴马（2009） | 人 | 21 |
| 意大利 | 莫恩奈斯托·蒂奥多罗·莫内塔（1907） | 人 | 1 |
| 挪　威 | 阿诺尔德松（1908）、贝斯蒂安·路易斯·兰格（1921）、弗里特约夫·南森（1922） | 人 | 3 |
| 丹　麦 | 弗雷德里克·贝耶（1908） | 人 | 1 |
| 比利时 | 奥古斯特·贝尔纳特（1909）、亨利·拉方丹（1913）、乔治·皮尔（1958）、无国界医生（1999） | 人 | 4 |
| 国际和平局 | 国际和平局（总部位于瑞士）（1910）、国际和平局局长（1913） | 人 | 2 |
| 荷　兰 | 托比丝·阿赛尔（1911） | 人 | 1 |
| 奥地利 | 阿尔弗雷德·赫尔曼（1911） | 人 | 1 |

续表

| 国　名 | 获奖者及得奖年份 | 小　计 | 备　注 |
| --- | --- | --- | --- |
| 国际红十字会 | 国际红十字会（总部瑞士日内瓦）（1917）、南森国际难民办公室（1938）、红十字国际委员会（瑞士日内瓦）　（1944）、红十字国际委员会（1963 瑞士日内瓦） | 人 | 4 |
| 瑞　典 | 卡尔·亚尔马·布兰廷（1921）、纳特汉·瑟德尔布罗姆（1930）、达格·哈马舍尔德（1961）、Alva Myrdal（1982） | 人 | 4 |
| 德　国 | 古斯塔夫·施特雷泽曼（1926）、路德维希·克魏德（1927）、卡尔·冯·奥西埃茨基（1935）、阿尔贝·施韦泽（1952）、威利·勃兰特（1971 前西德） | 人 | 5 |
| 阿根廷 | 卡洛斯·萨维德拉·拉马斯（1936）、Adolfo Pérez Esquivel（1980） | 人 | 2 |
| 加拿大 | 莱斯特·伯勒斯·皮尔森（1957）、Pugwash Conferences on Science and World Affairs（1995） | 人 | 2 |
| 南　非 | 艾伯特·约翰·卢图利（1960）、图图主教（1984）、纳尔逊·曼德拉（1993）,、戴克拉克（1993） | 人 | 4 |
| 越　南 | 黎德寿（1973，拒绝领奖） | 人 | 1 |
| 爱尔兰 | Seán MacBride（1974） | 人 | 1 |
| 日　本 | 佐藤荣作（1974） | 人 | 1 |
| 前苏联 | Andrei Dmitrievich Sakharov（1975）、米哈伊尔·谢尔盖耶维奇·戈尔巴乔夫（1990） | 人 | 2 |
| 埃　及 | 穆罕默德·安瓦尔·萨达特（1978）、国际原子能机构及总干事穆罕默德·巴拉迪（2005） | 人 | 2 |
| 以色列 | 梅纳赫姆·贝京（1978）、希蒙·佩雷斯（1994）、拉宾（1994） | 人 | 2 |
| 印　度 | 德蕾莎修女（1979）、凯拉什·洒蒂亚尔蒂（2014） | 人 | 2 |
| 墨西哥 | Alfonso García Robles（1982） | 人 | 1 |
| 波　兰 | 列赫·瓦文萨（1983） | 人 | 1 |
| 哥斯达黎加 | Oscar Arias Sánchez（1987） | 人 | 1 |
| 缅甸 | 昂山素姬（1991） | 人 | 1 |
| 危地马拉 | 曼殊（Rigoberta Menchú Tum）（1992） | 人 | 1 |
| 巴勒斯坦 | 阿拉法特（1994） | 人 | 1 |
| 东帝汶 | Carlos Filipe Ximenes Belo, José Ramos – Horta（1996） | 人 | 2 |

续表

| 国　名 | 获奖者及得奖年份 | 小　计 | 备　注 |
| --- | --- | --- | --- |
| 韩　国 | 金大中（2000） | 人 | 1 |
| 加　纳 | 联合国及其秘书长科菲·安南（2001） | 人 | 1 |
| 伊　朗 | 希尔琳·艾芭迪（2003） | 人 | 1 |
| 肯尼亚 | 旺加里·马塔伊（2004） | 人 | 1 |
| 孟加拉 | 穆罕默德–尤纳斯及孟加拉乡村银行（2006） | 人 | 1 |
| 芬　兰 | 马尔蒂–阿赫蒂萨里（2008） | 人 | 1 |
| 利比里亚 | 埃伦·约翰逊·瑟利夫（2011）、莱伊曼·古博薇（2011） | 人 | 2 |
| 也　门 | 和塔瓦库·卡曼（2011） | 人 | 1 |
| 巴基斯坦 | 玛拉拉·尤洒夫扎伊（2014） | 人 | 1 |